PHILOSOPHIE

DU

DIX-HUITIÈME SIÈCLE

OUVRAGE POSTHUME

DE J. F. LA HARPE.

NOUVELLE ÉDITION.

TOME PREMIER.

A PARIS,

CHEZ DEPELAFOL, LIBRAIRE,
RUE DES FOSSÉS-SAINT-GERMAIN-DES-PRÉS, N. 13;
MAME ET DELAUNAY-VALLÉE, LIBRAIRES,
RUE GUÉNÉGAUD, N. 25.

M DCCC XXV.

PHILOSOPHIE

DU

DIX-HUITIÈME SIÈCLE.

TOME I.

Édition publiée avec autorisation de madame Agasse, propriétaire des OEuvres posthumes de La Harpe.

IMPRIMÉ PAR LACHEVARDIERE FILS,
RUE DU COLOMBIER, N. 30, A PARIS.

DE LA PHILOSOPHIE

DU XVIIIe SIÈCLE.

INTRODUCTION.

Ce siècle s'est appelé lui-même *le siècle de la philosophie* : depuis les premiers écrivains jusqu'aux derniers, depuis Voltaire jusqu'à Mercier, tous se sont appelés *philosophes*, tous ont vanté *le siècle philosophe*. Ce nom, affecté avec tant de prétention, prôné avec tant d'emphase, répété jusqu'au dégoût, devait d'abord, par cela même, être fort suspect à la raison. La raison est ennemie du charlatanisme, et il y en avait certainement à s'arroger ainsi un titre qu'il faut attendre de la postérité. C'est elle qui caractérise les siècles, en recevant leur héritage et en jugeant leurs monuments. C'est la France, c'est l'Europe entière qui a reconnu, d'une commune voix, le long règne de Louis XIV comme une époque de supériorité dans tous les arts d'imitation, dans tout ce qui fonde et embellit l'ordre social. Mais nous ne voyons pas que les écrivains qui l'ont illustrée aient pris sur eux de devancer l'âge suivant, en qualifiant le leur de *siècle du génie* : c'est du nôtre qu'il a reçu ces titres glorieux de *grand siècle*, de *beau siècle*, que personne ne lui a contestés. On ne voit pas non plus que celui où fleurirent les Socrate, les Sophocle, les Euripide, les Platon, les Aristote, se soit nommé lui-même *philosophe ;* et c'est aussi l'Europe moderne qui, depuis la renaissance des lettres, a consacré, par son admiration unanime et constante, les siècles de Périclès, d'Auguste et de Léon X. Il nous a été réservé de donner au nôtre, surtout en France, et de notre seule autorité, une espèce de signalement qui devait nous séparer et des temps passés et des temps à venir. Il faut voir si nous nous sommes appréciés nous-mêmes avec justice, si le dix-huitième siècle, particulièrement dans sa dernière moitié, et considéré comme il doit l'être dans ses caractères dominants et dans ses résultats généraux, a été en effet éminemment pholosophe dans la véritable acception du mot. Il ne pourrait l'être, sans doute, qu'autant qu'il serait remarquable par les progrès sensibles de la raison appliquée à tous les objets qu'elle peut perfectionner, ou du moins améliorer pour la gloire et le bonheur de l'espèce humaine. Mais s'il se trouve, en dernière analyse, que, les exceptions mises à part, comme elles doivent toujours l'être, le caractère général, très marqué dans le dix-huitième siècle, surtout depuis cinquante ans, ait été le plus honteux abus de l'esprit et du raisonnement dans tous les genres, succédant aux plus beaux efforts de la raison et du génie, ne doit-on pas en conclure que la postérité ne verra dans notre siècle, et principalement en France, que la plus désastreuse époque de dégradation, et que ce grand titre de *siècle philosophe* ne sera pour nos neveux que ce qu'il est déjà pour tous les gens sensés, une espèce de sobriquet très ridicule, une sorte de contre-vérité, comme le nom des Euménides, qui par lui-même désigne la douceur et la bonté, et que les Grecs, peuple frivole et railleur, avaient imaginé pour les Furies?

Il ne s'agit point ici, je l'avoue, des sciences exactes et des sciences physiques, qui ne font point partie du plan de mon ouvrage, mais dont pourtant il faut dire un mot, sous le rapport de la question qui nous occupe. Quant aux premières, on sait qu'il est assez difficile de déraisonner beaucoup en mathématiques, et que l'erreur même ne peut guère y être contagieuse, étant toujours en présence de la démonstration, son irrésistible adversaire. Quelques questions de géométrie transcendante, plus curieuses qu'utiles, ont pu donner lieu à des solutions hasardées ou fausses ; mais il y a trop peu d'hommes à portée de ces problèmes pour qu'ils fassent jamais grand bruit ou grand mal, et il n'est guère possible que l'on trouble les nations pour la quadrature du cercle ou les asymptotes. Quant à la physique, on a fait de nos jours trois ou quatre cosmogonies nouvelles, ou systèmes du monde, sans que le monde en ait été inquiété ou s'en soit même aperçu. On a imprimé des volumes contre les théories de Newton, qui sont demeurées ce qu'elles étaient. J'observerai seulement que, même en ce genre de philosophie, je ne vois pas pourquoi notre siècle serait *le siècle philosophe* par excellence ; et, de l'aveu même des savants, je ne vois pas du tout que ses droits soient prouvés. On s'est restreint, il est vrai, assez généralement, et malgré la vogue passagère des hypothèses de Buffon, à la recherche des faits et aux résultats de l'expérience. Rien n'est plus raisonnable ; mais à qui sommes-nous redevables d'en être venus là? N'est-ce pas à Bacon, qui nous a montré le droit chemin? Nos expériences sur l'électricité sont-elles un plus grand pas et une acquisition plus utile que celles de Torricelli et de Pascal sur la pesanteur de l'air, devenues depuis long-temps usuelles? sont-elles plus merveilleuses que le prisme de Newton? L'astronomie, plus riche que jamais en instruments d'optique, a-t-elle fait des découvertes qui passent celles de Keppler et de Galilée? Je n'ai pas ouï dire aux savants, à qui je dois m'en rapporter sur ce que je n'ai pas étudié, que la dynamique de d'Alembert, quoiqu'elle ait ajouté à la science, soit une plus belle chose que l'application de l'algèbre à la géométrie, ce grand titre de Descartes, et qui pourtant n'est pas le seul.

S'il s'agit de sciences qui tiennent de plus près à l'utilité générale, telles que la médecine et la jurisprudence, je vois que les Van-Swieten, les Tronchin, les Bordeu, malgré tout leur mérite et leur réputation, n'ont été que les disciples du grand Boërhaave, qui écrivait au commencement de ce siècle, et qu'eux-mêmes s'honoraient d'être les premiers parmi ses élèves; c'est là leur gloire: et, pour ce qui est de la jurisprudence, j'ai vu les plus habiles s'incliner au seul nom du fameux Domat (pour me borner en ce genre aux titres du dernier siècle), de ce Domat dont les ouvrages avaient réconcilié l'excellent esprit de Boileau avec la science des lois (1), et sont regardés comme

---

(1) Les paroles du poète sont remarquables, et peuvent servir de leçon à la vanité de nos rimeurs, qui traitent si volontiers de pédan-

INTRODUCTION.

un des plus parfaits modèles du véritable esprit philosophique, de l'esprit d'ordre et d'analyse appliqué à ce genre de connaissances, moitié spéculatives et moitié politiques, et où la pratique embrouille si souvent la théorie.

Si quelque chose a gagné sensiblement de nos jours, ce sont les arts de la main, et à leur tête la chirurgie. La main-d'œuvre, dans tout ce qui est mécanique ou manufacture, a fait des progrès incontestables, mais qui ne peuvent être mis sur le compte de l'esprit philosophique. Au contraire, il est à remarquer que tout ce qui dépend de celui-ci a été, depuis cinquante ans, successivement dégradé par le vice inhérent à la curiosité humaine, à qui l'amour-propre fait si souvent passer les bornes où la raison l'a renfermée ; au lieu que l'industrie s'est visiblement perfectionnée, parcequ'elle avait un guide sûr et un objet immédiat, l'expérience manuelle et l'utilité prouvée par le succès. Mais faut-il autre chose que du bon sens pour trouver souverainement ridicule un emploi de la science tel que celui qu'en a fait un savant moderne, Condorcet, l'application du calcul mathématique aux vraisemblances morales, calcul qu'il substituait, avec un sérieux aussi incompréhensible qu'infatigable, et dans

---

tisme tout ce qui est au-dessus de leur frivolité. — « La lecture de « M. Domat m'a fait voir dans cette science une raison que je n'y « avais pas vue jusque-là. C'était un homme admirable que ce » M. Domat. Vous me faites trop d'honneur de me mettre en parallèle « avec le restaurateur de la raison dans la jurisprudence. » (*Lettre de Boileau à Brossette.*)

toute l'étendue d'un *in-4°* hérissé d'algèbre, aux preuves juridiques, écrites ou testimoniales, les seules admises, dans tous les tribunaux du monde, par le bon sens de toutes les nations? C'est pourtant avec ce calcul algébrique que l'auteur, qui apparemment ne voulait plus qu'il y eût d'autres juges que des mathématiciens, prétendait que l'on décidât de la vie, de la fortune et de la liberté des hommes par des dixièmes, des vingtièmes, des fractions de preuves balancées les unes par les autres, et réduites en équations, en additions et en produits. On osa vanter comme une conquête de l'esprit philosophique cette prétendue invention, bien digne de *la philosophie révolutionnaire*, et qui pourtant n'a pas fait fortune, parce que l'extravagance fut repoussée cette fois par l'impossibilité absolue. Mais elle a du moins fait voir jusqu'où peut s'égarer un sophiste entraîné par la vanité de soumettre à ses études des objets qu'elles ne sauraient atteindre; et c'est une exception assez singulière à ce que j'ai dit ci-dessus, qu'on ne peut guère délirer en mathématiques.

Un autre genre de connaissances dont les accroissements paraissent généralement avoués, mais n'ont pas encore produit tout l'effet qu'on en doit attendre, ce sont celles que l'on appelle physico-chimiques, c'est-à-dire celles où la décomposition des substances corporelles a fait naître de nouvelles lumières sur les opérations de la nature et du temps, dans les différents matériaux dont notre globe est formé. C'est sans doute un beau travail de l'intelligence humaine, c'est se placer à la plus grande hauteur où les spéculations de l'homme puissent monter, que de suivre de l'œil la marche des corps célestes dans l'espace, en même temps que l'on décompose la terre que nous foulons sous nos pieds, et de chercher dans la nature et les effets de la lumière et du feu sur la matière aqueuse et terrestre l'histoire des changements progressifs qui nous expliquent l'état ancien et actuel du globe que nous habitons. Mais, en remontant ainsi par l'observation au-delà de toutes les traditions historiques, en recherchant ces époques reculées dont nous ne pouvons retrouver le témoignage que dans les traces empreintes sur la surface de la terre ou déposées dans son intérieur, il ne faut pas, comme Buffon, écrire les annales du monde en hypothèses et en romans qui attestent seulement la brillante imagination de l'auteur, et sont démentis par l'observation des faits. Je ne saurais trop répéter que ce n'est pas moi qui me fais ici juge en ces matières; mais je dois, pour l'intérêt de la vérité, rappeler, d'après l'avis public de tous les savants, que la *Théorie de la Terre* et les *Époques de la Nature*, du célèbre Buffon, n'ont pas aujourd'hui un seul défenseur parmi les physiciens, et qu'il ne lui reste, dans la postérité, que la gloire d'un grand écrivain, gloire très réelle, sans doute, mais qui, en philosophie, ne peut jamais être que secondaire. Ici même son prestige a été dangereux; car c'est surtout l'attrait du style de Buffon qui donna d'abord de la vogue et de l'autorité à cette physique mensongère, qui avait déjà pour le scepticisme irréligieux un autre attrait, celui de démentir la seule cosmogonie véritable, parce qu'elle est la seule inpirée, celle des livres saints. J'ai vu le temps où l'ignorance du vulgaire même, croyant Buffon sur parole, sans être à portée de l'entendre, rejetait hautement la création par ce seul mot, devenu le refrain des écoliers et des professeurs de matérialisme et d'athéisme : *Le monde est bien vieux. Il mondo è molto vecchio.* Mais qu'est-il arrivé ? C'est ici que s'est confirmée avec éclat cette parole d'un si grand sens, et qui est celle d'un grand philosophe : *Un peu de philosophie fait l'incrédule, et beaucoup de philosophie fait le chrétien.* Après que les premiers aperçus de la chimie géologique eurent fait répéter si inconsidérément que l'histoire de la terre contredisait la révélation, et que la nature réfutait Moïse et la Genèse, il s'est trouvé que la terre et la nature, mieux examinées, non seulement confirment en tout le récit de la création et du déluge dans la Bible, mais prouvent même que ce récit n'a pu être qu'inspiré. C'est ce qu'un savant du premier ordre, M. Deluc, connu dans l'Europe pour avoir consacré sa vie à ce genre de recherches, à démontré dans deux ouvrages (1), que la *philosophie* des incrédules n'a pas même osé contredire, quoique dans toute la puissance de son règne actuel ; et MM. de Saussure et de Blumenbach, et d'autres savants non moins distingués, ont appuyé ces démonstrations en attestant la réalité des mêmes faits. Mais ce beau triomphe de la science observatrice, d'accord avec la vérité révélée, n'a pas eu encore l'éclat qu'il devait avoir, et qu'il ne peut manquer d'obtenir bientôt. Il est venu au moment où l'impiété, couronnée par les crimes de la révolution française, et retranchée der-

---

(1) L'*Histoire de la Terre et des Hommes*, et les *Lettres géologiques*.

rière les canons et les baïonnettes, a cru pouvoir se passer de l'opinion à la faveur de la force, n'a plus songé à répondre aux écrits, mais à les anéantir avec les auteurs, et à suppléer à la faiblesse insolente de ses plumes mercenaires par la violence atroce de ses proscriptions. Aussi n'est-ce pas elle qui comptera de pareils ouvrages parmi les titres de ce qu'on appelle *le siècle philosophe;* et, si je dois ici en tenir compte, c'est parce qu'il entre dans mon plan de considérer d'un côté la philosophie en elle-même, et ceux dont les ouvrages lui font honneur, et, de l'autre, le fantôme ou plutôt le monstre imposteur que ce siècle a décoré du nom de *Philosophie.* Il en est de même de la critique historique, de l'érudition, qui, en étudiant les monuments de l'antiquité, y cherche ce qui peut éclairer et fortifier les preuves du plus grand événement qui puisse intéresser les hommes, celui de la révélation divine, d'abord dans la mission de Moïse, et ensuite dans celle de Jésus-Christ, dont la seconde est l'accomplissement et la fin des promesses et des figures de la première, et qui, toutes deux réunies, remontent à l'origine du monde et au premier homme, et contiennent l'histoire entière du genre humain. La philosophie religieuse du dernier siècle, avait rassemblé savamment toutes ces preuves éparses de la divinité de notre religion, et y avait joint tous les nerfs de la logique et toutes les couleurs de l'éloquence. Le philosophisme (1) de nos jours a étalé une critique,

---

(1) Je continuerai de l'appeler encore souvent *philosophie*, parce que c'est son nom de guerre; mais alors il sera toujours en italique, afin qu'on ne puisse pas s'y méprendre de bonne foi.

une érudition toute différente : on verra qu'elle n'a été, même dans des écrivains d'ailleurs fort renommés, qu'ignorance et mauvaise foi. C'est pourtant celle-là qui a fait le plus de bruit, et qui a été le plus généralement accréditée ; ce qui caractérise encore la frivolité et la corruption de l'esprit général de ce siècle, et autorise l'arrêt de réprobation déjà porté contre lui dans toute l'Europe ; et qui sera bien plus solennel encore dans la génération naissante, instruite par le terrible exemple de la révolution française. Il n'en résulte donc qu'une grande et amère confusion pour ceux qui ont donné à cette démence le nom d'*esprit philosophique du siècle*. Mais le véritable esprit philosophique, quoique long-temps moins avoué et moins reconnu par l'opinion qu'on avait égarée, ne se montre pas moins aux yeux d'un public impartial, dans les écrits de Guénée, de Bergier, et de quelques autres des plus dignes adversaires de l'irréligion. Je dois cependant ajouter, par respect pour la justice, qui doit l'emporter sur l'amour-propre national, qu'en ce genre l'Angleterre a surpassé de beaucoup la France. L'étendue des connaissances dans Warburton ne l'a pas garanti, il est vrai, de quelques erreurs que ses compatriotes eux-mêmes ont pris soin de relever. Mais la solidité et l'énergie des écrits de Sherlock (1) et de Lardner, et surtout le chef-d'œuvre de Leland, la

---

(1) Voyez l'ouvrage intitulé : *Des Témoins de la Résurrection*, par Sherlock ; un autre qui a pour titre : *De l'usage et des fins de la Prophétie*. Les Anglais ont une foule de livres très estimables dans le même genre, et tous de ce siècle. Ceux de Lardner sont un peu diffus, et celui qu'il a fait sur la Genèse est de peu de fruit ; mais sa *Crédibilité de l'Évangile*, et surtout le *Témoignage des anciens Juifs et Païens en*

Nouvelle Démonstration évangélique, supérieure à toutes les productions que le même zèle a enfantées dans ce siècle, et l'une de celles où les profondeurs de la science et du jugement n'ôtent rien à l'agrément du style, ont assuré jusqu'ici à l'esprit anglais la palme en cette espèce de lutte du christianisme contre l'incrédulité. Cet esprit pourtant n'avait pu d'abord que rester faible quand il défendait l'hérésie contre le catholicisme; car il ne saurait y avoir de vraie force dans l'erreur contre la vérité; et les thèses et les conclusions de Bossuet sont demeurées inaccessibles à tous les efforts de ceux qui ont voulu infirmer ce grand argument de l'unité, à jamais inébranlable, comme l'Église dont il est la base. Mais ces mêmes protestants ont été forts contre l'ennemi commun; et n'est-il pas permis de penser que la Providence nous offre peut-être, dans leurs honorables combats en faveur de la révélation, un présage de leur prochain retour à cette unité précieuse dont ils ne sont pas séparés par leur choix, mais par la faute de leurs pères?

Serait-ce dans le Nord que ce siècle irait chercher les titres de sa prééminence philosophique? Les sciences naturelles mises à part, l'irrécusable histoire ne montrera dans l'Allemagne que la démence de vingt sectes d'illuminés, que les rêveries de Swedenborg et de Kant, et de leurs disciples, opprobre de l'esprit humain, et les noirs mystères des hautes classes de la franc-maçonnerie occulte, assez dévoilés cependant

---

faveur de la Religion chrétienne, sont d'un travail et d'une érudition qui ne demanderaient qu'une main habile qui les abrégeât.

depuis leur union avec la *philosophie révolutionnaire* pour être à jamais l'horreur de la nature humaine.

De cet aperçu préliminaire, qui n'est encore qu'un avertissement pour les lecteurs curieux de la vérité, je passe aux deux objets principaux et actuels, la métaphysique et la morale, c'est-à-dire cette partie de la philosophie qui, réduisant en méthode les actes de l'entendement et de la volonté, et les conséquences qui en dérivent pour la conduite de la vie, rentre dans toute la théorie de l'ordre social et politique. Sous ce point de vue, je trouve dans la première moitié de ce siècle des titres vraiment honorables pour la philosophie, pour celle qui mérite vraiment ce nom, et à laquelle personne ne rend justice plus volontiers que moi. Il n'y a que des hommes intéressés à la confondre avec celle qui n'en a que le masque, il n'y a qu'eux seuls qui puissent me supposer contre elle aucune espèce de prévention : ici toute prévention serait de ma part bien gratuite; et j'ose attester tous ceux qui m'écoutent et qui m'ont lu que la partialité n'a jamais été le caractère de mes opinions et de mes jugements. C'est un témoignage que m'ont rendu assez souvent en littérature mes ennemis mêmes; et, quand je me suis égaré en fait de religion et de politique, j'ai du moins eu cet avantage, qu'il n'y avait de ma part ni mauvaise foi ni intérêt personnel. C'était tout simplement la vanité et l'étourderie naturelle à cette prétendue *philosophie* que j'avais embrassée sans examen, au lieu qu'aujourd'hui c'est un examen très réfléchi, très désintéressé, tout ou moins appuyé de l'expérience, qui, en me faisant renoncer à des erreurs funestes, m'a

INTRODUCTION.

fait un devoir de les combattre dans leurs premiers auteurs et dans leurs derniers disciples.

J'aperçois donc d'abord, en commençant par le bien, qui doit faire ensuite mieux sentir le mal, cinq écrivains illustres qui, en différentes manières, ont rendu plus ou moins de services à la philosophie ; Fontenelle, qui l'a réconciliée avec les graces ; Buffon, qui, comme Platon et Pline, lui a prêté le langage de l'imagination ; Montesquieu, qui a su appliquer l'un et l'autre aux spéculations politiques; d'Alembert, qui a rangé dans un ordre méthodique et lumineux toutes les acquisitions de l'esprit humain ; et Condillac, qui a fait briller sur la métaphysique de Locke tous les rayons de l'évidence. Voilà ceux qui forment parmi nous la première classe, celle des hommes supérieurs qui ont été à la fois philosophes et écrivains. La seconde se compose de quelques moralistes d'un mérite plus ou moins distingué ; mais la troisième, et malheureusement celle qui a eu le plus d'influence, n'offre que des sophistes, qui, avec plus ou moins de talent pour écrire, et quelquefois avec des titres de célébrité, aussi étrangers à la philosophie que les caractères de leur esprit, ont été, sous le faux nom de *philosophes*, d'abord les ennemis de la religion, et ensuite, par une conséquence infaillible, ceux de tout ordre moral, social et politique, et, pour tout dire en un mot, les pères de la révolution française.

N. B. Une partie de cet ouvrage, c'est-à-dire tout le premier livre, et les premiers chapitres du second jusqu'à Diderot inclusivement, a été prononcée au Lycée de Paris dans les commencements de 1797, sauf quelques changements et additions que j'y ai faits depuis que j'ai repris l'ouvrage, dans ma retraite actuelle (1799), pour le revoir et l'achever, si la Providence m'en laisse le loisir et les moyens. On pourra donc juger ici quel chemin avait fait l'opinion, qui était mon unique force, lorsque je faisais entendre, deux fois la semaine, devant trois ou quatre cents personnes, tout ce qui pouvait inspirer l'horreur et le mépris de la *philosophie révolutionnaire*, sans restriction ni exception. Je dois dire, pour la chose publique, et non pas pour moi, que la presque totalité de l'auditoire, quoique souvent renouvelée en partie d'une semaine à l'autre, m'était constamment favorable, et que les acclamations étaient d'autant plus vives, que les vérités étaient plus poignantes. Mais pourtant ce n'était plus, comme avant la révolution, un sentiment et une expression à peu près unanimes. Le parti de l'opposition s'y faisait toujours sentir : il était très faible par lui-même, et comme étouffé par la voix publique pendant les séances; mais il murmurait tout bas, et avait une physionomie marquée par la violence des souffrances intérieures. De plus, toujours rassuré par une de ces habitudes inouïes et propres à notre révolution, où le petit nombre, même sans force réelle, a toujours fait la loi au grand nombre, il ne cédait ni ne rougissait; et lorsqu'à la fin des séances le public quittait le Lycée, ce parti, rassemblé aussitôt dans le salon attenant, se soulageait par des invectives et des menaces. C'est là que l'astronome Lalande se glorifiait d'être athée, et criait de toute sa force qu'il n'y avait de vrais philosophes que les athées.. C'est au sortir de là qu'il imprima, dans le *Journal de Paris*, cette lettre qui lui attira tant de brocards en prose et en vers, où il s'indignait que j'eusse osé dire *que l'athéisme était une doctrine perverse, ennemie de tout ordre social et du gouvernement*. Il voulait bien *ne pas croire que ce fût par scélératesse* que j'eusse parlé ainsi ; d'où il concluait que *ce ne pouvait être que par imbécillité*. Ce trait unique était trop précieux pour n'être pas rappelé : il contient en substance l'esprit et le langage de la révolution française. Cherchez dans l'histoire du monde, ou dans votre imagination, un état de choses où un homme qui n'était pas reconnu fou, un savant, un académicien, eût pu imprimer et signer qu'on ne pouvait pas regarder l'athéisme comme anti-social et anti-politique sans être *un scélérat ou un imbécile*.

PHILOSOPHIE
DU XVIIIe SIÈCLE.

LIVRE PREMIER.

CHAPITRE PREMIER.

Des Philosophes de la première classe.

SECTION PREMIÈRE.

FONTENELLE.

Le premier qui s'offre à nous dans l'ordre des temps, c'est Fontenelle; et quoiqu'il se soit essayé dans presque tous les autres genres d'écrire, comme il n'a marqué dans aucun de manière à y trouver une place dans ce *Cours*, excepté la Pastorale, je rassemblerai ici en peu de mots tout ce qui concerne ses diverses productions, parmi lesquelles se remarquent particulièrement celles qui l'ont placé au rang de nos plus célèbres philosophes.

Sa longue vie embrassa la dernière moitié du siècle passé et la première du nôtre, et, de l'une à l'autre de ces époques, sa réputation a singulièrement varié. Susceptible plus qu'aucun autre écrivain d'être regardé sous un double aspect, il n'a presque jamais été montré que sous l'un des deux, selon les temps et les juges. On peut assigner les raisons qui ont fait pencher la balance tantôt d'un côté, tantôt d'un autre, et ce qui paraît contradictoire peut sans peine se concilier. En mettant même à part la passion, qui corrompt tout, rien n'est plus rare, parmi les gens de lettres contemporains, qu'un jugement mesuré. D'abord il faut plus de lumières pour voir un objet sous toutes les faces que pour n'en faire ressortir qu'une : ensuite la critique se prononce avec plus de force apparente quand elle est à-peu-près toute en bien ou toute en mal : un résultat plus tranchant produit plus d'effet, au moins sur le commun des lecteurs; et la plupart des auteurs s'occupent bien plus de l'effet que de la vérité : de là le mensonge habituel du panégyrique ou de la satire.

Fontenelle, lorsqu'il était contemporain de Racine, de Boileau, de Quinault, de La Bruyère, etc., se fit connaître d'abord par une tragédie d'*Aspar*, des *Pastorales*, des *Dialogues des morts*, des *Opéra*, des *Lettres du chevalier d'Herv****, et quelques poésies légères. Voyons si ces différents ouvrages étaient de nature à plaire beaucoup aux juges de ce temps qui devaient avoir le plus d'autorité.

S'il faut s'en rapporter à ce qui est dit dans la

vie de l'auteur placée à la tête de ses écrits, *il surpassa de beaucoup, dans ses Dialogues des morts, Lucien, qu'il avait pris pour modèle*. Mais ce n'est guère dans ces morceaux historiques et critiques dont on charge les éditions posthumes qu'il faut chercher la vérité. L'amitié ne s'en fait pas un devoir, et c'est elle qui d'ordinaire tient la plume. Fontenelle est fort loin de surpasser Lucien, dont il n'a ni la gaieté, ni la morale, ni la verve satirique : il n'est pas même vrai qu'il l'*eût pris pour modèle;* il n'a ni la même manière ni le même dessein. Lucien poursuit continuellement la superstition populaire et le charlatanisme philosophique, et il contribua sans doute, quoique païen, à décrier les rêveries du paganisme et le pédantisme de l'école. Il avait donc un but réellement utile, et il l'atteignit. Fontenelle semble n'avoir fait de ses *Dialogues* qu'un jeu, ou, si l'on veut, un effort d'esprit : un jeu, par la frivolité des résultats; un effort, par les rapprochements forcés et la recherche des pensées et du style. On y trouve des pensées ingénieuses et fines, mais il y en a tout au moins autant qui ne sont que subtiles et fausses. Trois ou quatre de ces *Dialogues* offrent de la bonne philosophie : le plus grand nombre n'est qu'une débauche d'esprit, mêlée de saillies heureuses. L'auteur a voulu surtout piquer le lecteur par le choix de personnages disparates, et par la conclusion imprévue de leur entretien. Ce plan, qui tendait plus à étonner qu'à instruire, n'est louable ni pour la morale, ni pour le goût. Où est le mérite d'étonner aux dépens du bon sens? Sans doute on ne s'attend pas à trouver la mort d'Adrien plus héroïque que celle de Caton, ni à voir Brutus se comparer à Faustine, et prendre la peine de lui dire sérieusement que *des Romains comme lui sont plus rares que des Romaines comme elle.* Qui est-ce qui s'attendrait à voir Brutus se mettre en parallèle avec une prostituée, et Alexandre *le conquérant* avec *la conquérante* Phryné? Personne, je l'avoue; mais c'est que, dans un livre de morale, on ne doit pas s'attendre à des saillies si déraisonnables. Les bons esprits d'alors (car il y en avait beaucoup) devaient-ils être fort contents d'un jeune auteur qui, s'annonçant avec de l'esprit et des connaissances, commençait par tomber dans des disconvenances si étranges, par faire dialoguer les plus fameux personnages de l'antiquité, non pas pour nous retracer la dignité et l'énergie de leurs sentiments et de leurs idées, mais pour les travestir en discoureurs raffinés, et pour débiter sous leur nom de petits paradoxes fort alambiqués, et souvent même ridicules? Ils devaient encore être moins satisfaits du babil des *Lettres galantes*, imitées de Voiture : la réputation de celui-ci était déjà fort baissée; mais le petit nombre de morceaux agréables qu'on peut distinguer dans le fatras de ses lettres valait mieux que les galanteries précieuses *du chevalier d'Herv****, et avait au moins le mérite de l'originalité.

Pour ce qui est des *Pastorales*, les amateurs

des anciens ne pouvaient pas goûter beaucoup celles de Fontenelle, ils lui reprochaient, avec raison, d'avoir trop peu de cette simplicité qui sied aux amours champêtres, et de cette élégance facile que le talent poétique, comme l'a prouvé Virgile, sait unir à la naïveté sans trop la farder. Ils auraient voulu qu'il mît à mieux faire ses vers tout le soin qu'il emploie à donner son esprit à ses bergers; qu'il songeât plus à flatter l'oreille par les sons gracieux de la flûte pastorale, et moins à aiguiser ses pensées par la gentillesse, ou plutôt, s'il est permis de s'exprimer ainsi, par la coquetterie de ses agréments. Ses bergers en savent trop en amour, et l'auteur en sait trop peu en poésie. On est également blessé et de la négligence de ses vers, et du travail de ses idées.

Ce n'est pas que de ces défauts qui dominent dans ses églogues on dût conclure qu'elles ne méritent aucune estime : plusieurs se lisent avec plaisir, et il y a dans toutes une délicatesse spirituelle qui peut plaire, pourvu qu'on oublie que la scène est au village, et surtout que l'on fasse souvent grace à la versification. Mais c'est ce qu'il n'était pas possible d'obtenir de Racine et de Boileau; et il faut avouer qu'ils avaient droit d'être difficiles, et que les lecteurs apprenaient avec eux à le devenir. Des hommes qui ne faisaient pas grace à Quinault lui-même des faiblesses de sa versification, étaient, il est vrai, trop sévères : on en est convenu depuis; et c'est un tort d'avoir paru méconnaître ailleurs des beautés particulières à l'auteur et au genre; mais ils avaient toute raison de n'estimer nullement les opéra de Fontenelle, *Thétis et Pélée*, *Endymion*, et *Enée et Lavinie*. Le premier eut du succès, et même de la réputation assez long-temps, et le suffrage de Voltaire dut y contribuer. Il le loua dans *le Temple du Goût*, ou par une déférence excusable pour la vieillesse de Fontenelle, ou pour ne pas heurter assez inutilement une opinion vulgaire sur un objet de peu d'importance, ou peut-être encore pour mortifier Rousseau, qui avait échoué dans ses opéra. Si celui de *Pélée* réussit dans son temps, il faut croire que la musique et les accessoires du théâtre en firent la fortune passagère : on a peine à la comprendre en lisant le drame. Nous avons vu, à l'article du théâtre lyrique, dans le siècle dernier, que le seul mérite de cet ouvrage est de n'être pas mal coupé pour la scène, mais que d'ailleurs il n'a rien qui puisse en faire soutenir la lecture. *Enée et Lavinie*, *Endymion*, valent encore moins, et ont été remis de nos jours sans aucun succès. *Aspar*, mort en naissant, avait prouvé que l'auteur n'avait aucune espèce de talent dramatique, quoique depuis il ait eu la faiblesse d'essayer encore le tragique sous un nom emprunté (1), de faire une tragédie en prose, *Idalie* (ce qui prouve, en pas-

---

(1) Sous celui de mademoiselle Bernard, qui donna un *Brutus* et une *Laodamie*, pièces oubliées.

sant, que La Motte n'était pas le seul qui eût cette idée bizarre), et d'imprimer cinq ou six comédies ou façons de comédies, dont les titres mêmes sont ignorés, et qui sont, ainsi que son *Idalie*, les plus misérables productions qu'on puisse imaginer.

Jusqu'ici l'on conviendra que les maîtres dans l'art d'écrire, qui donnaient le ton à leur siècle, étaient très autorisés à ne pas voir, dans les ouvrages dont je viens de parler, des titres littéraires fort imposants. Mais aussi dans le même temps il avait donné son *Histoire des Oracles* et sa *Pluralité des Mondes*, qui furent les premiers fondements de sa réputation de philosophe et d'écrivain.

L'un, tiré d'un ouvrage lourd et diffus d'un savant Hollandais (Van-Dale), avait pris une forme nouvelle sous la plume de l'auteur français; il avait même un mérite particulier, dont, apparemment il fut redevable à la nature du sujet, qui est tout entier d'érudition. Son style y est beaucoup plus sain qu'il ne l'avait été jusque-là, plus dégagé de parures étrangères. Fontenelle se moque très spirituellement de toutes les sottises et de tout le charlatanisme des oracles païens, qu'il met tous sur le compte des prêtres, sans que les démons y fussent pour rien. La question de fait est livrée à la liberté des opinions; et celle de Fontenelle, sur ce point, a été celle d'écrivains dont on n'a jamais suspecté la croyance, entre autres, du savant et judicieux Thomassin, l'un des ornements de la célèbre Congrégation de l'Oratoire. En effet, il importe peu que l'imposture des oracles vînt du démon ou des prêtres : l'un était le père du mensonge, les autres en étaient les organes. Voilà ce qui n'est pas douteux : on peut même ajouter que, si c'était le diable qui parlait dans ces oracles, il n'y soutenait pas la réputation d'esprit qu'on lui a faite ; et l'on a remarqué surtout que, quand il ne se servait pas des vers d'autrui, il était si mauvais poëte, qu'il ignorait même la mesure et la quantité. Au reste, il n'a jamais fallu beaucoup d'esprit pour tromper les hommes ; c'est pour les éclairer qu'on n'en a jamais assez. D'ailleurs la plaisanterie sur les oracles était si ancienne et si commune, depuis OEnomaüs le cynique jusqu'à Cicéron l'académicien, que les amateurs et les rivaux de l'antiquité ne pouvaient pas tenir grand compte de ce petit ouvrage, dont le fond même n'appartenait pas à l'auteur.

Les hommes religieux y virent de plus un inconvénient qui probablement n'était pas dans l'intention de Fontenelle, mais qui pouvait se trouver dans les dispositions d'une certaine classe de lecteurs. C'était le danger des conséquences ; danger qu'il faut toujours éviter soigneusement, surtout dans tout ce qui tient à la morale et à la religion. Celle-ci pouvait craindre que l'incrédulité ne conclût de cet ouvrage que l'auteur rejetait ou l'existence ou du moins l'action des mauvais anges, appelés démons ; et l'une et l'autre, attestées par les saintes écritures, et ne répugnant d'ailleurs en rien aux notions philosophiques, font partie de la foi chrétienne. Ce livre de Fontenelle fut combattu et réfuté par le Jésuite Baltus, avec les mêmes arguments que le luthérien Mœbius avait employés contre Van-Dale; et dans un temps où tout ce qu'il y avait de gens éclairés professaient un grand attachement à la religion, ce ne fut pas auprès d'eux un titre très recommandable, qu'un ouvrage dont elle pouvait s'alarmer.

L'autre, qui eut plus de succès, et qui en a encore aujourd'hui, était plus particulièrement empreint du cachet de Fontenelle : l'art de rendre susceptibles d'agrément les matières qui en paraissent les plus éloignées. Mais cet art y est encore mêlé d'affectation, et même d'une espèce d'afféterie galante déplacée partout, et plus encore dans un livre de physique. Elle y est, il est vrai, à côté des graces de l'esprit; mais on sait que les graces, chez Fontenelle, ont trop souvent une parure qui semble moins de leur choix que du goût de l'auteur. Quant au fond des choses, c'est la vérité embellie dans tout ce qui est conforme au système de Copernic : c'est un roman enjolivé dans tout ce qui appartient à la chimère des tourbillons. Telle est la force des idées puisées dans les premières études, que jamais l'esprit philosophique de Fontenelle n'alla jusqu'à le détacher des rêveries de Descartes, quoiqu'il dût être, autant que personne, en état d'entendre les calculs de Newton, comme on le voit par le bel éloge qu'il en a fait.

Voltaire, qui, dans son *Micromégas*, se moqua un peu des faux ornements qui déparent les *Mondes* de Fontenelle, rendit une pleine justice à l'*Histoire de l'Académie des Sciences*, et surtout aux *Éloges des Académiciens*, ouvrage charmant dans un genre où ce serait beaucoup de n'être pas ennuyeux, ouvrage regardé généralement comme le chef-d'œuvre de l'auteur, et fait pour consacrer sa mémoire avec celle des savants qu'il a célébrés. Son style et son esprit y sont à leur maturité : il en a vu tous les avantages, et n'en montre guère les défauts.

Cette dernière production est de notre siècle ; et si les Despréaux et les Rousseau, qui s'étaient déclarés contre Fontenelle, ne furent pas ramenés par un mérite qui jusqu'à nous s'est fait remarquer et sentir de plus en plus, c'est d'abord qu'il leur était par lui-même assez étranger ; qu'ensuite ils étaient depuis long-temps accoutumés à voir dans Fontenelle un dangereux corrupteur du bon goût, et que la vieillesse n'est pas l'âge où l'on revient des préventions personnelles. Des torts réciproques avaient fait enfin de ces préventions une véritable inimitié, et la sévérité était devenue injustice.

Nous avons vu qu'en soi-même cette sévérité n'était pas sans fondement. Voltaire, plus équitable envers Fontenelle que Fontenelle ne l'était envers lui, et qui le loua souvent en prose et en vers, soit par goût pour sa philosophie, soit par haine contre Rousseau, leur ennemi commun; Voltaire n'a pourtant jamais fait grace à ce qu'il y avait de vicieux dans la manière d'écrire propre à ce philosophe bel-esprit. Elle consiste surtout à tempérer le sérieux de la raison par une espèce de badinage d'autant plus agréable qu'il est imprévu, et la finesse des pensées par des tournures familières. Voilà le bien, et en cela l'auteur est original. L'abus consiste en ce que cette finesse est trop souvent plus près de la subtilité que de la justesse (car, en cherchant l'une, on s'éloigne de l'autre); et que ces expressions badines et communes deviennent parfois un vrai cailletage : c'est surtout ce qui gâte ses *Dialogues* et ses *Mondes*.

A l'égard de l'injustice, l'exposé succinct des démêlés qui en furent l'origine fera voir qu'une connaissance exacte de l'histoire littéraire sert à éclairer le critique.

Fontenelle était neveu de Corneille. Quand il vint à Paris en 1679, c'était justement le temps où une cabale très envenimée se servait du nom d'un grand homme, sans son aveu, pour déprécier et tourmenter Racine, qui, de son côté, avait de très nombreux partisans, et Boileau à leur tête. Ces querelles de parti étaient extrêmement échauffées, et avaient éclaté surtout, peu de temps auparavant (en 1677), dans le triomphe honteux et passager de la *Phèdre* de Pradon; et quoique la véritable *Phèdre* eût déjà repris sa place, Racine, vivement blessé, et regardant d'ailleurs cette injustice des hommes comme une leçon du ciel qui l'éloignait du théâtre, y avait solennellement renoncé. Les gens de goût en gémissaient sans doute; mais la cabale s'en réjouissait tout haut, et ne demandait qu'à substituer à Racine quelqu'un qui pût occuper la scène, et distraire de cette perte ce public qui oublie si facilement ce qu'il n'a plus, et s'accommode toujours de ce qu'il a. Dans ces circonstances, on peut imaginer comment ce parti dut accueillir un neveu du grand Corneille, un jeune homme dont la réputation naissante avait déja passé de Rouen à Paris par la voie des journaux, où l'on préconisait quelques essais poétiques; accueillis avec l'indulgence qu'on accorde volontiers à la jeunesse et aux petites choses. Fontenelle, son *Aspar* à la main, fût un moment l'espérance et le héros d'une cabale qui l'annonçait avec emphase comme le successeur de son oncle, et il ne se défendait pas assez de cet accueil si dangereusement flatteur, qui tourna bientôt en humiliation par la chute complète d'*Aspar*. Racine, qu'on avait menacé, ne se refusa pas une épigramme et une chanson, qui firent plus de fortune que la pièce. Fontenelle, malgré toute la modération philosophique dont il se piqua toute sa vie, et qui apparemment n'était pas encore bien affermie contre les tentations de l'amour-propre, voulut se venger avec les mêmes armes, et fit contre *Esther* et *Athalie* des épigrammes qui ne valaient pas mieux qu'*Aspar*. Ce ne fut pas tout. Bientôt arriva la fameuse dispute des anciens et des modernes, qui divisa la littérature et l'Académie, précisément comme la musique les a divisées de nos jours, et Fontenelle ne manqua pas d'y prendre parti contre les anciens : de là, une animosité qui ne s'éteignit point. Racine et Despréaux ne cessèrent pas de repousser Fontenelle de l'Académie, où il ne fut reçu qu'après avoir été refusé quatre fois; et Fontenelle, dont les paroles ne tombaient pas, ne cessa de dire que *Boileau était dévot et méchant, et Racine plus dévot et plus méchant.* Toutes ces *méchancetés* n'étaient, au fond, que de la malice d'esprit et des picoteries d'amour-propre; et ce que les haines littéraires sont devenues dans ce siècle, à dater des couplets de Rousseau jusqu'aux pamphlets de Voltaire et par-delà, a fait regretter ce qu'elles étaient dans le siècle dernier.

Cependant, après la mort de Racine et de son ami, les heureux travaux de Fontenelle dans la place de secrétaire de l'Académie des Sciences, la sagesse qu'il eut de s'y renfermer entièrement, l'éclat qu'il y répandit par ses beaux Mémoires, et par des Éloges encore plus beaux; la considération qu'attiraient sur lui ses places et ses années; la protection du Régent, qui le logea au Palais-Royal; l'amitié des hommes puissants et les suffrages de la société, où il savait plaire comme dans ses écrits; tout concourut à en faire un autre homme, à l'agrandir dans l'opinion; et celui qui, dans l'âge précédent, n'avait été qu'un littérateur agréable et un écrivain médiocre, devint, comme le disait, Voltaire en 1752 (1), *le premier parmi les savants qui n'ont pas eu le don de l'invention*, par la manière instructive et attrayante dont il savait rendre compte du travail des autres.

Voltaire, qui s'exprimait ainsi du vivant de Fontenelle, lui faisait déja un honneur assez remarquable par l'exception unique qui, en faveur de son âge et de sa renommée, le plaçait, seul des auteurs vivants, dans le catalogue des écrivains du siècle précédent; et en effet, cette exception flatta beaucoup plus Fontenelle que l'article même qui le concerne, quoique fait avec toute la réserve, la délicatesse et l'honnêteté qu'exigeaient les convenances, que Voltaire savait si bien garder quand il le voulait. Il y passe légèrement sur les productions faibles, et sur les défauts des meilleures : mais le résultat de tous ces ménagements, alors très-bien placés, est le même que celui qu'on pourra tirer des développements où je suis entré avec une critique plus sévère et plus prononcée, telle qu'elle doit avoir lieu pour des hommes qui n'appartiennent plus qu'à la postérité.

Cette distinction honorifique, de la part de l'historien du siècle de Louis XIV, était d'autant plus louable, qu'il n'ignorait pas que Fontenelle ne l'avait jamais aimé, et ne l'avait pas toujours ménagé dans ses discours, comme Voltaire ne l'avait

---

(1) *Siècle de Louis XIV.*

pas toujours épargné dans ses écrits. Celui-ci, par sa vaste renommée, devait inquiéter surtout ceux qui prétendaient au premier rang : il eut plus de titres qu'un autre à cette universalité de talents qui lui est attribuée, et qu'il faudrait bien se garder de prendre à la lettre : elle serait trop démentie, seulement par les bornes naturelles de l'esprit humain. Dans les sciences, une seule suffit pour occuper la vie et les forces du plus grand homme; et dans les arts de l'imagination, un seul peut avoir assez de branches différentes pour que le génie le plus heureux ne puisse pas les embrasser toutes. Voltaire, par exemple, excella dans divers genres de poésie, et cela seul est prodigieux; mais il resta au second rang dans l'épopée, et n'en eut aucun dans le comique et dans le lyrique. Il sut donner à la poésie une nouvelle force par le mélange de la philosophie morale, comme Fontenelle donnait une sorte de popularité à la science par l'attrait séduisant de son style. Mais aussi la science elle-même ne fut jamais qu'effleurée dans les écrits de Voltaire, quels qu'ils fussent, comme la poésie dans ceux de Fontenelle; et l'un et l'autre ont prouvé cette vérité d'expérience, qu'avec tout l'esprit possible nous ne pouvons aller loin dans un genre quelconque que la nature ne nous a pas départi de manière à en faire la principale étude de notre vie.

Celui de la poésie a naturellement le plus d'éclat; et comme il n'est jamais inutile de montrer les petites illusions de la vanité et les artifices de l'amour-propre, même dans les hommes jaloux de professer cette philosophie qui devrait être la sagesse, on ne doit pas dissimuler qu'il ne tint pas à Fontenelle que cet empire de la poésie qui l'importunait, surtout depuis que Voltaire en avait fait une puissance qui se mêlait de tout, ne fût à-peu-près anéanti ou du moins fort dégradé.

On en vit la preuve dans l'éloge de La Motte, prononcé à l'Académie en 1732, et rempli de tous les paradoxes et de tous les sophismes imaginables, dont le but est de prouver, d'un côté, que le plus grand talent poétique est très-peu de chose au prix de la raison; et de l'autre, que La Motte a été un grand poète à force de raison (1).

Quand la secte *philosophiste* devint prépondérante par cette réunion des Encyclopédistes, dont j'aurai bientôt à parler, elle s'empara du nom de Fontenelle, comme d'une autorité de plus dont elle avait besoin : elle fit alors cet écrivain plus grand, et même autre qu'il n'avait été; elle prétendit compter parmi ses premiers apôtres, et même, si on l'eût voulu croire, parmi ses premiers martyrs, cet homme si naturellement circonspect, que, bien loin de s'exposer, il eût redouté même de se compromettre. Il est vrai que le fougueux Tellier, qui voyait partout des hérétiques, dénonça l'auteur de l'*Histoire des oracles*; mais on sait que ce fut inutilement. Ni sa con-

---

(1) Voyez la réfutation de ces paradoxes au commencement du chapitre VIII, *de la Poésie du dix-huitième siècle*, tome XIII de cette édition.

duite ni ses discours ne donnaient de prise sur lui; et son protecteur d'Argenson, celui qui fut depuis garde-des-sceaux, n'eut pas de peine à le justifier. Il pratiquait tous les devoirs publics de la religion, et rien n'est plus connu qu'un mot de lui, souvent cité, et consigné dans tous les Mémoires biographiques, que *la religion chrétienne était la seule qui eût des preuves.* Il n'a jamais avoué deux petites brochures depuis long-temps oubliées (1), et qu'on lui attribue sans preuve, quoiqu'elles n'aient jamais été insérées dans aucune édition de ses œuvres, pas même dans celles qui ont paru depuis sa mort.

On a été plus loin : on l'a montré de nos jours comme un des précurseurs de cette *liberté de penser*, qui a dû prendre un autre nom depuis qu'elle a passé de si loin ce qu'on appelait auparavant la licence. Nos sophistes, donnant à Fontenelle ce qui n'appartenait qu'à Bayle, l'ont mis à la tête de cette espèce de révolution opérée dans les esprits vers le milieu de ce siècle, et lui ont supposé l'intention et les moyens d'ouvrir la route où Voltaire et tant d'autres ont marché depuis avec un si funeste succès. C'est sur ce fondement qu'on lui décerna un éloge public à l'Académie française (2), éloge dont le but devait être de faire

___

(1) L'*Histoire de Mero et d'Enegu* (Rome et Genève), et la *Relation de l'île Bornéo.*

(2) En mon absence et contre mon avis. J'avais repoussé plus d'une fois cette proposition, fondé sur deux motifs qui

valoir cette première influence que réellement il n'eut jamais, et à laquelle même il était bien loin de penser. Il faut que l'envie de grossir un parti d'un nom célèbre soit sujette à de bien lourdes méprises, ou compte beaucoup sur l'ignorance publique. Comment, en effet, concilier cette sorte d'ambition, qui eût été alors très périlleuse, avec cette absence de tout sentiment passionné, avec ce fonds de modération appuyé sur l'insouciance qui caractérisait Fontenelle, et qui lui faisait souvent répéter : *Quand j'aurais la main pleine de vérités, je ne l'ouvrirais pas.*

Ce mot n'est-il pas d'un homme qui met son repos avant tout? Peut-être même pourrait-on le blâmer de cette inactive indifférence qui ressemble au pur égoïsme, si ce mot n'était expliqué par un des résultats de ses écrits : « Que le commun « des hommes n'a ni assez de raison ni assez d'in- « struction pour se passer de préjugés »; et cela est d'une bonne philosophie, et prouverait seul

---

parurent plausibles : si c'est comme savant, cela regarde l'Académie des sciences; si c'est comme écrivain, il n'est ni créateur ni classique. Par la même raison, je me serais opposé aussi à ce que l'Académie française proposât l'éloge de Descartes, si j'avais alors été membre de cette compagnie. Ce n'est pas chez elle que devaient se trouver les juges naturels du mérite de ce grand philosophe. On ne doit pas étendre ce raisonnement sur les autres grands hommes qui ont été grands en actions : il ne peut avoir lieu que pour les savants, les écrivains et les artistes. D'ailleurs, les rois, les guerriers, les ministres, les magistrats, les prélats appartiennent à l'opinion universelle, qui peut toujours juger les actions et les vertus.

que Fontenelle en avait. Nous verrons dans la suite que ce mot de *préjugés* a été très-abusivement employé, et qu'il s'en faut de beaucoup qu'il soit toujours le synonyme d'erreurs. Fontenelle voulait donc dire seulement qu'il avait senti le danger de présenter des vérités raisonnées à la multitude, qui ne peut guère recevoir que des vérités convenues et traditionnelles; et en cela il avait toute raison. Que sera-ce si, au lieu de vérités quelconques, on ne lui donne que le mensonge raisonné, à la faveur de termes qu'elle n'entend pas? et c'est précisément ce qu'ont fait les *philosophes* de nos jours.

Un de leurs moyens (et il n'est pas plus délicat que les autres) était d'inventer des historiettes à leur façon, des anecdotes impudemment fausses sur les hommes célèbres, qui ne pouvaient plus les démentir. C'est ainsi qu'ils ont long-temps débité dans la société, et imprimé enfin depuis qu'on imprime tout, que Fontenelle, pour toute réponse à un homme qui le questionnait sur la religion, lui avait dit: *Lisez la Bible;* et ils ne manquent pas d'ajouter, ce qui ne coûte pas plus que le reste, que la lecture de la Bible fit d'un sceptique un incrédule, et que Fontenelle dit alors: *Vous voyez bien que j'avais raison de vous conseiller de lire la Bible.* J'ai vu naître ce conte, et je sais de quelle source il part. J'affirme qu'il est non seulement faux, mais hors de toute vraisemblance. S'il y a quelque chose de reconnu, c'est l'extrême discrétion de Fontenelle sur un article qu'il regardait comme infiniment respectable, même sous les rapports purement humains. Il blâmait tout haut la légèreté et l'indécence des discours contre la religion, et se fondait sur ce qu'on ne pouvait, sans blesser les convenances de la société, parler avec mépris et insulte de ce qui pouvait être sacré pour un de ceux devant qui l'on parle. Que l'on juge, d'après cela, si Fontenelle était capable de faire ainsi sa profession d'incrédulité pour le plaisir et la vanité de faire un incrédule. Mais il y a plus, si Fontenelle l'eût été, il avait bien au moins autant d'esprit que nos *philosophes*, que j'ai tous connus; il aurait senti, comme eux, que l'épreuve la plus douleureuse pour l'irréligion, c'est la lecture des livres saints : aussi puis-je assurer que pas un d'eux n'aurait donné à personne le conseil qu'ils attribuaient à Fontenelle. C'est tout le contraire qu'ils recommandaient, et jamais personne n'a demandé plus qu'eux à être cru sur parole, et n'en a eu plus besoin.

Pour terminer ce qui regarde Fontenelle, et repousser loin de lui le très injurieux honneur que notre *philosophie* a voulu lui faire, et dont sûrement il n'aurait pas voulu, j'ajouterai qu'il était dans son caractère, également ami de l'indépendance et de la paix, de ne point heurter les opinions d'autrui, pour n'être point troublé dans les siennes. Dans la querelle des anciens et des modernes, il n'écrivit qu'un petit morceau fort mesuré, et fut un des premiers à se retirer du champ de bataille, où il ne rentra plus. Dans ses écrits, toujours tournés vers l'agrément; malgré le sérieux des sujets, il n'y a rien qui tende le moins du monde à donner un mouvement quelconque aux esprits : on n'en donne point sans cette inquiétude ardente, dont on se tourmente soi-même avant de tourmenter les autres; et Fontenelle aimait par-dessus tout la paix, pour lui d'abord, et pour les autres à cause de lui. De nombreuses critiques furent publiées contre ses ouvrages, et jamais il ne répondit à aucune. Il ne tenait pas à ses opinions jusqu'à la guerre, ni son plaisir jusqu'à la passion. Sa vie fut à-peu-près un siècle de repos.

SECTION II.

MONTESQUIEU.

La carrière de Montesquieu, malheureusement beaucoup moins prolongée, fut consacrée toute entière à la méditation des plus grands objets; car je compte pour rien un roman fort médiocre (1), qui n'était sans doute qu'un essai de sa jeunesse ou un délassement de ses travaux, et qu'on n'aurait pas dû imprimer après sa mort; et je compte pour peu de chose *le Temple de Gnide*, bagatelle ingénieuse et délicate, mais d'autant plus froide, qu'elle est plus travaillée, et qu'elle annonce la prétention d'être poëte en prose, sans avoir rien du feu de la poésie : l'esprit y est prodigué, la grace

---

(1) Intitulé *Arsacc.*

étudiée. L'auteur est hors de son genre, qui est la pensée, et il y rentre sans cesse malgré lui et au préjudice du sentiment. Sa force déplacée le trahit : c'est un aigle qui voltige dans des bocages; on sent qu'il y est gêné, et qu'il resserre avec peine un vol fait pour les hauteurs des montagnes et l'immensité des cieux.

Il y préludait comme en se jouant dans ses *Lettres persanes*; et ce premier ouvrage, malgré la forme épistolaire et quelques teintes romanesques, n'est au fond que le produit des premières études de l'auteur, et une des esquisses du grand ouvrage de sa vie, de *l'Esprit des Lois*. Voltaire, dans un de ces accès d'humeur trop fréquents chez lui, a dit des *Lettres persanes* : *Ce livre si frivole et si aisé à faire!* Il n'est pas si frivole, ce me semble, et l'on peut douter que beaucoup d'autres l'eussent fait *aisément!* Il y a bien quelques idées ou peu justes, ou hasardées, ou susceptibles d'être contredites avec fondement : l'auteur y paraît fort tranchant; il était jeune. Dans la suite, il décida beaucoup moins, discuta beaucoup plus, et instruisit beaucoup mieux; il était mûr. D'ailleurs, il faut songer que, sous le nom d'Usbeck ou de Rica, il risque souvent, pour s'égayer avec le lecteur, ce qu'il n'aurait peut-être pas risqué sous son propre nom. Lui-même a soin de nous en avertir dans un endroit, où il fait dire à son philosophe persan *qu'il a pris le goût du pays où il est* (la France), *où l'on aime à soutenir des opinions extraordinaires, et à réduire tout en paradoxes*. C'est dans ce livre, publié en 1721, et l'un des premiers qui aient paru se sentir du libertinage d'esprit introduit sous la régence, qu'il glissa quelques railleries sur le christianisme, fort peu dignes d'un génie tel que le sien, et quelques détails licencieux, fort peu convenables à sa profession de magistrat. Ce n'est pas là probablement ce qui mit Voltaire de mauvais humeur contre le livre; ce fut le passage suivant : *Ce sont ici les poètes, c'est-à-dire, ces auteurs dont le métier est de mettre des entraves au bon sens, et d'accabler la raison sous les agréments.* Voilà bien là proscription *philosophique* dont je parlais tout-à-l'heure; et l'on a vu ce qu'il en faut penser. Que dirait-on d'un homme qui, en montrant dans une bibliothèque les ouvrages de ces sophistes de notre siècle, dont l'opinion publique a déja fait justice depuis notre révolution, dirait : « Ce sont ici les philosophes, « c'est-à-dire, ces hommes dont le métier est de dé- « truire la raison par le raisonnement? » On lui répondrait sans doute : « Vous vous moquez; vous « n'avez pas défini la philosophie, mais le charla- « tanisme. » On peut faire la même réponse à Montesquieu : Vous n'avez pas défini les poètes, mais les rimailleurs qui prétendent être poètes.

Ce qui pourrait pourtant faire penser qu'il y a eu une sorte d'antipathie entre les poètes et les philosophes français, c'est que Pascal, dans ses *Pensées*, parle de la poésie à-peu-près comme Montesquieu, et n'y voit que des mots vides de sens, comme *fatal laurier, bel astre, etc., qu'on appelle des beautés poétiques.* Voltaire en conclut seulement que *Pascal parlait de ce qu'il ne connaissait pas*, et c'est, je crois, la seule fois qu'il ait eu raison contre Pascal. Il fut bien plus en colère contre Montesquieu, qui pourtant avait excepté nommément les poètes dramatiques du mépris qu'il témoignait pour tous les autres. Cela ne suffisait pas, comme de raison, pour apaiser l'auteur de *la Henriade*; et quand on lui reprochait les traits qu'il lançait contre Montesquieu, il se contentait de répondre : *Il est coupable de lèse-poésie*; et l'on avouera que c'était un crime que Voltaire ne pouvait guère pardonner.

L'Académie française pardonna beaucoup plus aisément des plaisanteries, un peu meilleures, que s'était permises contre elle l'auteur des *Lettres persanes*, ainsi que Voltaire lui-même, et quelques autres aussi qui n'avaient pas tout-à-fait autant de droits de plaisanter. S'il est aisé de donner à un homme de mérite un bon ridicule sans que cela tire à conséquence ; à plus forte raison à une compagnie littéraire, où les titres et les prétentions sont pêle-mêle, sans que personne se croie solidaire pour la compagnie, ou la compagnie pour personne. Ce tribut, qu'il fallait payer à la gaieté française, ne compromettait pas plus l'Académie que Montesquieu, et n'embarrassa ni l'un ni l'autre, quand l'auteur des *Lettres persanes* vint prendre la place qui lui était due.

Ce livre, toujours piquant par la variété des tons pour le lecteur qui cherche l'amusement, attache souvent par l'importance des objets le lecteur qui veut s'instruire. Déja l'auteur s'essaie aux matières de politique et de législation, et plusieurs de ces *Lettres* sont de petits traités sur la population, le commerce, les lois criminelles, le droit public; on voit qu'il jette en avant des idées qu'il doit développer ailleurs, et qui sont comme les pierres d'attente d'un édifice. La familiarité épistolaire met naturellement en jeu son talent pour la plaisanterie, qu'il maniait aussi bien que le raisonnement. L'ironie est dans ses mains une arme qu'il fait servir à tout, même contre l'inquisition, et alors elle est assez amère pour tenir lieu d'indignation. Il peint à grands traits les mœurs serviles des états despotiques, et cette jalousie particulière aux harems de l'Orient, toujours humiliante et forcenée, soit dans le maître qui veut être aimé comme on veut être obéi, soit dans les femmes esclaves, qui se disputent un homme, et non pas un amant; il sait intéresser et toucher dans l'Histoire des *Troglodytes*, et cet intérêt n'est pas celui d'aventures romanesques; c'en est un plus rare, plus original et plus difficile à produire, celui qui naît de la peinture des vertus sociales mises en action, et nous en fait sentir le charme et le besoin.

On a reproché à l'auteur, et non sans sujet, d'avoir cédé à la mode du moment dans le jugement qu'il porte de Louis XIV, qu'alors il était de bon air de décrier, comme il l'avait été auparavant de le flatter. Ce qu'il en dit n'est nullement d'un philosophe, mais d'un satirique; car il ne montre guère que les fautes et les faiblesses. S'il eût écrit l'histoire, sans doute il aurait montré l'homme tout entier, et l'homme était grand. On peut aussi réfuter avec avantage, même en philosophie naturelle, ses opinions sur le suicide, sur le divorce, sur les colonies, et sur quelques autres objets d'une ancienne discussion. Il a été, depuis sa mort, attaqué sur presque tous, par Voltaire, entre autres, et dans des ouvrages faits exprès. Mais on doit avouer que Voltaire le combat, comme il l'avait lu, très-étourdiment. Ces objets de méditation étaient trop étrangers à l'excessive vivacité de son esprit. Saisir fortement par l'imagination les objets qu'elle ne doit montrer que d'un côté, c'est ce qui est du poète; les embrasser sous toutes les faces, c'est ce qui est du philosophe, et Voltaire était trop exclusivement l'un pour être l'autre.

Comme on aperçoit dans *les Lettres persanes* le germe de *l'Esprit des Lois*, on croit voir aussi, dans *les Considérations sur la grandeur et la décadence des Romains*, une partie détachée de cet ouvrage immense qui absorba la vie de Montesquieu. Il est probable qu'il se détermina à faire de ces *Considérations* un Traité à part, parce que tout ce qui regarde les Romains offrant par soi-même un grand sujet, d'un côté, l'auteur, qui se sentait capable de le remplir, ne voulut rester ni au-dessous de sa matière, ni au-dessous de son talent; et, de l'autre, il craignit que les Romains seuls ne tinssent trop de place dans *l'Esprit des Lois*, et ne rompissent les proportions de l'ouvrage. C'est ce qui nous a valu cet excellent Traité, dont nous n'avions aucun modèle dans notre langue, et qui durera autant qu'elle : c'est un chef-d'œuvre de raison et de style, et qui laisse bien loin Machiavel, Gordon, Saint-Réal, Amelot de La Houssaie, et tous les autres écrivains politiques qui avaient traité les mêmes objets. Jamais on n'avait encore rapproché dans un si petit espace une telle quantité de pensées profondes et de vues lumineuses. Le mérite de la concision dans les vérités morales, naturalisé dans notre langue par La Rochefoucauld et La Bruyère, doit le céder à celui de Montesquieu, à raison de la hauteur et de la difficulté du sujet. Ceux-là n'avaient fait que circonscrire dans une mesure précise et une expression remarquable des idées dont le fond est dans tout esprit capable de réflexion, parce que tout le monde en a besoin; celui-ci adapta la même précision à de grandes choses, hors de la portée et de l'usage de la plupart des hommes, et où il portait en même temps une lumière nouvelle : il faisoit voir, dans l'histoire d'un peuple qui a fixé l'attention de toute la terre, ce que nul autre n'y avait vu, et ce que lui seul semblait capable d'y voir, par la manière dont il le montrait; il sut démêler dans la politique et le gouvernement des Romains ce que nul de leurs historiens n'y avait aperçu. Celui d'eux tous avec qui il eut le plus de rapport, et qu'il paraît même avoir pris pour modèle dans sa manière d'écrire, Tacite, qui fut, comme lui, grand penseur et grand peintre, nous a laissé un beau Traité sur les mœurs des Germains. Mais qu'il y a loin du portrait de peuplades à demi sauvages, tracé avec un art et des couleurs qui font de l'éloge des barbares la satire de la civilisation corrompue, à ce vaste tableau de vingt siècles, depuis la fondation de Rome jusqu'à la prise de Constantinople, renfermé dans un cadre étroit, où, malgré sa petitesse, les objets ne perdent rien de leur grandeur, et n'en deviennent même que plus saillants et plus sensibles! Que peut-on comparer en ce genre à un petit nombre de pages, où l'on a, pour ainsi dire, fondu et concentré tout l'esprit de vie qui animait et soutenait ce colosse de la puissance romaine, et en même temps tous les poisons rongeurs qui, après l'avoir long-temps consumé, le firent tomber en lambeaux sous les coups de tant de nations réunies contre lui? C'est un monument unique dans notre siècle, que ce livre qui, avec tant de substance, a si peu d'étendue, où la philosophie est si heureusement mêlée à la politique, que l'auteur a pris de l'une la justesse des idées générales, et de l'autre, celle des applications particulières : deux choses très-différentes, et qui, faute d'être réunies, ont produit si souvent, ou des législateurs qui n'étaient nullement philosophes, ou des philosophes qui n'étaient nullement législateurs. Montesquieu a su joindre ici, comme dans *l'Esprit des Lois*, la brièveté des expressions à l'élévation des vues : il voit et fait voir beaucoup de conséquences dans un seul principe;

et le lecteur qui est de force à réfléchir sur ces matières peut s'instruire plus dans un seul volume que dans tous ceux où les anciens et les modernes ont traité de l'histoire romaine.

Il ne manque à cet ouvrage que ce qui fait le principal mérite du seul que le siècle passé puisse lui opposer, quoiqu'il soit d'un genre et d'un style différents, le *Discours sur l'Histoire universelle*, de Bossuet. Celui-ci, en traçant l'origine, les progrès et la chute des empires, a toujours suivi de l'œil et montré du doigt le dessein d'une Providence qui tenait les rênes; et l'on se tromperait beaucoup si l'on ne voyait là d'autre avantage que celui de la foi chrétienne. Cet avantage, précieux en lui-même, eût de plus complété, sous le rapport de l'utilité générale, l'ouvrage de Montesquieu, par un résultat plus important que tous les autres, et qui aurait prévenu toutes les fausses conséquences de l'esprit imitateur. La raison éclairée et désintéressée avait bien pu apercevoir que l'existence du peuple romain fut un événement unique dans le monde; qu'il ne pouvait arriver qu'une fois; que rien n'avait ressemblé et ne pouvait ressembler à ce peuple; et que par conséquent cet exemple ne pouvait pas être un modèle. Mais l'admiration vulgaire devait naturellement avoir plus d'effet que la réflexion de quelques sages, et de là le fol enthousiasme de tant d'écrivains, même de ceux qui ont fait d'ailleurs preuve de connaissances, tels que Mably, et qui pourtant ont paru croire à la possibilité de mouler notre Europe moderne sur la république romaine. Je ne connais rien de plus insensé, et je m'en expliquerai plus au long quand j'aurai à parler de Mably. Montesquieu pouvait aller au-devant d'une méprise si grossière, et que peut-être même il n'a pas supposée possible, s'il eût fait voir, comme il le pouvait très aisément, qu'un peuple que la Providence destinait à devenir le maître de la plus grande partie des peuples, alors plus ou moins civilisés, devait différer de tous les autres, non seulement par ses vertus, mais par ses vices, et devait y porter un excès qui lui donnât une sorte d'énergie habituelle dont lui seul fût susceptible. Ainsi sa sévérité fut barbare, son patriotisme atroce, son avidité impudente, sa politique perverse et odieuse, et son orgueil destructeur : de là un Mutius faisant une vertu de ce qui n'est même jamais permis, l'assassinat : de là Torquatus immolant son fils pour une faute de discipline; un sage, comme Caton, voulant absolument la ruine entière de Carthage, que l'on consomma par des moyens infâmes; et de là enfin les légions romaines précipitées sur les trois parties du monde par l'attrait du pillage. C'est là ce qu'a fait le peuple romain, et qu'aucun gouvernement moderne ne pourrait vouloir imiter sans courir à une perte certaine, et sans être bientôt écrasé au-dedans et au-dehors.

J'indique à peine ce qui aurait pu fournir un beau chapitre à Montesquieu, mais ce qui suffit ici pour faire comprendre que les lumières de la religion s'étendent à tout, et peuvent éclairer et réformer la prudence du siècle; et que, quand Bossuet a fait sa *Politique de l'Écriture-Sainte*, et Fénélon ses *Directions pour la conscience d'un roi*, ils ont écrit, non pas seulement en théologiens, mais en amis de l'humanité. Si vous voulez apprécier sous ce rapport la politique religieuse et la *philosophie révolutionnaire*, il n'y a qu'à voir pour qui l'une et l'autre sont d'usage. La première est faite pour les bons rois et les ministres vertueux, qui veulent le bonheur des hommes; la seconde ne peut servir qu'à ceux qui s'énorgueillissent d'être, ne fût-ce qu'un moment, les fléaux du genre humain.

Ces observations générales se réduisent, par rapport à Montesquieu, à restreindre, non pas le mérite intrinsèque, mais la valeur usuelle de l'ouvrage le plus parfait, selon moi, qui soit sorti de sa plume, mais dont l'utilité se borne à-peu-près à nous faire bien connaître le peuple romain. C'est dans *l'Esprit des Lois* que l'auteur écrivit pour le monde entier, c'est-à-dire, pour toutes les nations policées ou susceptibles de l'être.

Il y a long-temps que ce livre est jugé quant au mérite et au génie. Il est consacré par l'admiration dans tous les pays où il est lu. Mais, pour sentir combien il est admirable, il faut le méditer; et pour reconnaître quelle abondance de lumières on en peut tirer, il faut comparer la théorie à l'expérience, c'est-à-dire, rapprocher les vues de l'auteur des événements qui ont eu lieu depuis lui, et qui ont fait de sa politique une sorte de prescience. Il ne fut pas d'abord aussi goûté qu'il devait l'être : il avait trop besoin d'être entendu ; et l'auteur n'obtint pas ce qu'il avait demandé, que l'on ne jugeât pas en un moment ce qui avait coûté trente ans de réflexion : c'était trop demander aux hommes, et sur-tout à des Français. Celui que l'on aurait alors interrogé sur ce qu'il en pensait, et qui aurait répondu : « je l'étudie », eût été seul digne de le juger ; et je ne sais si cet homme-là s'est trouvé. Le plus pressé pour la sagesse, c'est de s'instruire. Le plus pressé pour l'amour-propre, c'est de prononcer. L'amour-propre se satisfit donc d'abord, et sans peine. Personne ne trouvait dans ce livre ce qu'il cherchait, parce que chacun n'y cherchait que ce qu'il y aurait mis. Tout le monde en cela était plus ou moins comme Voltaire, dont Montesquieu disait si finement : « *Je ne puis m'en rapporter à lui : cet « homme refait tous les livres qu'il lit.* » Et il est sûr que *l'Esprit des Lois* n'était pas un livre qu'on pût refaire en le lisant. Les érudits ne le trouvèrent pas assez savant, faute de citations ; et les gens du monde, qui auraient voulu le lire comme ils lisent tout, c'est-à-dire, comme une brochure, le trouvèrent vague et décousu. Madame Dudeffant, qui n'y voyait que des saillies, dit que c'était de *l'Esprit sur les Lois*, et Voltaire adopta le mot et le jugement. J'ai assez connu madame Dudeffant pour assurer que cette femme, qui avait de l'esprit naturel, et sur-tout de l'esprit de société, sans aucune instruction, n'était pas plus en état d'apprécier *l'Esprit des Lois* que capable de le lire : elle ne pouvait que le parcourir, pour en parler.

Après la mort de Montesquieu, nos *philosophes* crurent devoir appuyer leur *Encyclopédie* sur le piédestal de sa statue. Soit politique, soit bévue, ils parurent compter pour un des leurs celui peut-être de tous les esprits qui leur était le plus opposé, et qui l'eût été avec le plus d'éclat, s'il eût assez vécu pour voir les progrès de la secte, dont il ne vit que les commencements. On voit au moins, par ses *Lettres* posthumes, ce qu'il en pensait déjà, et de quel ton il parlait de la maison (1) que leur société rendit depuis si célèbre. Mais pour eux, travestissant dans l'opinion l'écrivain qui avait examiné tous les gouvernements sous les rapports de l'ordre à conserver et de l'abus à modifier, ils en parlèrent comme d'un satirique qui avait tout blâmé, hors le gouvernement anglais, qui devint en conséquence l'objet de tous les éloges et de tous les vœux. À mesure qu'on approchait davantage de la révolution, et depuis que Rousseau eut écrit, l'opinion s'éloigna un peu de Montesquieu ; et, en révérant toujours son nom, l'on se servit, pour discréditer sa politique, d'un moyen fort peu dispendieux pour l'esprit, celui de rejeter tout ce qu'il avait dit en faveur de la noblesse et des parlements, attendu qu'il était noble et magistrat. De là le premier discré-

---

(1) Celle de madame Geoffrin.

dit des *pouvoirs intermédiaires*, remplacés bientôt par les *pouvoirs représentatifs*, sur-tout d'après l'exemple de l'Amérique; et enfin *la souveraineté du peuple*, mise en principe général d'après Rousseau, principe qu'on appliquait fort mal, puisque lui-même ne l'appliquait qu'aux petits états; principe que de plus Rousseau lui-même avait follement exagéré jusqu'à la rigueur métaphysique, en dénaturant ce qu'il avait pris dans le *gouvernement civil* de Locke. Telle fut la marche de l'esprit français, quand Montesquieu et les économistes l'eurent tourné vers la législation, marche qu'il suffit de rappeler ici, et qu'il sera temps de suivre de plus près à l'article de Rousseau, dont l'influence a été tout autrement puissante que celle de Montesquieu, et devait l'être, puisque celui-ci avait écrit pour les hommes qui pensent, et celui-là pour la multitude. On sait assez comment notre révolution a divinisé le républicain Rousseau en réprouvant le monarchiste Montesquieu, quoiqu'il soit plus que vraisemblable qu'elle les eût également proscrits tous deux, s'ils avaient eu le malheur d'en être les témoins. On sait aussi que la France, au moment où j'écris (1), n'est pas plus une république qu'une monarchie, et que les opinions *révolutionnaires* ne doivent pas plus compter parmi les théories politiques, que la *peste noire*, qui ravagea une partie du globe au quatorzième siècle, parmi les lois organiques du monde.

---

(1) En 1799.

J'ai fait voir ailleurs (1) comment la Providence a voulu confondre ces opinions par une réponse qui n'appartient qu'à elle, en permettant qu'elles fussent un moment des *lois;* et lorsque les sophistes français passeront ici sous nos yeux avec leur enseigne de *philosophes*, nous verrons que leur doctrine contenait tous les principes dont nos *lois révolutionnaires* ont été la conséquence. Mais je ne crois pas pouvoir annoncer trop tôt, pour la gloire du grand homme qui nous occupe en ce moment, ce qui bientôt ne sera même pas mis en question, que la révolution aura fait, à l'égard de Montesquieu et de Rousseau, précisément ce qu'elle aura fait dans tout le reste sans exception, c'est-à-dire, tout le contraire de ce qu'elle a prétendu faire. C'est elle qui éclairera tout le monde sur l'excellent esprit de Montesquieu, et qui détrompera tout le monde sur le très mauvais esprit de Rousseau. C'est elle qui prouvera que l'un était une espèce de prophète, et l'autre un véritable charlatan ; qu'avec les principes de Rousseau, on ne ferait pas même une petite république, et qu'avec ceux de Montesquieu, on maintiendra toujours une grande monarchie.

Laissant donc de côté ce qui n'a point de rang dans les idées humaines, je puis affirmer que tous les bons juges étaient déjà convenus depuis longtemps que, dans les reproches à faire à *l'Esprit des Lois*, il n'y en avait aucun d'essentiel. Le dé-

---

(1) Dans la troisième partie de l'*Apologie de la Religion*.

faut de méthode n'est qu'apparent, et l'analyse du livre, assez bien faite par d'Alembert pour qu'il ne soit pas permis d'en essayer une autre (1), cette analyse, imprimée par-tout avec l'ouvrage même, a prouvé qu'il ne manquait ni de plan ni de liaison. Mais les divisions et subdivisions de son livre renferment des objets si nombreux et si variés, que, pour en suivre l'enchaînement, il faut un travail de mémoire et d'attention dont peu de lecteurs sont capables; et l'auteur les mène si vite et si loin, qu'avant d'être à la moitié du chemin, la plupart ne se souviennent plus d'où ils sont partis, pour peu que leur paresse ait compté sur le soin qu'il aurait de le leur rappeler. C'est un soin dont il ne s'embarrasse guère; et je crois qu'en effet, dans une course si rapide et si longue, il n'était pas tenu de songer à ceux qui n'avaient pas assez d'haleine pour le suivre. Parmi les livres qui veulent de l'étude pour être lus, tant il en a

---

(1) C'est pourtant ce que j'avais essayé dans un temps où je ne doutais de rien, non plus que bien d'autres, au milieu du vertige qui tournait les têtes françaises au commencement de 1789. C'était même plus qu'une analyse; c'était une réfutation de quelques-uns des principes de *L'esprit des Lois*, et qui remplit cinq ou six séances du *Lycée* avec un tel succès, que je fus sollicité de toutes parts de l'imprimer sur-le-champ. J'aurais dû dire alors comme cet ancien philosophe applaudi par la multitude : « Est-ce que je viens de dire des sottises? » Heureusement, je ne publiai pas les miennes, quoique alors je ne m'en défendisse pas. Lorsque je les relus tout seul en 1794, je jetai sur-le-champ le manuscrit au feu, sans en conserver une phrase, et je rendis graces à Dieu.

fallu pour les faire, je crois que *l'Esprit des Lois* est le premier : c'est du moins, de ceux que je connais, celui où il y a le plus de choses et de pensées.

On a blâmé avec raison une sorte d'affectation dont on ne voit pas le but, et peu convenable d'ailleurs dans un homme qui n'en devait avoir d'aucune espèce; c'est celle de découper souvent son ouvrage en petits chapitres, dont on ne voit point assez la distinction, ou qui, tenant par l'indication même du titre (1) à un même objet, semblent ne devoir pas être séparés. Il y en a tels qui ne contiennent qu'une phrase ou deux ; et plus la phrase est frappante, plus l'auteur a l'air de n'en avoir fait un chapitre que pour appeler l'admiration : or, plus on la mérite, moins il faut la commander.

Quelques erreurs de chronologie et de géographie peuvent avoir échappé sans conséquence à travers tant de recherches et d'observations. Un défaut plus important, ce serait de s'appuyer trop souvent sur des coutumes de certaines nations, ou trop peu civilisées, ou trop peu connues, s'il les citait à l'appui de ses principes fondamentaux; mais, comme il ne s'agit guère alors que d'observations particulières et locales, l'inconvénient, s'il y en a, est assez léger.

On a beaucoup combattu, et Voltaire plus que tout autre, le système général du livre, qui établit

---

(1) *Continuation du même sujet.*

les principes des trois gouvernements connus dans le monde, la vertu pour les républiques, l'honneur pour les monarchies, la crainte pour les états despotiques. Tout le monde est d'accord avec l'auteur sur le dernier : on a fort incidenté sur les deux autres. Je pense que Montesquieu eût prévenu beaucoup de difficultés, s'il fût entré dans son plan et dans son genre d'esprit de s'occuper beaucoup des objections; mais il est évident qu'il ne songe qu'à construire la série de ses idées, et je conçois ses motifs. Son entreprise était si considérable, à raison de ce qu'il y voyait; la carrière qu'il mesurait de l'œil était si étendue, et le terme lui en paraissait si éloigné, qu'il pouvait craindre que celui de sa vie ne l'arrêtât en-deçà; et en effet, il avait à peine atteint le premier, qu'il touchait à l'autre. Il ne survécut que de peu d'années à la publication de *l'Esprit des Lois*. S'il eût voulu controverser, ne fût-ce que sur les points principaux, son ouvrage n'avait plus de mesure, et il était également de l'intérêt du public et de la gloire de l'auteur de resserrer l'ouvrage et de l'achever.

Si je me déclare d'une manière si authentique pour la doctrine de Montesquieu, ce n'est pas que je prétende prononcer sur des aperçus de cette nature d'après mes propres lumières, dont je reconnais volontiers l'insuffisance dans des objets qui n'ont pas été particulièrement ceux de mes études. Je ne fais que déférer à l'autorité d'un grand maître, reconnu pour tel; et si je crois devoir y déférer, c'est d'après un arbitre qui, dans cette matière, est le plus infaillible de tous, l'expérience. Un ancien a dit : *L'événement est un maître pour les insensés : Eventus stultorum magister est,* et cela est vrai d'un événement, mais non pas de l'expérience générale, qui se compose des faits de tous les temps et de tous les lieux. Or, non seulement elle était pour Montesquieu lorsqu'il écrivait, mais elle l'a sur tout justifié depuis qu'il a écrit. C'est par la raison des contraires qu'on peut, dès ce moment, juger nos législateurs et nos politiques *révolutionnaires,* sans que leurs succès mêmes puissent, quoique prolongés contre toute vraisemblance, faire douter un moment de la vérité. Ils font profession hautement de détruire sans exception tout ce qui a été, et de fonder ce qui n'a jamais été, et ils ne justifient jamais le mal réel et présent qu'ils avouent que par le bien futur et éventuel qu'ils promettent. Je n'ai jamais été, grace au ciel, jusqu'à ce point de déraison; mais quand je combattais Montesquieu aussi, j'opposais une chimère de perfection que je croyais possible à un bien dont je n'apercevais pas l'imperfection nécessaire. J'ai cédé à l'expérience, parce que du moins j'étais de bonne foi et sans intérêt; et c'est cette même expérience, attentivement considérée, qui a rendu à Montesquieu mon suffrage, dont assurément il n'avait pas besoin, mais que je devais à la vérité comme à lui.

Ce n'est pas non plus que je prétende déroger

à cette proposition générale que j'ai mise en avant par-tout, et que je crois incontestable, que la révolution est un événement unique, dont il ne faudra jamais rien conclure, parce que rien de semblable ne peut arriver deux fois. Le sens de cette proposition est trop clair pour que l'on s'y méprenne; j'ai voulu dire seulement, ce qui est trop facile à prouver, que ces choses-là ne sont pas deux fois faisables, et que ces moyens-là ne servent pas deux fois. Sans doute cette révolution, comme je le prouve ailleurs, est un miracle de la justice divine; sans quoi elle serait le scandale de la raison humaine; et l'histoire ne pourra l'expliquer que par le caractère d'un seul homme, caractère tellement singulier, qu'elle ne l'avait encore montré dans aucun autre, surtout dans un roi; en sorte que ce caractère même est encore une autre espèce de miracle qui rentre dans ce plan de la Providence, le seul où tout soit clair et conséquent. Tout cela est très vrai; mais il ne l'est pas moins qu'en opérant ce genre de prodiges qui doivent être le sujet de nos méditations (1), elle se sert pourtant de moyens naturels, de moyens humains, quoiqu'elle en fasse un usage tout nouveau. Or, ces moyens ont confirmé de la manière la plus éclatante tout ce que Montesquieu avait dit, par exemple, de l'importance majeure des pouvoirs intermédiaires : ils sont tellement adhérents à la racine de l'arbre monarchique,

---

(1) *In factis manuum tuarum meditabar.*

qu'il a fallu les en arracher tous successivement, noblesse, clergé, magistrature, avant d'approcher la cognée qui a frappé l'arbre, et encore l'avaient-ils tellement affermi par une adhérence de tant de siècles, qu'il ne tombait pas, si lui-même n'eût pour ainsi dire voulu tomber. Mais d'ailleurs le plan de la faction fut conséquent et suivi; elle n'attaqua ouvertement l'ennemi que quand elle l'eut dépouillé de tous ses appuis; et jusque-là elle jura toujours que ce n'était pas à lui qu'elle en voulait, afin qu'il les abandonnât et demeurât sans défense. Quand un exemple si frappant et si mémorable se joint à tous les autres genres de preuves si bien déduites par l'auteur de *l'Esprit des Lois*, n'est-ce pas comme si l'expérience des siècles venait en personne apposer son sceau aux arrêts de la raison?

Voilà donc la sanction d'un principe politique qui est celui de tous les royaumes de l'Europe. N'en est-il pas de même du principe moral, celui de la vertu pour les républiques, celui de l'honneur pour les monarchies? Et d'abord l'a-t-on combattu autrement qu'à la faveur d'une confusion d'idées, que rendait plus facile encore et plus spécieuse le voisinage apparent des mots d'honneur et de vertu? On a toujours répondu à l'auteur comme s'il eût dit qu'il n'y avait que de la vertu dans les républiques, et que de l'honneur dans les monarchies, ou qu'il n'y avait d'honneur que dans celles-ci, et de vertu que dans celles-là. Mais il n'a dit ni l'un ni l'autre; et il est même fort étrange qu'on l'ait supposé, car c'était aussi le supposer capable d'une trop grande absurdité; mais la malveillance n'y regarde pas de si près. L'auteur s'est toujours refermé et dans le mot, et dans l'idée de *principe général de gouvernement*; et sans autre discussion (puisqu'ici je ne veux m'en permettre aucune), je me contenterai d'indiquer à la réflexion ce même argument de l'expérience, qui me paraît décisif en sa faveur. N'est-il pas naturel de penser que ce qui sert à fonder les états sert aussi à les maintenir? Or, il est de fait que la fondation des républiques a été par-tout une époque de *vertu*, et dans les temps passés, et dans le nôtre. Voyez les Romains au temps du premier Brutus, les Suisses au temps de Guillaume Tell, les Hollandais au temps des Nassau, enfin les Américains de Washington. C'est le moment où les hommes ont paru plus grands, et c'est ainsi qu'ils ont mérité d'être libres. C'est dans cette lutte glorieuse de la liberté naturelle et légale contre l'abus réel du pouvoir absolu qu'ont éclaté tous les prodiges de courage, de patience, de modération, de désintéressement, de fidélité; en un mot, tout ce que nous admirons le plus dans l'histoire, et ce qui rend un peuple respectable aux yeux de la postérité. Il n'y a point d'exception à cette remarque, fondée d'ailleurs sur la nature des choses, comme sur la constante uniformité des faits. Tout gouvernement est un ordre, et nul ordre ne s'établit que sur la morale. Or, le gouvernement républicain dépend principalement de l'esprit et du caractère du plus grand nombre, comme le gouvernement royal dépend éminemment du caractère d'un seul, du roi ou du ministre qui règne. Si le caractère général n'est pas bon, la chose publique sera donc mauvaise, comme le royaume ira mal, si le prince est mauvais; avec cette différence que les vices du prince passent avec lui, et peuvent être compensés par un successeur meilleur que lui, au lieu que rien n'arrête la corruption d'une république. Mais que serait-ce s'il arrivait une fois que l'on prétendît faire, de tous les crimes d'une révolution de brigands, les principes d'un état républicain? Ces brigands eussent-ils les armées et les succès de Gengis et de Tamerlan, on peut prédire que leur chute totale est infaillible et prochaine, à moins que celle du monde ne le soit: pourquoi? parcequ'il faut que l'un des deux périsse très promptement, ou ces brigands, ou le monde, contre lequel ils sont en guerre. Lequel croyez-vous le plus probable?

Ce que disait Montesquieu n'a pas été moins vérifié, par rapport à l'affaiblissement de ces deux principes, ressorts nécessaires et naturels de ces deux sortes d'états. La cupidité de l'esprit mercantile finit par relâcher tous les liens de cet esprit public, qui est proprement cette vertu dont l'auteur de *l'Esprit des Lois* fait l'ame des états libres.

Il recommande, comme un point capital dans une monarchie, d'y nourrir le principe de l'honneur comme le feu sacré; et ceux qui voient aujourd'hui de plus près les malheurs de la France, peuvent-ils ignorer que, depuis long-temps, l'honneur n'y était plus un principe, et qu'il n'en restait plus guère que le nom? L'honneur avait fait place à l'argent. A dater de la funeste époque du système de Law, l'argent était parvenu progressivement à être enfin par-tout au premier rang. Aussi a-t-il été, de plus d'une manière, un des mobiles et des moyens de la révolution. C'est ce qui fait, entre autres raisons, qu'elle a été si abjecte dans les oppresseurs et dans les opprimés. Les uns n'ont voulu d'abord qu'envahir la propriété, et les autres n'ont jamais songé qu'à la conserver; en sorte qu'à travers les débats et les compositions, la chose publique est restée, au milieu des partis, indifférente à tous, et bientôt engloutie sans défense.

Rousseau était tout fait pour les *révolutionnaires*, sans avoir même besoin d'en être compris. Il blâme universellement ce qui est : c'était assez pour eux. Il imagine sans cesse ce qui devrait être, sans même s'embarrasser, comme il en convient expressément, si ce qu'il propose est possible. Rien au monde n'est plus aisé que de blâmer ou d'imaginer ainsi : les spéculations ne trouvent point d'obstacles sur le papier; et comme notre révolution est essentiellement sophistique, au point qu'elle n'a pas cessé de l'être, même entre les mains de la plus crasse ignorance, cette chimère de gouverner sur le papier ne périra qu'avec la révolution. Cette chimère est proprement celle du siècle, puisqu'elle a été celle de beaucoup de gens instruits, ou même au-dessus du vulgaire des gens instruits, et qu'aujourd'hui même peu l'ont abjurée. C'est ce qui me porterait à regarder Montesquieu comme l'esprit le plus sage et le plus profond du dix-huitième siècle, en ce qu'il a entièrement échappé à une épidémie si forte et si voisine des matières qu'il traitait. On a dit, à la louange de quelques grands hommes, qu'ils avaient devancé leur siècle : il faut dire de Montesquieu que sa gloire a été d'être seul à ne pas suivre le sien : c'est en cela qu'il a été fort au-dessus.

Montesquieu est loin de se mettre à l'aise comme Rousseau, qui n'a pas d'autre affaire que de se démêler, comme il peut et comme il lui plaît, de ses combinaisons gratuites, et qui n'est pas même toujours conséquent dans ses hypothèses. L'imagination de Rousseau se promène dans le vide : le génie de Montesquieu se meut à travers les gouvernements et les hommes, qu'on n'arrange pas comme des corollaires de métaphysique. Il ne heurte rien; il examine tout. Il explique, pour lui-même et pour les autres, les raisons de ce qui est; et cette explication est une haute leçon, du moins pour le bon sens, en faisant voir comment ce qui est subsiste malgré ses imperfections, et pourquoi il doit subsister; comment on peut balancer la tendance naturelle au mal, et fortifier le principe du bien contre l'abus, qui n'est jamais une raison pour attenter au principe. Il a lui-même exposé son dessein dans un passage de sa préface, qui marque les rapports de son caractère à son esprit. « Je me croirais bien récompensé « de mon travail, si, après m'avoir lu, chacun « trouvait dans mon livre de nouvelles raisons « d'aimer le pays où il est né, et le gouvernement « sous lequel il vit. » C'était donc un génie conservateur parmi une foule d'esprits qui ont composé tous ensemble le génie de la destruction. C'est la différence de l'ordre au chaos, et de la lumière aux ténèbres.

Il fait partout dans *l'Esprit des Lois*, et en termes très expressifs, l'éloge de cette même religion qu'il avait si légèrement traitée dans sa jeunesse. Il ne la recommande pas seulement comme le plus parfait système religieux, mais comme le plus puissant de tous les soutiens du système social. Il réfute solidement ceux qui en ont méconnu l'utilité et la nécessité, et dit en propres termes « qu'il est vraiment admirable que cette « religion, qui semble ne promettre le bonheur « que dans un autre monde, soit encore la plus « propre à faire le nôtre ici-bas. » Il est impossible de suspecter la sincérité de ce langage. S'il ne pensait pas ce qu'il a dit, une réserve politique pouvait l'engager à se taire; mais rien ne l'engageait à parler.

Je croirais volontiers que c'est là une des causes secrètes qui ont fait si souvent revenir Voltaire à l'attaque de *l'Esprit des Lois*, et qu'il était encore plus mécontent de tout le bien que l'auteur disait du christianisme que du mal qu'il n'avait dit de la poésie qu'en passant. Voltaire était blessé là dans ses deux grandes passions d'amour et de haine. C'est pourtant lui qui a écrit, dans ses bons moments, ces belles paroles souvent citées : « Le genre humain avait perdu ses titres : « Montesquieu les a retouvés et les lui a rendus. » Quant à ceux qui ne supposent pas qu'on puisse avoir de la religion et de l'esprit, je les laisse examiner, dans leur *philosophie*, jusqu'où ils doivent excuser ou mépriser Montesquieu, et je suis persuadé qu'ils ne peuvent être embarrassés ni de l'un ni de l'autre.

Quoique son style soit souvent ingénieux et piquant, au point d'avoir fait dire à quelques juges superficiels que *l'Esprit des Lois* n'était, comme les *Lettres persanes*, qu'un livre agréable, Montesquieu savait trop bien écrire pour ne pas saisir et marquer la différence de l'un et de l'autre. Il porte ici, dans son expression, le sentiment intime d'une grande force; il la fait sentir à chacun, en proportion de ce que chacun en peut avoir; et comme il ne l'épuise jamais, il n'en donne jamais la mesure tout entière. Toujours on peut supposer qu'il voit encore au-delà de ce qu'il exprime, et c'est un exercice utile pour le lecteur, de chercher dans la phrase de Montesquieu toute sa pensée. En d'autres moments, ses paroles ont le caractère des lois, la précision claire et la simplicité majestueuse; et comme les lois, dans leur généralité, embrassent tous les cas, un principe de Montesquieu embrasse toutes les conséquences. Comme les lois, il ne se passionne point; il prononce, il juge. Quoiqu'il ne néglige pas l'effet qui convient à l'éloquence du genre, il préfère en général le ton d'autorité qui convient à la raison, et qui est ferme sans être arrogant. La raison ne commande l'assentiment qu'avec la conviction.

SECTION III.

DE BUFFON.

Le milieu du dix-huitième siècle fut marqué par trois grandes entreprises, *l'Esprit des Lois*, *l'Histoire naturelle*, et *l'Encyclopédie*, trois mémorables productions qui parurent presqu'en même temps, mais qui n'avaient pas, à beaucoup près, le même caractère ni le même dessein, quoique appartenant toutes trois à cet esprit philosophique dont je dois suivre la marche et les différents effets. La seconde de ces trois productions, qui par elle-même appartient aux sciences physiques, nous serait ici étrangère, si l'auteur, qui sut réunir aux connaissances du naturaliste le talent de l'écrivain, n'exigeait pas de nous, sous ce rapport, le tribut d'honneur que tout Français doit à un homme tel que Buffon, dont le nom est un des titres de la gloire nationale. Je laisse aux savants à examiner ce qu'il a été dans la science; mais on convient qu'il en a embelli la langue; et ses hypothèses, qui depuis long-temps ne séduisent plus personne, n'ôtent rien au mérite de son style, qui, dans la partie descriptive et historique de ses ouvrages, a toujours charmé ses lecteurs, dont la plupart ne peuvent guère savoir, ou même s'embarrassent peu s'il les a trompés. Il est du petit nombre des écrivains originaux qui ont donné à l'idiome qu'ils maniaient le caractère de leur génie, en même temps qu'ils l'appropriaient à des sujets nouveaux. Beaucoup d'auteurs avaient écrit sur la physique; mais Buffon fut le premier qui, des immenses richesses de cette science, ait fait celles de la langue française, sans corrompre ou dénaturer ni l'une ni l'autre. Son livre est, en ce genre, un trésor de beautés inconnues avant lui. Il y règne un ton d'élévation soutenue. Sa phrase a du nombre, et son expression a de la force. Ce sont là les qualités de son talent, auquel il n'a manqué, ce me semble, qu'un peu plus de souplesse et de flexibilité. L'historien de la nature est noble, fécond, majestueux comme elle; mais pas toujours aussi varié (1). Comme elle, il

---

(1) Je dois avouer qu'ici je restreins en ce point l'éloge que j'avais fait de lui il y a vingt ans, et qui se trouve dans mes articles de littérature et de critique. Je disais alors *varié comme elle*. Je l'avais lu avec moins d'attention, et j'avais trop pris l'intention de varier pour la variété même. Je me suis aperçu, depuis, que Buffon manquait de cette flexibilité qui fait que l'auteur paraît changer de style et d'esprit en changeant de sujet. Buffon ne va point jusque-là : sa manière d'écrire, pour peu qu'on y regarde de près, a partout de la ressemblance, et j'en expliqué ici les raisons.

s'élève sans effort et sans secousse : il sait ensuite descendre aux petits détails, sans y paraître étranger; mais il nous y attacherait encore davantage, si le travail qui soigne toujours sa composition ne lui ôtait pas la grace de la simplicité. Ce n'est pas qu'il soit jamais ni roide comme Thomas, ni apprêté comme Fontenelle; mais la noblesse de sa diction, toujours travaillée, ne lui permet guère le gracieux que les lecteurs délicats peuvent desirer, parce que le sujet le comportait. D'ailleurs sublime quand il déploie à nos yeux l'immensité des êtres, quand il peint les bienfaits ou les rigueurs de la nature, les productions de la terre et les influences des climats, il est peut-être moins intéressant lorsqu'il nous raconte les mœurs de ces animaux devenus nos amis et nos bienfaiteurs, qu'il n'est énergique et terrible quand il décrit ceux que leur férocité sauvage a mis contre nous en état de guerre. Juste envers les anciens qui l'ont précédé dans le même genre, il loue de bonne foi Pline et Aristote; et, dans l'opinion générale, il est plus grand écrivain que tous les deux.

N'a-t-on pas outré la critique quand on lui a fait une sorte de reproche de cette même éloquence de style qui a fait sa gloire et la fortune de son livre? J'ose croire que cette critique, qui est de Voltaire, est une de ces injustices trop fréquentes, qui, successivement rappelées et démontrées, infirmeront plus ou moins son autorité dans les matières mêmes où elle est en général reconnue : il aurait voulu que Buffon se réduisît à *instruire* ; mais, excepté les sciences de calcul, je ne connais, je l'avoue, aucun genre où il soit défendu de plaire en instruisant, pourvu qu'il n'y ait pas disconvenance entre le genre et les ornements. Est-elle dans Buffon? Je ne l'y ai pas vue, et ce n'est pas de lui qu'il fallait dire :

Dans un style ampoulé parlez-nous de physique.
(VOLTAIRE.)

Du moins je ne me suis point aperçu qu'il y eût chez lui d'enflure, et je ne l'aime pas plus qu'un autre. Le plaisir ne nuit point à l'instruction ; au contraire, c'est le plaisir même que l'on trouvait à lire Buffon qui a familiarisé parmi nous l'étude de la nature, et ses détracteurs lui font un tort de ce qui est un mérite, non pas par l'agrément seul, mais encore par l'utilité, s'il est vrai qu'il y en ait eu à répandre parmi nous le goût de cette science, et généralement il y en a. Je sais que la mode, qui en France se mêle de tout pour tout gâter, en avait fait un abus ; et j'avoue que je n'approuve pas plus les femmes qui suivaient les cours de physique, de chimie et d'anatomie, que Boileau n'approuvait les écolières de Sauveur et de Roberval (1). Mais c'est

---

(1) Voyez le chapitre de l'*Éloquence* dans le dix-huitième siècle (troisième partie du *Lycée*), à l'article de *Thomas* et de son *Essai sur les femmes*.*

* Dans le tome XIV, chapitre 1, section III, intitulée, *Éloquence des Panégyriques*, pag. 187, M. de La Harpe avait commencé sur Thomas et ses ouvrages un article qui est resté imparfait. (*Note de l'Éditeur.*)

5.

l'inconvénient attaché à tout, et il ne détruit pas ce qui est bien en soi : le remède d'ailleurs naît bientôt de la même source que le mal, parce qu'une mode succédant à une mode, toutes passent ainsi l'une après l'autre, et il n'en reste bientôt que l'avantage de l'instruction pour ceux qui doivent être instruits.

Si Buffon eût donné dans l'affectation et l'emphase, je ne songerais pas à l'excuser; mais il ne me paraît pas qu'il aille chercher le sublime hors de l'occasion et hors des choses; il le saisit quand il se présente à lui. Longin, qui l'admet dans les historiens, ne l'aurait pas interdit sans doute à celui de la nature. Pourquoi voudrait-on que le style de Buffon fût moins élevé et moins riche que son génie et son sujet? Et quel sujet! En est-il un plus fait pour agrandir la pensée et l'expression? Quoi! l'aspect de la nature, considérée seulement dans les objets qu'elle offre à tous les yeux, émeut tout homme qui n'est pas insensible; elle frappe notre imagination par des impressions continuelles et contrastées : les horreurs d'une solitude sauvage dans le moment où la nuit vient encore la noircir, et le charme d'une campagne riante quand le jour vient l'éclairer; les détours des bocages et les profondeurs des cavernes, la fraîcheur des prairies et la vieillesse des forêts, le menaçant orgueil des montagnes et l'agreste simplicité du hameau qui est à leurs pieds, la majesté des mers dans leur calme et dans leur courroux, tous ces objets agissent sur nous, nous donnent de nouvelles sensations et de nouvelles idées; le voyageur, même vulgaire, devient éloquent quand il a vu les Alpes; et celui dont les regards embrassent l'universalité de la création, et dont l'intelligence habite dans l'infini; celui qu'une contemplation habituelle arrête sur un spectacle toujours sublime, n'aurait pas le droit de l'être! C'est parce que Buffon l'a été; c'est parce que son imagination a bien servi l'écrivain qu'elle me paraît plus excusable d'avoir égaré le philosophe. Je serais beaucoup moins porté à excuser celui-ci, comme on l'a fait quelquefois, en regardant ses conjectures inconséquentes et erronées comme une espèce de tour de force: je ne sais ce que c'est qu'une force qui vous écarte du but; et si quelquefois ce peut en être une, ce n'est pas du moins en philosophie; la philosophie n'en a point d'autre que la vérité. Le vrai sage ne peut être irrité ni humilié des bornes que la nature universelle ne lui oppose que quand il veut sortir de la sienne propre. L'homme est assez grand par le seul usage de sa pensée et par l'espace qu'il lui est permis de parcourir; et soit qu'il soumette les cieux à ses calculs, soit que l'organisation d'un insecte confonde sa raison, il doit sentir toute sa puissance sans orgueil, et toute sa faiblesse sans découragement.

Les erreurs de Buffon l'ont exposé à un reproche plus grave, dont j'ai déja parlé, et que je ne rappelle ici que pour observer à sa louange qu'il a, du moins autant qu'il était en lui, prévenu, par un acte solennel de soumission à l'Église, l'abus qu'on pourrait faire de ses théories conjecturales sur la formation du globe. Il sut que la religion y avait paru compromise, et il se hâta de déclarer, dans un des volumes de son *Histoire naturelle*, qu'il professait le plus profond respect pour nos saintes Écritures et pour l'autorité de l'Église, qui en est la seule interprète. Il expliqua ses hypothèses de manière à faire voir qu'elles pouvaient s'accorder avec le récit de la création dans la Genèse, et désavoua formellement toutes les conséquences que l'irréligion en voudrait tirer. La Sorbonne, qui était prête à le censurer, crut devoir se contenter de cet acte de christianisme; et, plus prudente que l'inquisition d'Italie, qui avait autrefois condamné Galilée fort mal-à-propos de toute manière (1), la Sorbonne se souvint du *mundum tradidit disputationi eorum*, et pensa qu'on pouvait laisser conjecturer les physiciens sur ce que l'auteur de la nature n'avait pas jugé nécessaire d'expliquer.

Les athées n'en revendiquent pas moins Buffon à cause des résultats apparents de sa mauvaise

---

(1) Si l'inquisition eût alors été plus instruite, elle aurait vu que le mouvement de la terre ou le mouvement du soleil était absolument indifférent à un miracle de la toute-puissance divine, qui peut déroger, quand il lui plaît, à un ordre de choses qui n'est que contingent, et que, par conséquent, le système de Galilée ne contredisait nullement le miracle de Josué. (Voyez dans l'*Apologie de la Religion*, le chapitre *des Miracles*, et ce qui est dit du mouvement.)

physique, et je ne vois pas trop ce qu'ils peuvent y gagner. S'il fut athée, ce ne serait qu'une raison de plus de concevoir comment un grand esprit a raisonné si mal sur la nature en méconnaissant son auteur, et comment un génie d'une trempe bien supérieure, un Newton, avait une vénération si religieuse pour le Créateur, qu'il reconnaissait pour la seule cause possible du mouvement, dont lui, Newton, a le premier connu et démontré les lois. On sent combien ce contraste est loin d'être défavorable à la religion, qui, sans avoir aucun besoin de ce fragile appui des lumières humaines, se trouve pourtant, par un ordre secret qu'il faut admirer, et à la honte de ses ennemis, avoir attiré à elle, depuis son origine, tout ce que le monde a eu de plus grand dans tous les genres, et avoir soumis tant de beaux génies à la foi de l'Évangile, prêché par de pauvres pêcheurs.

C'est à Dieu seul de savoir et de juger ce que Buffon pensait; ce qui est certain en fait, c'est qu'il a voulu recevoir à sa mort les sacrements de l'Église, que, par un scandale alors presque passé en usage, nos *philosophes* se faisaient un devoir et une gloire d'éloigner; que, loin de faire cause commune avec eux, il était notoirement au nombre de leurs adversaires les plus déclarés, au point de ne plus venir à l'Académie depuis que la secte y dominait; qu'il était à la tête de cette partie de nos confrères (et je me fais honneur d'avoir été du nombre) qui repoussaient de toutes leurs forces Condorcet, lors de cette singulière élection qui coupa en deux l'Académie, de manière que Condorcet l'emporta d'une voix (1) sur Bailly, aussi savant que lui pour le moins, et bien meilleur écrivain. Tels sont les faits publics, et j'en pourrais ajouter beaucoup de particuliers dont personne n'a été plus près que moi; mais ceux-là suffisent pour prouver ce que savent tous ceux qui ont connu la littérature, que, de tous les écrivains célèbres, il n'y en a pas un que la secte philosophique puisse moins réclamer que Buffon, que je puis assurer l'avoir toujours eue en horreur.

Son caractère et son existence dans le monde s'accordent parfaitement avec cette aversion marquée qu'il eut toujours pour eux. Il ne les craignait pas plus qu'il ne les aimait; sa considération personnelle en France et en Europe était égale à sa renommée. On sait de quels honneurs il fut comblé par le Gouvernement, et il lui était attaché par reconnaissance et par principes. L'agitation d'un parti intrigant et frondeur ne pouvait convenir en aucune manière à la vie laborieuse et noblement paisible qui fixait Buffon dans son Jardin royal des Plantes, dont il était comme le souverain, et dont il fut trente ans le bienfaiteur; c'est à lui seul que le jardin et le cabinet durent leur ordre et leur magnificence. Enrichi par ses travaux et par des récompenses royales, il jouis-

(1) Il en eut seize, et Bailly quinze. Jamais aucune élection n'avait offert ni ce nombre ni ce partage.

sait en paix de tout ce qui peut environner une vieillesse heureuse et honorée, sortait peu de sa maison, et ne quittait Paris que pour aller, dans la belle saison, chercher les mêmes jouissances dans ses beaux domaines de Montbar. Il est peu d'hommes dont l'existence sociale ait fait autant d'honneur aux lettres ; il se devait ce respect qu'il garda toujours, de ne la compromettre jamais en la mêlant à aucun scandale; et alors le scandale se mêlait trop souvent au fracas dans notre littérature. Voltaire faisait, il est vrai, plus de bruit que lui; il était plus craint et plus recherché, comme étant la voix de l'opinion de chaque jour; mais Buffon était beaucoup plus respecté, parce que cette même opinion n'avait jamais troublé sa gloire, et n'avait jamais séparé sa personne de son talent.

Sa figure, sa taille, sa démarche, sa vieillesse, dont il n'avait guère que les cheveux blancs, tout en lui était noble et imposant au premier aspect, et faisait aimer la simplicité de son langage et de sa conversation, qui sans cela peut-être auraient paru au-dessous de son nom. Il laissa une grande fortune que devait recueillir un fils rempli de qualités aimables.... Il en jouissait à peine.... Je l'ai connu, j'ai été avec lui dans les fers, et j'avais vu son père dans sa gloire. Le père a échappé à la révolution; il était mort..... La révolution a dévoré le fils, le tombeau (1), la statue, et l'héri-

---

(1) Nous devons à la vérité de dire que le tombeau et la sta-

tage de Buffon. *Deus quis novit potestatem iræ tuæ?*

J'ai nommé tout-à-l'heure Bailly et Condorcet, deux savants célèbres, l'un ami constant, l'autre ennemi déclaré de Buffon; la révolution, que tous servirent, quoique tous deux différemment, n'a mis entre eux aucune différence; elle les a frappés du même glaive (1).

Ce fut l'éloquent Vicq-d'Azyr, comme eux de l'Académie des sciences, qui fit à l'Académie française l'éloge de Buffon, qu'il y remplaçait; et Vicq-d'Azyr aussi échappa, non pas à la révolution, mais à ses bourreaux; il se fit ouvrir les veines (2). C'est la première fois qu'en parcourant l'empire des sciences, on marche sur des cadavres sanglants. Et la révolution (ne l'oubliez jamais, vous qui lisez et qui frémissez) est l'ouvrage de la *philosophie*, qui n'a pas cessé de s'en glorifier!....

Justus es, Domine, et rectum judicium tuum.

P. S. Guenaud de Montbéliard, élève de Buffon, devint son coopérateur dans l'*Histoire naturelle*, et fit celle des oiseaux avec un tel succès d'imitation, que le public, qui n'était pas dans le secret,

---

tue ont été conservés, et que la veuve du jeune Buffon a recouvré une partie de sa succession. (*Note de l'Éditeur.*)

(1) L'auteur a voulu dire que la révolution les a égalés par une mort violente et prématurée. L'un a péri sur l'échafaud, l'autre s'est empoisonné lui-même. (*Note de l'Éditeur.*)

(2) Vicq-d'Azir est mort le 20 juin 1794, d'une fluxion de poitrine rendue incurable par les impressions d'une terreur profonde dont il ne pouvait se défendre depuis long-temps. (*Note de l'Éditeur.*)

crut lire encore Buffon lui-même; et c'est en effet la même manière, à quelques nuances près. Au fond, le maître a plus de grandeur; mais le disciple est au moins aussi riche et aussi orné. Buffon, qui aurait pu être blessé de la méprise du public, eut alors un amour-propre mieux entendu; il s'applaudit tout haut du choix qu'il avait fait, et goûta le plaisir d'avoir fait la gloire d'un ami qui s'était illustré en lui ressemblant. Mais ni l'un ni l'autre n'en jouirent long-temps. Une mort prématurée enleva aux sciences et aux lettres un homme qui leur était devenu précieux. Buffon, destiné à survivre à plus d'un élève, vit mourir encore après Guenaud l'abbé Bexon; mais il vit se former sous ses yeux M. de Lacepède, qui a paru digne d'être le continuateur de l'*Histoire naturelle*.

SECTION IV.

De l'Encyclopédie et de D'ALEMBERT.

Si quelque chose paraît d'abord fait pour nourrir dans l'homme cette satisfaction de lui-même, qui ne lui est que trop naturelle, c'est sans doute le seul projet d'un ouvrage tel que *l'Encyclopédie*. Comme elle appartient à l'époque où je m'arrête ici, et que d'Alembert y eut la part la plus honorable, c'est ici qu'il convient de parler de l'un et de l'autre.

L'Encyclopédie devait offrir l'exposition substantielle de ce que l'esprit humain avait conçu, découvert ou créé depuis la formation des sociétés. Sans doute il peut s'en applaudir comme d'un titre de noblesse : ce sentiment est juste en soi, et pourtant la réflexion le restreint beaucoup, en y opposant un sentiment non moins fondé, et que fait naître le premier aperçu de cette immense collection. Ce n'est pas seulement la disproportion prodigieuse qui accable le génie le plus éminent, lorsqu'il compare le peu qu'une vie entière d'études continuelles peut lui apprendre avec ce qu'il doit se résoudre à ignorer. Je mets à part aussi cette longue suite d'efforts et de recherches qui nous ont conduits si lentement à travers les siècles, depuis le berceau de l'ignorance primitive jusqu'à l'âge mûr de la civilisation. Ces considérations communes ont frappé mille fois les esprits, sans qu'ils en soient devenus plus humbles : il en est une moins sensible et non pas moins réelle, qui montre à l'homme sa faiblesse dans les moyens mêmes qu'il emploie pour signaler ce qu'il a de force. Voyez cet arbre généalogique des facultés et des sciences humaines, composé par le chancelier Bacon, et qui a servi de fondement à *l'Encyclopédie*. En observant ces divisions nombreuses, d'où naissent des subdivisions plus nombreuses encore, vous vous apercevrez de tout l'arbitraire qu'il a fallu y laisser, et de cette inévitable imperfection qui les fait rentrer de tous côtés les unes dans les autres; et dès-lors n'est-il pas évident que, si l'homme sépare et divise toujours, c'est qu'il ne peut rien embrasser? Pourquoi se fait-il des points de ralliement qui marquent sa route? C'est qu'il avance au hasard vers un but qu'il ne lui est donné ni de voir ni d'atteindre, semblable à l'aveugle qui, à chaque pas qu'il fait, est obligé d'assurer sa marche avec le bâton qui le dirige au défaut de l'organe de la vue, qui porterait ses regards aux extrémités de l'horizon. Vous retrouvez dans tous les genres de doctrine cette méthode de division, et partout vous la trouvez défectueuse. Bacon distingue d'abord les sciences qui appartiennent ou à la raison, ou à l'imagination, ou à la mémoire; et pourtant il n'en est pas une où la mémoire ne soit absolument nécessaire, puisqu'elle seule assemble et retient les opérations de l'entendement; pas une où la raison n'entre pour beaucoup, même celles où l'imagination domine, et qu'on appelle autrement du nom d'arts d'imitation; et l'imagination elle-même, cette faculté ambitieuse qui passe du réel au possible, a envahi jusqu'aux sciences exactes et physiques, et se joue laborieusement dans la géométrie transcendante. D'où vient cette confusion, qui réfute nos systèmes de classification, et accuse l'inexactitude des langues? C'est que le principe de la pensée est un, l'apercevance; que ce principe est borné, et que les objets aperçus sont pour nous sans bornes. De là nous voulons vainement séparer sans cesse ce qui s'entremêle sans cesse, parce que nous agissons sur les branches sans pouvoir aller jusqu'à la tige. Suivez l'homme et la nature dans le physique et le moral : partout vous verrez l'homme qui divise dans sa pensée, et la nature qui réunit dans son action. Le tout se tient en réalité, et comme le tout est grand, et que nous sommes petits, il nous échappe de tous côtés. N'avions-nous pas, dans notre libéralité vaine et confiante, fait présent à la nature de quatre éléments? comme si nous en savions assez pour dire au moteur universel : Voilà les instruments simples et premiers de ton action éternelle et inconnue. Mais, quand on a été moins ignorant, on a vu que ces éléments étaient chimériques, et que la nature du feu échappe à notre intelligence, au point de ne pouvoir le distinguer absolument de la lumière, qu'aujourd'hui bien des savants croient n'avoir rien de commun avec le principe de la chaleur, qu'ils appellent *calorique*, en attendant qu'ils sachent ce que c'est. On a vu qu'il était impossible de séparer l'action du feu de celle de l'air, ou, pour mieux dire, qu'il ne peut y avoir purement de feu sans air, du moins pour nous. Qui donc est élément, du feu, de l'air, ou de la lumière? On a vu que nous ne connaissions pas mieux la nature de l'air, qui a tant de propriétés communes avec l'eau; et que la terre, séparée de tous les trois par les décompositions chimiques, n'était qu'une masse inerte, qui ne peut servir que comme mélange, et par conséquent ne peut être principe. Il est même douteux que l'air, qui, de tous les éléments, paraît le plus indépendant, puisse être expansible et élastique sans recéler quelque chose de la matière ignée; et c'est de l'un et de l'autre que de nouveaux physiciens composent leur éther, dont ils veulent faire aujourd'hui la cause universelle du monde : chimère renouvelée des Grecs, et qui prouve seulement que nous tournons toujours dans le même cercle, et que, quoique assez inventifs en fait d'erreurs, nous ne laissons pas de retomber à tout moment dans celles qui étaient déjà vieilles. Les voilà pourtant ces quatre éléments, depuis si long-temps en possession de régner sur la nature! Il est bien sûr qu'ils entrent dans ses moyens et dans ses effets; mais je suis convaincu que son auteur est le seul qui sache ce qu'ils sont.

Nous avons, de même, partagé le domaine de la nature en trois règnes; l'animal, le végétal et le minéral; et il est de fait que nous ne pouvons marquer le point de séparation entre le dernier degré d'organisation animale dans quelques insectes, et les caractères de générations sensibles dans quelques végétaux, qui ont bien certainement un sexe. Nous ne saurions affirmer non plus que la formation des métaux, lentement élaborés dans le sein de la terre, ne soit pas une autre espèce (1) de génération, dont le secret est caché sous l'épaisseur du globe, et dont les siècles sont les seuls témoins.

Pour sentir la vérité de ces observations, il ne faut pas être fort savant, puisque je le suis fort peu : il ne faut que lire et entendre ce qu'ont écrit

---

(1) C'est l'opinion d'un savant très-laborieux, Bonnet, et elle ne manque pas de probabilités.

ceux à qui leurs études ont en effet mérité le titre de savants. Je n'ai dit que ce qui résulte de leurs différentes opinions, et de leurs aveux plus ou moins explicites. Tout concourt à faire présumer que ce qui existe dans le monde tient à un principe unique, d'où émanent tous les effets que nous distribuons assez gratuitement en genres et en espèces; et ce principe, nous sommes condamnés ici-bas à l'ignorer toujours : pourquoi? C'est que, quel qu'il soit, il est certainement au-dessus de notre portée, et renfermé dans les connaissances infinies du grand Être, qui n'est lui-même connu de la seule raison que par la nécessité de son existence, le seul attribut de son essence qu'il a voulu que l'homme pût concevoir parfaitement, parce que l'homme en avait besoin, et parce que cet attribut unique et incommunicable appartient à l'Être unique. Pour tout le reste, qu'il peut communiquer plus ou moins à la créature intelligente, la révélation était indispensable, et ce que je viens de dire en est une des preuves métaphysiques.

Nous ne connaissons donc que des faits particuliers : ce sont là nos sciences; et, comme ils ne sont tous que des conséquences d'un seul fait premier hors de la vue de notre esprit, trop borné pour le comprendre, et qui d'ailleurs n'en a aucun besoin, nous avons beau classer les faits, ils se confondent à nos yeux, malgré nous, autour de cette unité mystérieuse, et nous ramènent à notre ignorance invincible, comme dans un labyrinthe immense où l'on se précipite tour-à-tour dans des routes nouvelles qui semblent promettre une issue, et qui, sans vous y conduire jamais, finissent toujours par vous rejeter au point d'où vous étiez parti.

L'idée de rassembler en substance toutes les connaissances humaines dans un Dictionnaire avait déjà été conçue plus d'une fois, mais vaguement. Leibnitz en avait desiré l'exécution : l'Anglais Chambers en avait donné une ébauche aussi défectueuse qu'elle devait l'être entre les mains d'un seul homme. Ce projet, embrassé par une société de gens de lettres français, dont plusieurs étaient très distingués dans leur genre, et qui s'y attachèrent tous avec plus de moyens et de secours qu'on n'en avait eu jusqu'alors, pouvait être rempli avec succès, si, d'un côté, l'esprit général de secte et de parti, et, de l'autre, l'ambition particulière de briller hors de propos, n'avaient presque tout détérioré et perverti. Les deux éditeurs sont convenus eux-mêmes d'une partie des défauts de l'ouvrage; l'un, dans un discours à la tête du troisième volume; l'autre, dans le cinquième, à l'article *Encyclopédie*. Cet aveu, quoiqu'il soit à-peu-près le même pour le fond, se sent de la différence des deux hommes. Il est mesuré dans l'un, et tel que devait le faire un esprit sage, qui voit l'abus sans y avoir eu de part, et desire d'y apporter remède; dans l'autre, ce n'est qu'une boutade de plus échappée à un esprit ardent et bizarre, qui croit se mettre au-dessus de la critique en la devançant (ce qu'on ne peut faire qu'en la prévenant), et qui trouve plus court d'avouer le mal que de le corriger, peut-être dans l'espérance qu'on le chargera un jour de la réparation. Diderot lui-même était un des premiers auteurs du mal, et ce même article *Encyclopédie* suffirait pour le prouver. Il est semé de traits d'esprit; mais en tout, c'est un amalgame indigeste de matières hétérogènes, et l'on dirait que le titre n'est qu'un texte que l'auteur a choisi pour parler longuement et vaguement de tout ce qui peut lui venir dans la tête; et tels sont trop souvent les articles de la même main. Il y en a de mieux traités; quelques-uns même sont bons quand ils sont courts, car il était impossible à l'auteur d'aller long-temps devant lui. Mais, au total, peu d'hommes étaient moins propres à ce genre de travail, qui exige impérieusement de la méthode, de la clarté, de la précision et du goût, c'est-à-dire tout ce qui manquait à Diderot. Il est visible, par exemple, qu'après le *prospectus*, et surtout après le discours préliminaire, cet article *Encyclopédie* devait être très circonscrit, puisqu'on avait dû dire d'avance tout ce qu'il pouvait contenir d'essentiel. Mais ce fut précisément pour cela que Diderot en mesura l'excessive longueur sur son excessive envie de parler, qui dominait sa plume comme sa langue, et qui est bien plus préjudiciable avec l'une qu'avec l'autre, et souffre bien moins d'excuse.

Cette énorme diffusion est l'un des vices dominants de *l'Encyclopédie*, et c'est justement le plus contraire au dessein que l'on devait s'y proposer. Je sens qu'il était assez difficile de prescrire en rigueur à cette foule de coopérateurs différents la mesure qu'ils devaient garder; que chacun, plus occupé de soi que de l'ouvrage, pouvait croire, par un amour-propre fort mal entendu, mais fort concevable, valoir davantage en tenant plus de place. Mais aussi, plus ces inconvénients étaient faciles à prévoir, plus il était à propos de prendre au moins toutes les précautions possibles pour y obvier, et l'on pouvait fixer quelques limites générales proportionnées au sujet, sans trop gêner la liberté des auteurs, qui, dans tous les cas, les auraient beaucoup moins outre-passées qu'ils n'ont fait quand ils n'en avaient point du tout. Les éditeurs et leurs associés auraient pu, auraient dû convenir entre eux de quelques principes d'une vérité et d'une convenance reconnues dans la rédaction d'un Dictionnaire, et qui les auraient guidés dans l'exécution. En effet, quel était l'objet de *l'Encyclopédie?* de marquer, dans chaque science, le terme où l'esprit humain était parvenu, et la route qui l'y avait conduit. Il fallait statuer en conséquence que ce Dictionnaire ne devait renfermer rien d'inutile, par cette seule raison que le nécessaire suffisait pour le rendre très étendu. Si des vues d'intérêt sont entrées dans la multiplication des volumes, ce ne serait qu'un reproche de plus à essuyer, et non pas une excuse à proposer.

Il n'était pas permis aux auteurs d'un ouvrage de cette importance d'ignorer ou d'oublier que l'ordre, la précision et la netteté des exposés et des résultats devaient être partout le point capital; que, dans tout ce qui concerne les sciences et la philosophie, on devait se restreindre aux principes, aux faits, aux preuves, en écartant toute hypothèse, toute digression, toute controverse, tout épisode; que, dans les beaux-arts, dans tout ce qui est de littérature et de goût, on ne pouvait trop se resserrer, de manière qu'il n'y eût de place que pour l'essentiel, et qu'il n'y en eût point pour la déclamation. En un mot, c'était un devoir pour chacun de se bien mettre dans l'esprit qu'en écrivant pour *l'Encyclopédie*, il n'avait pas à faire un livre à lui, où il pût faire entrer toutes ses idées et toutes ses fantaisies, mais une partie d'un grand livre, une portion d'un grand tout dont il fallait observer le plan et les proportions. Que toutes ces conditions n'eussent pas été toujours parfaitement remplies, je le crois encore; mais du moins alors *l'Encyclopédie* n'aurait pas offert la réunion de tous les excès opposés. Les articles de métaphysique, par exemple, dont pas un ne devait excéder quelques colonnes, si l'on se fût borné au nécessaire; les articles *Dieu*, *Ame*, *Certitude*, *Athée*, *Athéisme*, et cent autres, n'auraient pas été des volumes entiers, et quelquefois des livres déja connus, et fondus à-peu-près dans le grand Dictionnaire. Il n'était pas fait pour que chacun pût y déposer pêle-mêle tout ce qu'il avait d'esprit bon ou mauvais, ou y transcrire ce qu'il avait lu, mais pour que l'on y trouvât dans chaque partie tout ce que l'esprit humain avait acquis jusque-là.

Je ne pense pas que l'histoire y dût entrer en corps d'ouvrage, mais seulement sous les rapports de la critique et des antiquités. L'histoire n'est point une acquisition de l'esprit : ce n'est pas dans une *Encyclopédie* qu'on doit la chercher; et à quoi bon entasser dans le dépôt des sciences toutes les traditions trop souvent incertaines, transmises jusqu'à nous par la mémoire? Quel fatras de compilations inutiles et de plate rhétorique que toute cette partie rédigée par Turpin! Combien l'ancienne scolastique devait tenir peu de place! Combien l'ancienne philosophie grecque devait être abrégée! Avec quelle réserve et quelle sobriété devaient être traitées la théologie, l'histoire des hérésies et des conciles! C'était là que devaient présider la saine érudition et la vraie critique de l'histoire, c'est-à-dire, la seule partie qu'il eût fallu traiter.

D'Alembert était alors bien capable de donner l'exemple comme le précepte; mais il se renfermait à-peu-près dans ses mathématiques, et y joignait seulement quelques articles de morale et de littérature, tous traités selon le plan que je viens de tracer. Ceux de Dumarsais justifient la réputation qu'il a laissée du meilleur de nos grammairiens. Ceux que Voltaire a fournis pour la littérature sont si bien faits et si agréables dans leur sage briéveté, qu'ils font regretter en quelque façon qu'il ait eu le talent de tout dire en si peu de mots. Il était là sur son terrain, et graces au respect des convenances que son goût naturel lui imposait, il ne portait là que son talent, et non pas ses passions. Je ne parle pas des sciences qui ne sont pas à ma portée, et le nom de plusieurs des auteurs qui en étaient chargés dans ce Dictionnaire est un garant assez sûr des connaissances qu'ils ont dû y répandre. Mais en général, quel amas de lieux communs, d'inutilités, de déclamations, surtout dans les parties susceptibles de plus de lecteurs, a grossi cette compilation alphabétique de plus d'un tiers peut-être au-delà de ce qui pouvait servir à l'instruction!

Les convenances et les bienséances de toute espèce n'y sont pas mieux gardées que les mesures naturelles des objets. Voltaire lui-même, quoiqu'en gémissant pourtant sur les *persécutions* suscitées à *l'Encyclopédie*, se plaint en particulier, dans ses lettres à d'Alembert, du ton d'emphase si fréquent dans un livre où l'on ne devait se permettre que le langage de la raison. Il ne peut s'empêcher de rire de pitié quand il entend Diderot s'écrier, dans un article du Dictionnaire : *O Rousseau, mon cher et digne ami!* comme si c'était là qu'il convînt d'apprendre à la postérité le nom de *son ami*, quel qu'il fût! comme si de pareilles exclamations, aussi froides en elles-mêmes que déplacées, n'étaient pas le comble du ridicule dans un recueil scientifique, où il faut que les hommes s'oublient et que les choses seules se montrent! Mais en revanche, si la postérité apprend, dans l'*Encyclopédie*, que Rousseau était le *cher et digne ami* de Diderot, elle apprendra aussi, dans la *Vie de Sénèque*, que Rousseau était *un scélérat et un monstre;* et dans les apostrophes de l'amitié, comme dans les invectives de la haine, il y a autant de décence que d'à-propos.

On ne sera pas surpris que l'article *Fanatisme* ne soit qu'un cri fanatique contre la religion et ses ministres ; que l'article *Unitaires* ne soit qu'un tissu de sophismes contre toute religion ; que cent autres ne soient qu'un extrait et un résumé de toutes les idées irréligieuses semées dans une foule de livres. Mais ce qui pourrait étonner dans un autre siècle que le nôtre, ce serait qu'on eût osé étaler le scandale de l'impiété dans un monument présenté à tous les peuples qui ont une religion.

Le scepticisme, le matérialisme, l'athéisme, s'y montrent partout sans pudeur et sans retenue, et c'était bien l'intention des fondateurs. Mais s'ils voulaient que leur Dictionnaire fût impie, ils ne voulaient pas qu'il fût ridicule ; et pour ne citer, en ce genre, que ce qui en est peut-être le chef-d'œuvre, lisez seulement l'article *Femme* (1), qui sûrement ne devait être là que de la main d'un moraliste : vous n'y trouverez qu'une conversation de boudoir et tout le jargon précieux des

---

(1.) Il était de Desmahis, qui a réussi dans la poésie légère ; ce qui n'était pas une raison pour savoir faire un article de morale.

comédies de Marivaux et des romans de Crébillon ; et comme si ce n'était pas assez qu'une pareille caricature eût place dans *l'Encyclopédie*, elle y est insérée avec éloge.

C'était encore un travers particulier, et comme un signalement de la secte, que ce commerce continuel de louanges prêtées et rendues, fait pour choquer les honnêtes gens, bien plus que pour honorer des philosophes. Il est des occasions, sans doute, où l'on peut se faire honneur de rendre justice à des confrères, surtout à des rivaux ; mais quand il y a société de travail et d'intérêt, la réciprocité des éloges n'est qu'une indécente charlatanerie, indigne de véritables gens de lettres. Jamais elle n'avait été poussée à un tel excès, et c'était vraiment un ridicule que revendiquait la comédie, que cette distribution d'encens si régulière à la tête de chaque volume, et même dans tout le cours de l'ouvrage, qu'on pouvait s'en représenter les auteurs occupés, et même, s'il eût été possible, fatigués de s'incliner continuellement les uns devant les autres. Ce n'était pas qu'il n'y en eût qui, quelquefois, cassaient l'encensoir (car la paix n'habite pas long-temps avec des complices d'orgueil); et l'on voit, par exemple, Diderot qui s'extasie sur la beauté de l'article *Certitude*, et Voltaire qui répond qu'apparemment Diderot *a voulu rire*. Diderot avait été très sérieux ; mais si quelqu'un était ici dans le cas de rire, assurément c'était le public, qui voyait ses *maîtres* si peu d'accord.

Je dis ses *maîtres*; car ils en avaient pris le titre et le ton, comme les anciens philosophes le prenaient dans l'école avec leurs disciples, mais comme il ne convient à personne de le prendre avec le public. C'est une des choses qui montrent, à la réflexion, que tout doit être faux dans des hommes qui font un métier de mensonge, tel que celui de ces sophistes. Ils croyaient avoir de la dignité, et n'avaient que de la morgue. La dignité, qui accompagne naturellement la sagesse, n'est pas plus susceptible qu'elle de se démentir et de se troubler; et dès que nos sophistes étaient attaqués, toute leur pitoyable morgue faisait place à des emportements puérils, comme ils le firent bien voir à l'époque fameuse de la comédie des *Philosophes*, jouée avec le plus grand succès en 1760, succès qui tenait autant aux dispositions du public à leur égard, qu'au mérite et à l'effet de l'ouvrage, où le sujet n'était qu'effleuré (1).

---

(1) Il n'y avait pas un grand courage à se déclarer alors contre les philosophes que le ministère poursuivait ouvertement. L'ouvrage d'ailleurs prouvait de l'esprit et du talent pour la versification; mais l'auteur lui-même doit sentir aujourd'hui tout ce qui manque à sa pièce du côté de l'intrigue, des caractères, du comique et du dénoûment. C'est ce qui fut cause du peu d'effet qu'elle produisit à la reprise. La révolution lui aura fait un plus grand tort: plus cette *philosophie* s'y est montrée sous des traits hideux, plus on sentira la faiblesse de ceux qu'elle a dans cette comédie; ce qui ne prouvera pas que l'auteur dût aller dès-lors jusqu'à un degré d'énergie dont il n'avait pas encore le modèle, mais que, depuis que le modèle s'est montré tout entier, il faut refaire un nouveau portrait.

Tout ce que des hommes ivres d'amour-propre peuvent concevoir de rage quand il est offensé, parut alors à découvert; et cette hypocrite *philosophie*, jetant à bas ses livrées de vertu et de modération, fut mise à nu, bien plus par la fureur de ses ressentiments que par la main de son adversaire. Elle vomit à flots tous les poisons de la calomnie la plus effrontée, et le peu d'art qu'elle mit dans ses libelles atteste encore, ainsi que cent autres exemples semblables, qu'elle n'avait pas plus de principes de goût que de principes de morale.

Il n'est, depuis long-temps, que trop avéré que leur *Encyclopédie* ne fut en effet qu'un ralliement de conjurés, quoique le secret de la conspiration ne fût d'abord qu'entre les chefs; mais il se propagea bientôt, à mesure que leur crédit et leur impunité leur répondirent davantage de leurs associés et de leurs prosélytes. Le grand Dictionnaire fut réellement le boulevard de tous les ennemis de la religion et de l'autorité. Ils y étaient comme à couvert, sous la masse du livre, et enhardis par l'espace et les espérances qu'ouvrait devant eux une longue entreprise. Ils comptaient, non sans raison, que la curiosité avertie serait plus empressée de chercher la satire de la religion et du gouvernement dans ces morceaux de disser-

---

Si quelqu'un l'entreprend, qu'il ait toujours devant les yeux l'hypocrisie de Tartufe appliquée à la morale, et, quant à l'impudence et à l'atrocité, les écrits des *philosophes*.

tation de tout genre, que la surveillance du pouvoir et du zèle ne serait occupée à les y découvrir; et quoi qu'il arrivât, ils avaient pour eux toutes les chances que pouvait amener la longueur du temps nécessaire pour la confection d'un si volumineux ouvrage. Leur plan, il faut l'avouer, fut combiné avec toute l'adresse que peuvent donner la crainte et la haine du bien, et soutenu avec toute l'activité qui appartient à l'amour du mal. Rien ne fut négligé; et l'un de leurs premiers avantages, celui dont ils profitèrent d'abord le plus, et qui servit à les défendre pendant sept ans, même après que leur projet fut éventé, ce fut le nombre et la qualité des coopérateurs, que leur associait la nature de l'entreprise, et l'intérêt général qu'elle devait d'abord inspirer. Toutes les classes supérieures de la société étaient appelées à y concourir, et les élus dans chacune pouvaient s'en glorifier. Des grands, des militaires, des magistrats, des jurisconsultes, des administrateurs, des artistes, des théologiens figuraient sur la liste, la plupart avec un nom qui portait sa recommandation avec lui. Le choix des censeurs avait été ménagé avec toutes les précautions possibles, au gré des entrepreneurs, qui alléguaient en public la nécessité de ne pas gêner de trop près *la liberté de penser* dans un livre très scientifique, et qui en particulier y joignaient la séduction de la louange et de la flatterie, et les menaces de la satire plus ou moins déguisées. Le chevalier de Jaucourt, un de leurs plus laborieux compilateurs, les couvrait de sa juste réputation d'honnêteté et de piété; et ce savant chrétien, dans sa vie modeste et retirée, tout entier à son travail, et d'autant plus étranger à tout le reste, était loin de soupçonner, en mettant la main à l'édifice, quel était le dessein des architectes.

Il commença pourtant à se manifester dès le premier volume, et le seul article *Autorité* était assez scandaleux pour justifier les réclamations qui s'élevèrent de tous côtés. Un événement qui fit beaucoup de bruit peu de temps après, et où les encyclopédistes furent notoirement impliqués, devait encore ouvrir les yeux sur leurs machinations et sur les progrès de leur pernicieuse influence. Ce fut la thèse de l'abbé de Prades, qui avait fourni ou signé plusieurs articles importants du Dictionnaire; thèse où l'impiété était en même temps si audacieuse dans les dogmes, et si artificieusement enveloppée dans les formes, que la communauté de travail y était visible entre le bachelier de Sorbonne, qui osait soutenir la thèse, et le *philosophe* Diderot, qui se crut obligé d'en publier l'apologie. Il était clair que le *philosophe* avait fourni la doctrine de l'incrédulité, et le bachelier la rédaction théologique. On n'oubliera jamais, dans l'histoire de ce siècle, ce premier attentat public de l'impiété, affichée et soutenue avec toute la solennité de ces sortes d'actes, au milieu des écoles de Sorbonne, et, entre autres blasphèmes, les miracles d'Esculape mis en parallèle avec ceux de Jésus-Christ. Qu'on juge combien avaient été déja travaillés tous les moyens de la secte pour venir à bout, dès 1751, de faire arborer l'étendard de la révolte contre la religion, dans le sein même de cette Sorbonne appelée *le Concile subsistant des Gaules*. Mais il n'était pas possible non plus que cette provocation sacrilége fût impunie. Elle avait, il est vrai, échappé aux censeurs mêmes de la thèse, aux juges naturels du répondant; et l'on ne peut guère le concevoir qu'en supposant qu'ils ne l'avaient pas lue; car tous les fondements de la religion révélée, et ceux mêmes de la religion naturelle, y sont, ou renversés par des assertions sophistiques, ou ébranlés par un impudent scepticisme. La thèse excédait de beaucoup, par sa longueur, la mesure ordinaire du format; et, pour sauver cette disproportion, l'on avait eu recours à la finesse des caractères. Ce qu'on y avait laissé de christianisme apparent servit pendant quelques heures à dérober l'irréligion; car ce ne fut qu'assez tard qu'un des théologiens présents, qui venait de la parcourir, se leva en prononçant ces paroles qu'on n'avait peut-être jamais entendues dans un acte de Sorbonne: *Causam Christi et religionis defendo contra atheum* (1). On imagine sans peine quel effet produisit dans l'assemblée ce peu de paroles, et quelle attention elles attirèrent aussitôt sur la

---

(1) Je défends la cause de Jésus-Christ et de la religion contre un athée.

thèse. Bientôt l'indignation fut générale, et le répondant sommé par ses supérieurs de faire cesser le scandale en se retirant. L'examen n'était pas difficile, et le résultat n'était que trop clair; mais les magistrats se crurent aussi obligés de venger l'insulte faite à la religion, qui est loi de l'état. Le censeur négligent fut dépouillé de sa place de professeur; le bachelier, décrété de prise de corps, s'enfuit à Berlin, où la protection, l'accueil, les bienfaits même de Frédéric, qui ne vit d'abord en lui qu'un *philosophe* persécuté pour *ses opinions*, heureusement n'étouffèrent point les remords que la bonté divine fit naître dans le cœur d'un chrétien et d'un ecclésiastique qui avait déshonoré ces deux caractères. L'abbé de Prades publia, en 1754, une rétractation formelle de toutes ses erreurs, où il proteste *qu'il n'avait pas assez d'une vie pour pleurer sa conduite passée, et pour remercier Dieu de la grace qu'il lui avait faite de lui inspirer le repentir de sa faute.*

Cependant le déplorable éclat de cette thèse, foudroyée par toutes les puissances, par la Sorbonne, l'archevêque, le parlement, et même par le souverain pontife, Benoît XIV, ne contribua pas peu à faire suspendre par le Gouvernement l'impression du Dictionnaire, dont il n'y avait encore que deux volumes de publiés. La suspension dura dix-huit mois, et ne fut levée qu'à force de sollicitations et de manœuvres, et sur la promesse que les encyclopédistes seraient plus sages. Cette promesse leur coûtait d'autant moins, qu'ils étaient moins disposés à la tenir. Ils la tinrent si peu, que, quelques années après, les cris se faisant entendre avec plus de force, le Dictionnaire fut juridiquement dénoncé au parlement, et le privilége révoqué. Mais la *philosophie*, qui avait gagné des protecteurs à mesure que l'immoralité de ses opinions lui faisait des prosélytes, obtint encore du ministère une tolérance secrète, plus dangereuse peut-être qu'une publicité déclarée. En effet, par cette espèce de compromis, aussi opposé à la sagesse du Gouvernement qu'au respect des lois, l'autorité ne se croyait plus responsable de ce qui n'en portait pas le sceau; et la licence, dégagée de tout frein, acquérait de plus l'attrait de la clandestinité. Il faut le dire aujourd'hui, que le temps est venu de marquer soigneusement les fautes qui ont eu des suites si terribles: ce fut, dans cette affaire comme dans celle du livre de l'abbé Raynal, si long-temps toléré aussi, et dans toutes celles du même genre, ce fut une des plus grandes erreurs du Gouvernement, que cette connivence passée en habitude, et par laquelle on croyait concilier à-la-fois les bienséances de l'autorité, les intérêts de la librairie, et la déférence pour les talents et la célébrité. L'autorité ne doit jamais composer en aucune manière avec les ennemis de l'ordre public, qui sont nécessairement les siens, quelque masque qu'ils prennent devant elle. Ils le jetteront bientôt, dès qu'ils ne la craindront plus. Quelle plus haute imprudence que de leur dire tout bas : Je vous permets de m'attaquer, pourvu que je n'aie pas l'air de le savoir ! Ils n'en demandent pas davantage, et concluent seulement et font conclure avec eux qu'elle-même rougit de les combattre. On sait trop que les méchants aiment à faire la guerre dans la nuit ; mais l'autorité doit la leur faire au grand jour. Elle ne saurait leur ôter la volonté de nuire : il faut donc leur en ôter tous les moyens ; et c'est pour cela même qu'elle a de son côté tous ceux de la loi. Si elle néglige d'en faire usage, elle sera toujours méprisée, même de ceux qu'elle aura épargnés. Si elle s'en sert avec vigueur, elle sera toujours applaudie de tous les bons citoyens, et obtiendra des mauvais la seule chose qu'elle en doive attendre, la crainte et la haine qui l'honorent par leurs motifs, et qui rassurent tout l'état en attestant l'impuissance de ses ennemis.

Quant aux intérêts mercantiles de la librairie, peuvent-ils jamais entrer en comparaison avec ceux de l'état, tous évidemment exposés par une licence impunie, qui en sape continuellement les premières bases ? La librairie n'est-elle pas tombée avec tout le reste, quand les mauvais livres, qu'elle avait multipliés, eurent tout renversé ? Est-il permis, pour favoriser le commerce, d'encourager la vente des poisons ? De plus, qu'était cet intérêt de commerce ? celui de rendre aux presses françaises ce qu'on ôtait aux presses étrangères, ou d'en regagner une partie par l'introduction et le débit des livres imprimés ailleurs. Comment un si mince calcul a-t-il pu séduire les ministres d'un royaume tel que la France, et nommément un homme d'ailleurs si respectable par son courage et son infortune, Malesherbes? Ce fut pourtant le prétexte politique de cette tolérance si peu politique, et qui ne prouvait que ce qui a été dit ci-dessus de ce funeste règne de l'argent. L'argent peut servir à tout comme moyen; mais, s'il est avant tout comme principe, il détruira tout et ne réparera rien. Pourquoi le trafic des mauvais livres était-il si lucratif? parce qu'ils étaient à la fois prohibés et soufferts, et par conséquent mieux vendus. Qu'ils eussent été absolument écartés par une vigilance sévère et des exemples de rigueur, ce qui était aussi aisé en France que dans les états de la maison d'Authiche; que Malesherbes eût pensé comme Van Swiéten, bientôt le débit des bons livres eût gagné ce que celui des mauvais eût perdu, par cette pente naturelle qui pousse l'activité commerçante d'un côté quand elle est repoussée d'un autre.

A l'égard des gens de lettres, le talent qui est un don de la nature n'a de prix réel que par l'usage qu'on en fait : digne de récompenses et d'honneurs, si l'usage est bon, il ne mérite que flétrissure et punition, si l'usage est mauvais : ce n'est alors qu'un ennemi d'autant plus à craindre, qu'il est mieux armé. Du reste, jamais il ne sera ni cruel ni odieux de dire à un homme de talent, quel qu'il soit : Sortez d'un pays dont vous haïssez les lois, et n'y rentrez jamais. Que de maux on aurait prévenus si l'on avait su parler ainsi!

Voltaire était assurément un beau génie, et il n'avait pas encore, en 1753, rempli l'Europe de libelles impies, comme il le fit depuis pendant ses trentes dernières années. Lorsqu'il fut forcé de quitter Berlin, il songea un moment à passer dans les états de l'impératrice-reine : il avait fait autrefois une ode à sa louange, et venait tout récemment d'en faire un brillant portrait dans son *Siècle de Louis XIV*. Cependant cette grande princesse, informée de son dessein, dit tout haut : *M. de Voltaire doit savoir qu'il n'y a point de place dans mes états pour un ennemi de la religion.* Voltaire apprit bientôt ce qu'elle avait dit pour qu'il le sût; il fut quelque temps errant, jusqu'à ce qu'il trouvât un asile sur le territoire de Genève, et bientôt un autre à l'extrémité de la frontière de Bourgogne; et il dut ce dernier à la protection toute-puissante du duc de Choiseul, qui tourna ou trompa, comme il voulut, la volonté de Louis XV.

Quand la publication de *l'Encyclopédie* fut défendue, elle devint plus mauvaise de toute manière : plusieurs des coopérateurs se retirèrent, et on les remplaça comme on put. D'Alembert quitta sans retour ses fonctions d'éditeur, et ne pouvait guère être remplacé : nul n'avait rendu plus de services pour la révision de la plupart des articles de science. Il se concentra entièrement dans ses mathématiques, et tous les efforts de ses amis, et entre autres de Voltaire, ne purent le détourner de sa résolution. Il n'avait nul besoin de *l'Encyclopédie*, ni pour sa réputation déja suffisamment établie en Europe, ni pour sa fortune, toujours suffisante pour lui. Il pouvait s'envelopper de sa gloire de géomètre, dans laquelle il n'avait déja de rival qu'Euler. Il n'en était pas de même de Diderot. *L'Encyclopédie* était nécessaire, sous plus d'un rapport, à son existence personnelle et littéraire; ni l'une ni l'autre n'étaient encore au-dessus du médiocre. Ce fut surtout sa persévérance, aussi intéressée qu'infatigable, qui, secondant celle des libraires, obtint la continuation secrète du Dictionnaire publiquement prohibé. Il avoue lui-même qu'il *prit de toute main* pour achever le livre; ce qui n'était pas le moyen de perfectionner l'ouvrage. Sa fougue irréligieuse, jusque-là tempérée à un certain point par la circonspection de d'Alembert, prit dès-lors un essor vagabond, et emporta à sa suite tout ce qui voulut le suivre. Les vengeances ne furent pas oubliées, et l'on dut être bien étonné de trouver, à l'article *Parade*, un débordement des plus virulentes invectives contre l'auteur de la comédie des *Philosophes*, qui n'avait pas même été reprise (1), mais que les *philosophes* n'avaient pas oubliée; ce qui prouvait bien maladroitement que le public ne

---

(1) Elle le fut depuis, quelque temps avant la révolution, et avec très peu de succès. L'engouement alors général en faveur de J.-J. Rousseau, mort peu d'années auparavant, contribua beaucoup à indisposer le public contre le dénoûment, où Rousseau est maltraité, et qui en lui-même est mal imaginé, et ne signifie rien dans l'action de la pièce.

l'avait pas oubliée non plus ; et, par une de ces précautions lâches qui leur étaient très familières, ils firent signer l'article par le comte de Tressan, qui ne l'avait pas fait, et qui eut ensuite un autre tort, celui de le désavouer, quoiqu'il l'eût signé. Enfin, les plus faibles ouvriers furent appelés à l'achèvement de l'édifice, et ce monument, élevé contre le ciel à la *philosophie*, a fini, comme celui de Babel, par la confusion des langues.

On me demandera peut-être comment d'Alembert, dont je vais parler maintenant, et qui fut un des premiers fondateurs de ce même monument que je viens de décrire comme un arsenal d'irréligion, se trouve pourtant ici dans cette classe de philosophes que je sépare des sophistes : je dois en dire les raisons. C'est qu'il ne m'est permis, en rigueur, de juger un écrivain que par ses écrits, puisque ce n'est que par ses écrits qu'il est homme public, et ressortit au tribunal de la postérité. Or, d'Alembert, sous ce rapport capital, est à peu près irrépréhensible, si l'on met à part ses lettres imprimées après sa mort ; et doit-il répondre au public de ce qu'il ne paraît pas avoir écrit pour le public ? Je ne le crois pas. Dieu seul est juge de l'intérieur, et chacun peut, à son gré, se faire une opinion particulière de tel ou tel individu, d'après tout ce qu'on en peut savoir ; mais le jugement public ne peut confronter un écrivain qu'avec ce qu'il a publié, et mon ouvrage doit être soumis à toutes les règles d'un jugement public. Ce sont là mes principes, et je ne crois pas qu'on puisse les condamner. Il n'y a que les ennemis de la religion qui puissent gagner à ce que l'on range parmi eux des auteurs qui, quelle que fût leur manière de penser, ont toujours respecté la religion dans leurs ouvrages. C'est selon ces mêmes vues que j'ai classé Buffon dans l'article précédent, et que je considérerai Condillac dans l'article suivant. Tous deux ont donné lieu, l'un dans sa physique, l'autre dans sa métaphysique, à des conséquences qui peuvent être dangereuses pour ceux qui les cherchent, mais qui, en elles-mêmes, sont arbitraires. J'ignore si Condillac croyait ou ne croyait pas, car je l'ai fort peu connu : j'ignore si Buffon croyait ou ne croyait pas, car il ne m'en a jamais parlé. Mais quand même je le saurais, je ne verrais devant le public que l'acte de soumission de l'un, quand il fut repris; et de l'autre, qui ne l'a jamais été, le témoignage honorable et respectueux qu'il rend à la religion dans son *Cours d'histoire*. On voit, il est trop vrai, par les lettres posthumes de d'Alembert, qu'il n'avait point de religion, et je sais qu'il n'en avait pas. C'est un malheur et un crime devant Dieu, qui est le juge des ames; mais l'homme ne l'est que des actions, et, en ce genre, les actions de l'écrivain devant les hommes sont ses écrits. Il n'y a pas de gouvernement où Buffon, d'Alembert, Condillac, eussent été proscrits à cause de leurs ouvrages, et je n'en connais point qui n'eût dû rejeter de son sein les très coupables sophistés dont j'aurai à parler dans la suite. On ne dira jamais que les trois philosophes que je viens de nommer aient été les artisans de la révolution, et encore moins Fontenelle et Montesquieu. Mais qui peut douter que Diderot, Raynal, Rousseau, Voltaire, et même Helvétius, n'aient été les premiers et les plus puissants mobiles de cet affreux bouleversement ? Cette différence est décisive, et c'est elle qui a dû me guider dans un ouvrage où je considère les caractères et les effets de l'esprit philosophique dans ce siècle, soit en bien, soit en mal. Je vois du bien, malgré quelques erreurs de peu de conséquence, dans ce qui compose ici cette première classe d'auteurs, à qui l'on ne conteste pas, ce me semble, le titre de philosophes : je ne vois qu'un très grand mal, et très peu de bien perdu dans le mal, chez ceux que j'appelle, de leur véritable nom, sophistes, et qui, en philosophie, n'ont sûrement pas été autre chose. Tel est mon plan, et je le crois raisonnable.

D'Alembert haïssait les prêtres beaucoup plus que la religion; et c'est pour cela que, dans ses lettres, il pousse contre eux la main de Voltaire, tandis qu'il retenait la sienne avec soin, mais sans peine. On s'aperçoit, dans ses écrits, qu'il n'avait pas même été insensible au charme des livres saints, encore moins au mérite de nos poètes et de nos orateurs chrétiens ; et je ne crois pas qu'il ait jamais imprimé une phrase qui marque de la haine ou du mépris pour la religion, au lieu qu'on pourrait citer beaucoup de morceaux de ses *Éloges*, où, entraîné apparemment par ces héros du christianisme, il en parle lui-même avec dignité, et, ce qui est encore plus pour lui, avec sentiment.

Sa prééminence dans la géométrie lui avait déjà fait un grand nom lorsqu'il concourut, avec Diderot, au plan et à la construction de *l'Encyclopédie*. Le nombre de ses productions mathématiques, qui montent à dix-sept volumes *in*-4°, effraie ceux qui courent la même carrière; et les juges en cette matière lui accordent la gloire particulière d'avoir inventé un nouveau calcul, et par conséquent avancé le progrès, et étendu la sphère des sciences. Il est naturel et ordinaire que les études abstraites et les spéculations profondes s'emparent de toutes les facultés de l'ame, en lui offrant à tout moment le plaisir d'une découverte et d'une victoire. Mais plus ces grands travaux, qui portent avec eux leur récompense, assujettissent celui qui s'en occupe, moins ils lui laissent la liberté de se tourner vers les ouvrages de goût. Parmi les anciens, Aristote a joint la critique littéraire aux recherches philosophiques, et Pline, une force de style, qui n'est pas toujours saine, à l'étude de la nature. Parmi les modernes, Fontenelle a cultivé la littérature agréable, qu'il faisait servir à l'ornement des sciences; aussi ne possédait-il de celles-ci que ce qu'il fallait pour en bien parler. Trois hommes ont véritablement réuni deux choses presque toujours séparées, le génie de la science et le talent d'écrire : Pascal, qui devina les mathématiques, et y fut inventeur, tout en faisant *les Provinciales* et ses immortelles *Pensées*; Buffon, qui a décrit avec éloquence la nature animale, qu'il étudiait en observateur, quoiqu'il ne l'ait pas toujours bien observée; et le géomètre créateur à qui nous devons le discours préliminaire de *l'Encyclopédie* (1).

C'est peut-être cette réunion si rare qui fit mettre d'abord un peu d'exagération dans les louanges prodiguées à ce beau discours, et je n'en comparerais pas le mérite à celui d'un ouvrage tel que *l'Histoire naturelle*. Mais ce mérite, qu'on a depuis voulu déprécier, est assez grand en lui-même pour qu'il ne soit pas besoin de l'exagérer. Ce vestibule du palais des sciences est régulier et noble; il est construit par une main ferme et sûre : toutes les proportions en sont justes, et les ornemens choisis. Ce discours suffirait pour assurer à son auteur une réputation d'écrivain et d'homme de lettres : il est d'un esprit juste et étendu, d'un goût sage, d'un style pur. Il est vrai qu'il ne s'élève pas au sublime; mais la méthode y est sans pesanteur, et la précision sans

---

(1) Un satirique de nos jours, qui se piquait d'*audace*, et non pas de justice, a cru mettre tout d'Alembert dans ce vers :

Il se croit un grand homme, et fit une préface.

Mais sa préface de *l'Encyclopédie* est un ouvrage, et un bel ouvrage. Où est le sens du vers ?

sécheresse, et c'est beaucoup. Les jugements y sont sans passion, quoiqu'il y ait quelquefois, à l'égard des auteurs vivants, une sorte de complaisance que les bienséances peuvent justifier.

Les *Éléments de Philosophie*, inférieurs au discours, en raison de la disproportion des objets, sont aussi d'un esprit judicieux et d'un écrivain élégant, comme ses premiers *Éloges*, ceux de Montesquieu, de Dumarsais, de Bernouilli, dont j'ai parlé ailleurs (1). Ses *Mémoires sur Christine*, et son *Essai sur les gens de lettres*, sont en général d'une raison ingénieuse, quoiqu'il parle quelquefois des lettres avec un ton où la fierté va jusqu'à l'orgueil, et des grands, avec une aigreur qui ressemble à la haine plus qu'à la justice. Sa traduction de quelques fragments de Tacite conserve assez la brièveté de l'original, mais n'en rend pas la force, la couleur et le mouvement, ni même quelquefois le sens; mais la pureté et la netteté de la diction rendront toujours cet essai utile à ceux qui voudront s'exercer à traduire. Tous ces morceaux, considérés dans leur généralité, sont d'une littérature estimable, quoique fort loin d'être supérieure.

Jusqu'ici, du moins, l'auteur ne s'était point

---

(1) Troisième partie du *Lycée*, article *Éloquence du dix-huitième siecle*. *

.* L'article de l'*Éloquence du dix-huitième siècle* étant resté imparfait, on n'a pu recueillir qu'un fragment sur ce qui concerne les éloges faits par d'Alembert. Ce fragment se trouve dans le tome XIV de cette édition.

(L'ÉDITEUR.)

écarté de la sévérité de goût et de style qui convient à un littérateur philosophe. Mais l'amitié qui m'a long-temps lié avec lui, et qui doit céder devant le public au respect de la vérité, ne saurait m'autoriser à rendre le même témoignage sur les écrits qui suivirent, et qui sont encore en assez grand nombre. D'Alembert ne soutint pas toujours cette sagesse qui lui avait fait d'autant plus d'honneur, qu'elle contrastait plus avec les écarts de ses confrères encyclopédistes. On avait su gré à un géomètre entré un peu tard dans la carrière, nouvelle pour lui, de ne s'y être pas trouvé étranger, et d'y avoir même obtenu, par son premier ouvrage, une place très honorable : l'ambition d'y dominer l'égara. L'éloignement de Voltaire, dont la supériorité avouée faisait un homme à part, laissa trop croire à d'Alembert qu'il pouvait régner dans la littérature française. Sa renommée dans les sciences, les honneurs que lui avaient rendus les étrangers, son influence dans deux académies et dans le parti encyclopédiste ; tout aidait à flatter en lui la prétention de régner dans la capitale des lettres. Il essaya de donner le ton à l'opinion, en lisant, dans toutes les séances publiques de l'Académie française, des dissertations littéraires et ensuite des éloges, et les succès qu'il eut d'abord achevèrent de le tromper, parce qu'il n'en démêla pas la nature et les causes. Les séances de la S.-Louis, qu'autrefois l'insipidité des pièces couronnées et le silence des académiciens avaient fait déserter, étaient devenues nombreuses et brillantes depuis qu'on y couronnait de meilleurs ouvrages en prose et en vers. On fut donc disposé à écouter plus favorablement encore un de ses membres les plus illustres, qui semblait se charger d'en faire les honneurs au public autrement que Duclos, qui n'y faisait jamais entendre que l'éclat impérieux et brusque de sa voix dans des proclamations ou des ordres. C'était la même différence qu'entre un maître de maison qui commande, et un homme poli qui veut la rendre agréable à tout le monde. Le public sentit ce contraste : il aime à être courtisé partout où il est, surtout lorsqu'il n'a pas le droit de l'exiger. Il trouvait ce qu'il lui fallait dans le nouveau secrétaire, qui affectait la coquetterie comme son prédécesseur affectait la rudesse ; mais malheureusement l'esprit qui règne dans cette sorte d'auditoire n'est pas toujours, à beaucoup près, un guide infaillible pour le bon goût. Ce n'est pas que cet auditoire ne fût généralement bien composé : il y avait toujours plus de lumières qu'il n'en fallait pour sentir ce qui était bon. Mais il y a aussi, dans tous les rassemblements de ce genre, trop de mélange inévitable, pour qu'on ne s'y laisse pas aller souvent à ce qui est plus éblouissant que solide. Si ces méprises ont eu lieu de tout temps, même au théâtre et dans ses plus beaux jours, quoique le jugement du cœur soit là pour rectifier celui de l'esprit, à combien plus forte raison doit-on se défier du premier effet d'une lecture académique, qui n'a guère pour jugé que l'esprit! Le prestige de la lecture est là dans toute sa force, et l'esprit y est avec tous ses avantages, mais aussi au milieu de tous ses écueils. Aucun de ses traits n'est perdu : chaque auditeur se pique de n'en laisser tomber aucun, et semble jaloux d'être le premier à dire : J'ai compris. Qu'arrive-t-il? L'auteur cherche le trait à tout moment, pour être à tout moment applaudi; et composer de cette manière pour l'auditeur, c'est un moyen sûr d'écrire mal pour le lecteur. Sans en répéter les raisons, que j'ai indiquées en cent endroits du *Cours de littérature*, je n'en voudrais pas d'autre preuve que le jugement du lendemain, qui, dans ce genre, a démenti si souvent le succès de la veille, et avec raison.

Malheureusement encore, d'Alembert avait alors tout ce qu'il fallait pour rechercher ce dangereux succès, et pour en subir le retour. Ses connaissances en littérature, proprement dite, n'étaient ni profondes, ni étendues, ni mûries par le travail : des études d'un autre genre s'y opposaient. La littérature était la parure de son esprit, et n'en était pas la richesse. Il faut dire plus : l'esprit de conversation, qui était son seul plaisir, et tenait d'autant plus de place dans sa vie, qu'il y avait de l'avantage sur le commun des hommes, était devenu par degrés son esprit dominant, et ce n'est rien moins que celui d'un livre. D'Alembert s'était accoutumé à n'en plus guère avoir d'autres. Ses écrits devinrent une suite de petits aperçus qui tantôt sont fins, tantôt n'ont que l'intention de la finesse ou l'affectation de la malice; de petites idées communes, ambitieusement décomposées, ou aiguisées en épigrammes; de vieilles anecdoctes rajeunies; de vieux adages renouvelés : tout cela est d'un vieillard qui vit sur la mémoire de son esprit; mais tout cela est loin de suffire pour faire un législateur dans les choses d'imagination et de goût; et d'Alembert voulut l'être, quoique, pour cette entreprise très tardive, le goût lui manquât comme la force. Dans ses commencements, les bonnes études de sa jeunesse lui suffirent pour être au ton de la bonne littérature, qu'il eut la prudence de suivre d'assez près; mais, plus confiant depuis, à mesure qu'il aurait dû être plus circonspect, il se laissa trop aller au souvenir des paradoxes qu'il avait entendus dans la société de Fontenelle et de Marivaux, et qui se laissent trop apercevoir dans les différents morceaux qu'il lut successivement à l'Académie, *sur la Poésie, sur l'Élocution oratoire, sur l'Ode*, et dans ses derniers *Éloges*. Les battements de mains qu'excitèrent d'abord ses *concetti* lui cachèrent l'impression que faisaient sur les gens éclairés ces erreurs tournées en préceptes; et l'amertume indécente de quelques journalistes passionnés, qui l'insultaient au lieu de le réfuter, ne lui permit de voir que leur animosité, même quand il leur arrivait de dire vrai : effet ordinaire de la satire, qui, en se mêlant à la critique, la dénature au point d'en détruire tous les fruits. Les amis de l'auteur ne se souciaient point de contrarier des idées qu'il affectionnait, d'autant plus qu'on les avait d'abord applaudies. Il ne savait pas que ce même public, qui en ce genre ne demande pas mieux que d'être désabusé, loin d'adhérer à ses décisions, commençait même à se dégoûter de ses épigrammes, et à être fatigué de l'assiduité de ses lectures; il le fit sentir enfin, et même durement, au vieux secrétaire qui avait droit à plus d'égards, et que ce mortifiant accueil décida dans ses dernières années à un silence forcé, qu'il eût été prudent de se prescrire plus tôt. Les écrivains ne sauraient trop se redire, d'après cet exemple et tant d'autres, que la faiblesse de l'âge n'est pas en eux un titre pour compter sur l'indulgence : on l'accorde à la jeunesse en faveur de l'espérance; mais rien ne plaide pour la vieillesse, que la pitié, qui croit faire assez pour elle en lui commandant le repos.

Une société religieuse, dont la chute fut un évènement dans le monde, parce qu'elle y avait été puissante, mais qui avait d'ailleurs tout ce qu'il fallait pour n'être que ce qu'elle aurait dû toujours être, une société d'instruction et d'édification : les jésuites, ayant été bannis de France et de quelques autres états, parurent à d'Alembert un objet digne de l'attention de la philosophie, et l'étaient réellement; mais l'exécution ne répondit pas au sujet. Ils avaient joué un assez grand rôle pour que le livre de *la Destruction des Jésuites* méritât d'être écrit avec la plume de l'histoire; et d'Alembert, admirateur de Tacite, aurait dû la prendre de ses mains : mais la sienne est celle d'un anecdotier spirituel et satirique. Son ouvrage n'est qu'un pamphlet, où l'on a distribué en bons mots et facéties toute la substance d'un chapitre du *Siècle de Louis XIV*, celui du jansénisme : les emprunts sont même quelquefois si peu déguisés, qu'ils pourraient passer pour des plagiats. Il y a pourtant une sorte d'impartialité qui ne lui était pas difficile entre des jésuites et des jansénistes, et qui fut attestée par le mécontentement à peu près égal des deux partis, mais qui ne prouvait nullement que ni l'un ni l'autre eussent été bien jugés.

Au reste, personne n'ignore que Frédéric traitait en ami ce savant, qui fut son pensionnaire avant même d'être au nombre de ceux du gouvernement français ; mais on voit aussi, par les lettres mêmes de ce prince, que, s'il aimait assez les louanges pour briguer et payer celles des beaux-esprits de la France, qui donnaient le ton à l'Europe, il en savait trop pour faire aucun cas de leur politique et de leurs systèmes d'administration. Il les méprisait au point qu'il dit quelque part que, *s'il avait à punir une de ses provinces, il ne croirait pas pouvoir lui faire pis que de lui envoyer des philosophes pour la gouverner.* Aurait-il mieux dit depuis notre révolution ? Et comme il se moque gaiement des fureurs anti-chrétiennes de Voltaire ! Il fait plus : il lui fait sentir très-sérieusement, à l'occasion de la déplorable catastrophe du jeune La Barre, que le respect pour la religion est une partie de la police d'un état, et que quiconque viole ce respect doit être puni.

Mais rien n'illustra plus d'Alembert que l'offre et le refus de l'emploi d'instituteur d'un jeune prince, alors héritier du plus vaste empire de l'univers. Le traitement qu'on offrait, égal à ceux des places les plus considérables, n'était pas ce qui pouvait tenter le plus un homme aussi réellement désintéressé que d'Alembert. La lettre de l'impératrice était une tout autre séduction : elle s'adressait à l'amour-propre, le plus cher intérêt des écrivains, et celui auquel la philosophie même (je dis la bonne) ne les fait pas renoncer, puisqu'ils sont hommes. Cette philosophie put rapprocher alors deux monuments de sa gloire, également honorables, quoique à des époques aussi différentes qu'éloignées : la lettre de Philippe à Aristote, et celle de Catherine à d'Alembert.

Ce qui fit regarder le refus comme une espèce de prodige, c'est que l'on ne concevait guère comment il était possible de refuser cent mille livres de rente ; et c'est pourtant ce qu'il y a de moins étonnant et de plus simple dans la résolution de d'Alembert. Pour un homme d'une complexion faible, inhabile à toutes les jouissances sensuelles, tempérant par nécessité, par habitude et par goût, une grande fortune, qui ne pouvait rien faire pour sa considération à Pétersbourg, n'était qu'un grand embarras. Il avait ici un revenu médiocre, mais honnête, qu'il devait à ses talents, et qui excédait assez ses besoins pour suffire à ses bienfaits; car il faisait beaucoup de bien, et sans ostentation; c'est le plus beau titre de sa mémoire et de sa philosophie. Ce qui pouvait le flatter bien davantage dans les offres de l'impératrice, c'était l'idée du rôle important que pouvait jouer dans une cour l'instituteur de l'héritier du trône. Mais aussi combien d'inconvénients balançaient cette espèce d'ambition ! la rigueur d'un climat qui pouvait être mortel pour un tempérament délicat (celle du climat de Suède, quoique moindre, avait été funeste à Descartes), l'obligation de renoncer à toutes ses habitudes, et de sacrifier tous ses goûts. Les goûts et les habitudes de d'Alembert le concentraient tout entier dans ses deux académies et dans la société des gens de lettres. Converser et philosopher, et mener ses deux académies, était son existence. Paris seul pouvait alors la lui garantir. Pétersbourg pouvait-il la lui rendre? Enfin, cette cour était un théâtre très périlleux de révolutions fréquentes : les philosophes n'aiment guère que celles qu'ils font; ils ne pouvaient en faire une qu'en France; et l'on sait comment eux-mêmes s'en sont trouvés. D'Alembert d'ailleurs ne croyait qu'à une seule, à celle où travaillait Voltaire, c'est-à-dire, à la destruction du christianisme, et tous deux encore se sont trompés. La révolution, qui a tout détruit pour un moment, voulait détruire avant tout la religion, et ne l'a pas détruite, et ne la détruira pas.

D'Alembert était, de plus, fort ami du repos : les caresses des rois ne sont pas sans danger et sans retour, et l'on n'avait pas oublié ce qu'avait été Voltaire à Postdam, et ce qui lui était arrivé à Francfort. Pesez toutes ces considérations, et joignez-y l'éclat d'un refus bien au-dessus de celui de la place : vous comprendrez que, si d'Alembert prit un parti fort sage, il ne fit pas un grand effort, et qu'on peut quelquefois passer pour magnanime quand on n'est que raisonnable.

On comprend encore mieux qu'il y avait pourtant de quoi faire grand bruit, sur-tout avec un grand parti intéressé au bruit que prolongèrent d'ailleurs l'instance des sollicitations impériales et la persévérance des refus philosophiques. Ce fût un des événements qui donnèrent le plus de relief à la philosophie française; et comme si le gouvernement, qui alors ne l'aimait pas (c'était vers la fin du règne de Louis XV); eût pris à tâche de la servir et de la rehausser, on fit encore la faute de refuser à d'Alembert une petite pension académique, presque dans le même moment où il venait de préférer son pays à tant d'honneurs et d'avantages chez l'étranger. Le contraste était choquant, l'injure était gratuite et même sans prétexte; car les statuts de l'académie des sciences étaient formels; et quel temps choisissoit-on pour les violer ! Elle réclamait en faveur de d'Alembert, avec le public qui avait alors une voix, comme il l'eut toujours en France, jusqu'à l'époque où une liberté d'une nouvelle espèce (*la liberté de* 93) étouffa la voix publique au bruit des canons et des décrets. Le ministère se taisait, et les cris et le silence durèrent six mois. Enfin, la pension fut accordée assez tard, pour qu'on n'en sût plus aucun gré à personne.

Le motif secret de tant de résistance était une phrase piquante contre un ministre tout puissant, qui avait su, en d'autres occasions, se venger avec plus d'esprit (1). La phrase avait été lue dans une lettre ouverte à la poste. Les *révolutionnaires*, qui ont le plus crié autrefois contre cette violation du secret des lettres, n'ont jamais manqué de les ouvrir toutes, sans exception,

---

(1) D'Alembert avait écrit à Voltaire en propres mots: « Votre protecteur, ou plutôt votre protégé, M. de Choiseul. » L'un et l'autre était vrai; car, si le duc était puissant à la cour, le poète était puissant dans l'opinion. Le duc haïssait la morgue des *philosophes*; mais il aimait dans Voltaire l'urbanité et les graces qui leur manquaient. Quand leur crédit s'éleva, sous le règne suivant, jusqu'à diriger le ministère, le duc, toujours disgracié, se rapprocha d'eux, et allait même entrer à l'Académie lorsqu'il mourut. Il avait de l'esprit, et surtout de la grace dans l'esprit. En 1764, il courut des *Noëls* contre toute la cour; et le duc, alors ministre, y était assez maltraité. On sut qu'ils étaient d'un officier de dragons nommé de Lisle de Sales, qui tournait fort bien des couplets satiriques. Le ministre, à qui la vengeance n'était que trop facile, ne voulut pas se brouiller sans retour avec un homme qui savait manier légèrement l'arme du ridicule. Il le fit venir, lui offrit son amitié, et devint son bienfaiteur. De Lisle, depuis ce temps, ne cessa de le chanter; mais les louanges, quoiqu'elles ne fussent pas sans agrément, ne réussirent pas autant que les satires.

depuis qu'ils règnent, et en ont même fait une *loi* pour tout ce qui est écrit en pays étranger et tout ce qui en vient. Cela devait être, puisque tout ce qui était auparavant abus plus ou moins excusable, ou même plus ou moins inévitable, est devenu depuis l'excès du mal mis en principe. Et ce n'est pas à eux que je parle : la raison et la morale ne descendent pas jusque-là ; mais j'oserai dire aux hommes en place, qui croient cette violation permise ou nécessaire jusqu'à un certain point : Que voulez-vous apprendre en ouvrant les lettres ? qui sont ceux qui vous méprisent ou vous haïssent. Et quand vous le saurez, que ferez-vous pour l'empêcher ? il n'y a qu'un moyen, c'est de faire le bien : faites-le donc, et vous n'aurez pas besoin d'ouvrir les lettres pour savoir ce qu'on pense de vous.

J'ai assez connu d'Alembert pour affirmer qu'il était sceptique en tout, les mathématiques exceptées. Il n'aurait pas plus prononcé qu'il n'y avait point de religion, qu'il n'auroit prononcé qu'il y a un Dieu : seulement, il trouvait plus de probabilité au théisme, et moins à la révélation : de là son indifférence pour les divers partis qui divisaient sur ces objets la littérature et la société. Il y tolérait en ce genre toutes les opinions, et c'est ce qui lui rendait odieuse et insupportable l'arrogance intolérante des athées. Il haïssait bien moins, à sa manière, l'abbé Batteux, et aimait assez Foncemagne, tous deux très bons chrétiens ; ce qui prouve que ce n'était pas la croyance qui l'attirait ou le repoussait : il a loué avec épanchement Massillon, Fénélon, Bossuet, Fléchier, Fleury, non pas seulement comme écrivains, mais comme religieux. Il était assez équitable pour être frappé du rapport constant et admirable entre leur foi et leur conduite, entre leur sacerdoce et leurs vertus. Il a laissé aux *philosophes de la révolution* la plate et ignoble insolence d'appeler *fanatiques* et *déclamateurs* ces grands génies dont le nom n'eût jamais été outragé parmi les hommes, s'il n'y avait pas eu une révolution françoise.

Il avait de la malice dans l'esprit, mais de la bonté dans le cœur; et si on lui a reproché des traits d'humeur ou de prévention, il était incapable de la fausseté et de la méchanceté que Rousseau, son injuste ennemi, lui a très injustement attribuées. Il remplit constamment tous les devoirs de l'amitié et ceux de la reconnaissance, et les uns et les autres jusqu'au dévouement; ceux de ses places académiques avec une régularité qui était de zèle et de goût, et ceux de l'humanité et de la bienfaisance avec une simplicité qui était dans son caractère. Ses libéralités ne se bornaient pas à cette classe de jeunes littérateurs dont les premiers travaux ont souvent besoin de secours de toute espèce; elles descendaient tous les jours jusqu'à cette classe ignorée que n'appelait pas à lui la conformité d'état, et qu'on ne va jamais chercher que par le desir de faire du bien. Si les potentats de l'Europe le connaissaient par son génie, les indigents ne le connaissaient que par des bienfaits qui leur avaient appris son nom, et qu'ils ne pouvaient payer que par des bénédictions et des larmes.

Mais ce qui a fait à sa mémoire un tort irréparable, c'est la publication posthume de sa *Correspondance*, qui a manifesté ses opinions et ses sentiments sur un objet dont dépendra toujours essentiellement l'existence morale de l'homme en ce monde, comme sa destinée dans l'autre. On ne mettra pas d'Alembert au nombre des sophistes coupables qui se sont armés contre la religion dans leurs écrits, puisqu'il l'a toujours respectée dans ceux qu'il a publiés. On pourrait même ne le pas rendre responsable de ces malheureuses *Lettres*, dont l'impression n'est pas de son fait, mais de celui de ses amis, s'il n'était d'ailleurs trop avéré qu'ils n'ont été que les fidèles exécuteurs d'une volonté bien déterminée, et qui leur était commune à tous. On voit que d'Alembert a voulu se survivre à lui-même dans le monde incrédule; qu'il a légué à la secte ses titres d'impiété, et a chargé ses amis de ce qu'il n'avait pas osé par lui-même. Ses intentions sont assez prouvées par le soin qu'il avait eu de préparer deux copies très complètes et très exactes de toute cette *Correspondance*. La première fut saisie parmi les papiers de son ami, M. Watelet, chez qui on avait mis les scellés après son décès, comme étant comptable au Gouvernement, et l'on assure que celle-là fut brûlée. L'autre, remise à Condorcet lors de la mort de d'Alembert, fut imprimée à la suite de la *Correspondance* de Voltaire, dans cette édition de Kehl répandue sans aucun obstacle, par suite de cette aveugle tolérance dont j'ai parlé, que l'on croyait politique et qui l'était si peu. D'Alembert se montre, dans ses *Lettres*, tel qu'il était, moins ennemi de la religion que des prêtres, mais détestant dans ceux-ci leur autorité publique, et le droit qu'ils avaient de réprouver l'irréligion, non seulement au nom du ciel, mais même au nom de la société. On s'aperçoit combien il est choqué que l'impiété, qu'il appelle *philosophie*, puisse être tous les jours vouée au mépris et à l'horreur dans les temples et dans les écoles, tandis qu'elle ne peut qu'à peine soutenir la guerre clandestine des brochures et des libelles. C'est là ce qui l'irrite d'autant plus qu'il se persuade, comme tous ceux de son parti, que la religion n'a pour elle que la puissance du clergé, et que ses ennemis ont celle de la raison. Cette idée entretient chez lui un fonds d'humeur et de dépit, une sorte d'animosité mutine qu'il portait naturellement dans tout ce qui le contrariait, et qui a souvent quelque chose de puéril. Ce n'est pas le cri de la haine et le signal de la proscription qu'il fait entendre, comme un Diderot et un Raynal, énergumènes dignes de concevoir et de devancer la révolution : il ne déclame pas en furieux, car il n'était pas méchant ; il n'est que piqué, parce qu'il était vain. Il se soulage par des épigrammes, et les petites vengeances de son amour-propre ne font qu'en montrer les blessures. Il paraît croire que, si la religion ne pouvait faire, comme ses ennemis, que la guerre de pamphlets, elle serait bientôt sans défense. Il était loin de se douter de ce que la révolution a démontré à tout le monde, et même fait sentir aux *philosophes*; quoiqu'ils s'efforcent de le dissimuler, que c'était précisément la différence de pouvoir qui faisait alors celle des succès, à raison de la disposition des esprits ; que cette *philosophie* n'avait d'influence que comme amie de toutes les passions et ennemie de tout ce qui les réprime; qu'elle n'avait de crédit, dans une classe d'hommes vains, curieux et inquiets, que parce qu'elle combattait dans l'ombre contre un ordre établi qu'on aimait à voir attaqué; qu'en un mot, elle réussissait comme révolte, parce qu'elle ne tendait qu'à détruire, et que, si elle devenait jamais une puissance, elle tomberait sur-le-champ dans l'opinion générale, par l'impuissance manifeste de donner à quoi que ce soit une base quelconque qu'elle n'a pas elle-même; et nul, comme on sait, ne peut donner ce qu'il n'a pas. C'est là ce que la suprême sagesse a mis en évidence dans cette révolution qu'on lui reproche si témérairement. Le résultat est dès-à-présent bien reconnu et bien avoué; mais les détails qui s'offriront successivement dans cet ouvrage et ailleurs éclairciront cette vérité sous toutes les faces possibles; et c'est ici sans doute qu'il est non seulement permis, mais nécessaire d'épuiser la conviction. Justifier la Providence, c'est remplir son dessein et fortifier ses leçons.

Si d'Alembert eût été témoin de ce que nous avons vu, je ne crois pas qu'il eût été jusqu'à revenir de ses erreurs. L'orgueil *philosophique* ne se rend pas sans un miracle particulier de la bonté divine; et l'expérience nous fait voir que c'en est un d'une espèce que sa justice permet bien rarement à sa miséricorde; mais il aurait bientôt succombé au chagrin et à l'humiliation de voir sa sublime *philosophie* tomber si vite en *sans-culottisme*; ou bien il aurait eu le sort de Condorcet, de Bailly, d'Hérault de Séchelles, et de tant d'autres plus ou moins connus. Il se serait alors rappelé, non pas avec repentir, mais avec désespoir, le rôle qu'il avait joué si long-temps auprès de Voltaire, dont il enviait la situation indépendante, et dont sans cesse il poussait le bras (1) pour l'exciter au mal que lui-même n'osait pas faire, rôle ignoble d'un complice subalterne, et qu'ennoblissait aux yeux de nos *philosophes* ce mensonge d'une langue inverse, devenue depuis, par ses progrès, la langue révolutionnaire, caractérisée dans l'Écriture par ces paroles prophétiques qui sont notre histoire: Malheur à vous qui appelez *bien* ce qui est *mal*, et *mal* ce qui est *bien* !

---

(1). Aussi Voltaire l'appelle-t-il toujours dans ses lettres *Bertrand*, comme il s'appelle lui-même *Raton*, par allusion à la fable de La Fontaine que tout le monde connaît; et l'allusion était très juste.

SECTION V.

CONDILLAC.

Tandis qu'on entassait confusément les vérités et les erreurs dans l'énorme magasin de *l'Encyclopédie*, un philosophe, bien supérieur à la plupart des coopérateurs de ce Dictionnaire, recherchait les vraies sources de toutes nos connaissances, et les suivait dans leurs différents canaux, qu'il travaillait à épurer, à débarrasser du limon et des décombres qui s'y étaient amassés pendant des siècles : c'était l'abbé de Condillac. Il fut d'abord moins célèbre que les encyclopédistes, qui, par leur réunion imposante, l'éclat de leur entreprise, le nombre de leurs ennemis, les alarmes du Gouvernement, et le bruit de leurs querelles, semblaient seuls occuper la renommée, et, parcourant tous les genres, remuant tous les intérêts, pouvaient compter sur toutes sortes de lecteurs. Condillac, méditant dans le silence sur des matières purement spéculatives, devait exciter moins de curiosité ; mais, à mesure qu'il attira plus d'attention, il obtint plus d'estime et de confiance. Chacun de ses ouvrages développait successivement, et plaçait dans le plus grand jour une philosophie à-peu-près nouvelle, au moins pour les Français, chez qui elle était presque généralement ou ignorée, ou méconnue : c'était la philosophie de Locke ; et la gloire de Condillac est d'avoir été le premier disciple de cet illustre

Anglais. On ne pouvait plus en prétendre d'autre depuis que Locke eut si bien connu et si bien expliqué la nature des opérations de l'entendement ; mais si Condillac eut un maître, il mérita d'en servir à tous les autres ; il répandit même une plus grande lumière sur les découvertes du philosophe anglais ; il les rendit, pour ainsi dire, sensibles, et c'est graces à lui qu'elles sont devenues communes et familières. En un mot, la saine métaphysique ne date, en France, que des ouvrages de Condillac ; et, à ce titre, il doit être compté dans le petit nombre d'hommes qui ont avancé la science qu'ils ont cultivée.

Son *Essai sur l'Origine des connaissances humaines* fut le premier pas qu'il fit dans cette belle carrière, et c'est assez pour l'excuser, s'il y chancelle quelquefois. Il tira même de ses erreurs un avantage très peu commun, celui de les reconnaître, et d'affermir son jugement en apprenant à s'en défier. Rien ne lui fait plus d'honneur que cet aveu, qui se trouve au commencement de son *Traité des Sensations*. Ce passage d'ailleurs est aussi instructif que remarquable ; il contient tout le germe de la doctrine qu'il détaille dans tout le reste de l'ouvrage.

« Nous ne saurions nous rappeler l'ignorance
« dans laquelle nous sommes nés : c'est un état
« qui ne laisse point de traces après lui. Nous ne
« nous souvenons d'avoir ignoré que ce que nous
« nous souvenons d'avoir appris ; et, pour remar-
« quer ce que nous apprenons, il faut déja savoir.

« quelque chose; il faut s'être senti avec quelques
« idées, pour observer qu'on se sent avec des
« idées qu'on n'avait pas. Cette mémoire réfléchie,
« qui nous rend aujourd'hui si sensible ce passage
« d'une connaissance à une autre, ne saurait donc
« remonter jusqu'aux premières; elle les suppose
« au contraire; et c'est là l'origine de ce penchant
« que nous avons à les croire nées avec nous. Dire
« que nous avons appris à voir, à entendre, à
« goûter, à sentir, à toucher, paraît le paradoxe
« le plus étrange; il semble que la nature nous a
« donné l'entier usage de nos sens à l'instant même
« qu'elle les a formés, et que nous nous en som-
« mes toujours servis sans études, parce qu'au-
« jourd'hui nous ne sommes plus obligés de les
« étudier. J'étais dans ces préjugés lorsque je pu-
« bliai mon *Essai sur l'Origine des connaissances
« humaines*; je n'avais pu en être retiré par les
« raisonnements de Locke sur un aveugle-né, à
« qui l'on donnerait le sens de la vue; et je sou-
« tins, contre ce philosophe, que l'œil juge natu-
« rellement des figures, des grandeurs, des situa-
« tions et des distances. ».

On est digne de trouver la vérité quand on la
préfère à son amour-propre, ou plutôt quand on
le fait consister tout entier à la chercher de bonne
foi. Si elle avait échappé à l'abbé de Condillac
dans quelques parties de son premier ouvrage,
dans plusieurs autres il l'avait puissamment saisie, et surtout dans ce qui regarde la liaison des
idées et la nécessité des signes convenus ou du

langage. Ces deux objets métaphysiques, indiqués par Locke, sont ici très bien exposés, et particulièrement le dernier.

Il montre, quant au premier, tout ce que la liaison des idées a de pouvoir en bien ou en mal, et de ce pouvoir naît celui de l'imagination, soit qu'elle vienne à être remuée par les objets extérieurs, soit qu'elle assemble les idées des objets absents. Il observe, par exemple, que le mouvement d'effroi qui nous fait reculer à la vue d'un précipice vient de ce qu'elle réveille en nous l'idée de la mort, parce que, depuis la première occasion que nous avons eue de joindre ensemble ces deux idées, l'attention que nous y avons donnée, proportionnée à l'importance dont elles étaient pour notre conservation, ne nous a plus permis de les séparer. Par la foule d'exemples que l'analogie fait rentrer dans celui-ci, on peut juger de l'étendue des conséquences de cette observation ; mais aussi cette force attachée à la réunion de plusieurs idées devenues inséparables est susceptible des plus dangereux effets : c'est là que se forment tous nos préjugés, et c'est ainsi que l'on aperçoit le point de communication entre la métaphysique et la morale. Écoutons là-dessus Condillac : « Que « l'éducation nous accoutume à lier l'idée de honte « ou d'infamie à celle de survivre à un affront, « l'idée de grandeur d'ame ou de courage à celle « de s'ôter soi-même la vie, ou de l'exposer en « cherchant à en priver celui de qui on a été of- « fensé : on aura deux préjugés ; l'un qui a été le

« point d'honneur des Romains, l'autre qui est
« celui d'une partie de l'Europe. Ces sortes de
« préjugés étant les premières impressions que
« nous ayons éprouvées, ils ne manquent pas de
« nous paraître des principes incontestables. »

Ces liaisons d'idées morales, fortifiées par le temps et l'habitude, acquièrent une puissance presque égale à celle des idées physiques d'un précipice et de la mort, dont nous parlions tout-à-l'heure. Rien n'est plus difficile que de les désunir. Il faut, pour en venir à bout, de longs efforts de la raison dans quelques têtes mieux organisées que les autres, et ses progrès ne s'étendent que lorsqu'elle est parvenue à empêcher cette malheureuse union d'idées dans les premières années de la génération naissante. C'est la preuve la plus forte et la plus frappante de l'importance de l'éducation.

L'auteur a déduit du même principe d'autres conséquences moins graves, mais qui sont justes et fines, et rendent raison de plusieurs impressions que nous éprouvons communément sans que nous en démêlions la cause. « On ne peut,
« dit-il, fréquenter les hommes, qu'on ne lie in-
« sensiblement les idées de certains tours d'esprit
« et de certains caractères avec les figures qui se
« remarquent davantage. Voilà pourquoi les per-
« sonnes qui ont de la physionomie nous plai-
« sent ou nous déplaisent plus que les autres ;
« car la physionomie n'est qu'un assemblage de
« traits auxquels nous avons lié des idées qui ne

« se réveillent point sans être accompagnées d'a-
« grément ou de dégoût. Il ne faut donc pas s'é-
« tonner si nous sommes portés à juger les autres
« d'après leur physionomie, et si quelquefois
« nous sentons pour eux, au premier abord, de
« l'éloignement ou de l'inclination. Par un effet
« de ces liaisons d'idées, nous nous prévenons
« souvent jusqu'à l'excès en faveur de certaines
« personnes, et nous sommes tout-à-fait injustes
« par rapport à d'autres. C'est que tout ce qui
« nous frappe, dans nos amis comme dans nos
« ennemis, se lie naturellement avec les senti-
« ments agréables ou désagréables qu'ils nous
« font éprouver, et que par conséquent les dé-
« fauts des uns empruntent toujours quelque
« agrément de ce que nous remarquons en eux
« de plus aimable, ainsi que les meilleures qua-
« lités des autres nous paraissent participer à leurs
« vices. Par-là ces liaisons d'idées influent infini-
« ment sur notre conduite; elles entretiennent
« notre amour ou notre haine, *fomentent* notre
« estime ou nos mépris, excitent notre reconnais-
« sance ou notre ressentiment, et produisent
« ces sympathies ou antipathies, et tous ces pen-
« chants bizarres dont on a quelquefois tant de
« peine à se rendre raison. Je crois avoir lu quelque
« part que Descartes conserva toujours du goût
« pour les yeux louches, parce que la première
« personne qu'il avait aimée avait ce défaut. »

On doit avouer qu'en appliquant ainsi la métaphysique à la morale, comme a fait Condillac,

à l'exemple du plus grand des métaphysiciens, du respectable Locke, cette science, indépendamment de sa dignité, qui la met à la tête de toutes les autres, à raison des objets qu'elle considère, Dieu et l'intelligence, peut avoir encore cette utilité pratique, sans laquelle toutes nos études ne sont que des amusements stériles. La contemplation des choses intellectuelles n'est plus une curiosité frivole, si, en remontant jusqu'à la première cause de nos erreurs, de nos passions, de nos injustices, que la légèreté ou l'ignorance de la plupart des hommes regarde presque comme des habitudes animales, et dont le philosophe retrouve toujours l'origine dans notre entendement vicié, on s'aperçoit avec quelque honte qu'elles tiennent en effet à des erreurs plus ou moins volontaires ; que nous pouvons, par le secours de la réflexion, ou par les lumières d'autrui, rectifier nos idées ; qu'au fond nos défauts et nos vices ne sont que de mauvais jugements, et que, s'il ne dépend pas de nous de leur donner cette rectitude constante qui n'est point faite pour la faiblesse humaine, nous pouvons du moins les redresser souvent quand nous connaissons bien la cause de nos travers, comme il est plus aisé d'appliquer le remède quand nous connaissons la nature du mal. C'est sans doute ce noble exercice de la raison qui attache si fort les vrais philosophes aux objets de leurs études, et les rend si peu sensibles à la plupart des séductions ou des distractions qui entraînent la multitude. Ils sentent tous les jours qu'un moyen de devenir meilleur, c'est d'être plus éclairé; et quand cette maxime, vraie en elle-même, est démentie par l'expérience, c'est que l'ame, était déja si corrompue, qu'elle corrompait tout ce que les connaissances et les lumières y faisaient entrer, comme un vase infect communique son infection à la liqueur la plus pure. Mais, hors ce cas, on ne peut douter que les forces de la vertu ne s'augmentent des forces de l'intelligence, et que l'ame accoutumée à se considérer elle-même, n'agisse mieux, parce qu'elle voit mieux. On sait que Locke et Newton étaient des hommes sages et vertueux : ce même Condillac dont je parle ici, et d'autres élèves de la bonne philosophie, ont eu dans leur conduite la même sagesse que dans leurs écrits.

Quoique Condillac n'ait pas mis dans ce premier ouvrage autant d'exactitude que dans les autres, c'est celui sur lequel je m'arrêterai le plus, par intérêt pour la gloire de l'auteur et pour notre instruction. C'est celui où il a mis le plus de choses qui lui appartiennent en propre; mais, quoiqu'il l'ait refondu depuis dans son *Cours d'études*, il y a laissé, ce me semble, quelques erreurs sur lesquelles il n'est point revenu. Quand il se trompe, c'est qu'il contredit Locke, et c'est de celui-ci que je m'appuie pour réfuter Condillac, en sorte que cette discussion peut servir à les faire connaître tous deux à la fois, et à éclairer par la comparaison plusieurs objets intéressants en philosophie.

Il fait, ainsi que Locke, dériver toutes nos idées de nos sensations; et d'abord ce n'est pas sa faute ni celle de son maître, si des matérialistes, nécessairement mauvais raisonneurs dans un mauvais système, ont confondu ou affecté de confondre, selon qu'ils étaient plus ou moins ineptes ou menteurs, les idées des choses qui sont transmises à la substance pensante par l'organe des sens, avec les jugements qu'en forme cette substance pensante, qui seule compare les idées et en compose des raisonnements. Ce ridicule système, cette absurde confusion de facultés si hétérogènes et d'opérations si distinctes, est l'unique fondement du matérialisme; et si l'on veut s'assurer combien il est ruineux, on ne peut mieux faire que de lire l'ouvrage de ce Locke, qu'on peut appeler le maître de l'évidence, car il la mène toujours à sa suite; et si Condillac n'est pas revenu sur cette partie de l'ouvrage anglais qui établit la spiritualité de la substance pensante, c'est qu'il n'y avait rien à faire là-dessus : la matière était épuisée.

Dans tout ce qui concerne les opérations de l'entendement, Condillac ne s'écarte guère de l'auteur anglais que dans quelques dénominations peu essentielles en elles-mêmes, puisque toutes ne sont que des expressions abstraites, inventées pour classer les diverses actions de la substance pensante que nous appelons ame, et qu'aucune de ces expressions ne change rien à la conscience que nous avons des facultés de cette substance. Nous connaissons ces facultés par le pouvoir que nous avons de les exercer, et par le pouvoir qu'ont les objets extérieurs d'y occasioner des impressions qui ne sont, comme l'a démontré Locke, ni dans les objets eux-mêmes, ni dans les organes qui nous les transmettent, mais dans la substance qui sent et qui pense : elle seule en a la perception, et produit des jugements relatifs à cette perception; mais de savoir quelle est son essence, et d'où vient que les corps agissent sur cette substance incorporelle, et comment sa volonté agit sur notre corps, c'est ce qui, de l'aveu de tous les philosophes, est au-dessus des forces humaines : l'union de l'ame et du corps est un des secrets du Créateur.

Condillac s'appuie tantôt de l'opinion de Locke; tantôt, mais beaucoup plus rarement, il la contredit. Quelquefois il lui fait des reproches qui ne me semblent pas fondés : c'est sur quoi seulement je hasarderai quelques réflexions. C'est une occasion, qui n'est pas inutile, de faire connaître quelques erreurs d'un philosophe dont le nom peut faire autorité, d'autant plus qu'elles ne sont pas du nombre de celles qu'il a lui-même rétractées.

Locke et Condillac s'accordent à croire que les bêtes, quoique douées de sentiment et de pensée, n'ont point d'idées abstraites et universelles, et ils en apportent des raisons qui rendent cette opinion extrêmement plausible; mais l'un leur accorde la mémoire, et l'autre la leur refuse. Peut-

être me pardonnerez-vous de vous faire juges entre deux philosophes sur une question où l'observation des faits est à la portée de tout le monde, et où les raisonnements, quoique en langue métaphysique, ne demandent qu'un peu d'attention pour être aisément suivis. Voici comme s'explique l'auteur anglais : « Il me semble que
« cette faculté de rassembler et de conserver des
« idées se trouve en un grand degré dans plusieurs
« autres animaux, aussi bien que dans l'homme ;
« car, sans rapporter plusieurs autres exemples,
« de cela seul que les oiseaux apprennent des airs
« de chanson, et s'appliquent visiblement à en
« bien marquer les notes, je ne saurais m'empê-
« cher d'en conclure que ces oiseaux ont de la
« perception, et qu'ils conservent dans leur mé-
« moire des idées qui leur servent de modèle ;
« car il me paraît impossible qu'ils puissent s'ap-
« pliquer, comme il est clair qu'ils le font, à con-
« former leur voix à des sons dont ils n'auraient
« aucune idée. » (Ce qui suit se rapporte au système cartésien du mécanisme des bêtes ; système qui était encore en vigueur dans le temps où Locke écrivait, mais qui depuis a été universellement reconnu comme une chimère. Le peu qu'en dit ici Locke suffit pour en faire sentir toute l'absurdité.) « En effet, quand j'accorderais
« que le son peut exciter mécaniquement un cer-
« tain mouvement d'esprits animaux dans le cer-
« veau de ces oiseaux pendant qu'on leur joue
« un air de chanson, et que ce mouvement peut

« être continué jusqu'aux muscles des ailes, en
« sorte que l'oiseau soit poussé mécaniquement,
« par certains traits, à prendre la fuite, parce que
« cela peut contribuer à sa conservation, on ne
« saurait pourtant supposer cela comme une rai-
« son pour laquelle, en jouant un air à un oiseau,
« et moins encore après avoir cessé de le jouer,
« cela dût produire mécaniquement dans les or-
« ganes de la voix de cet oiseau un mouvement
« qui l'obligerait à imiter les notes d'un air, dont
« l'imitation ne peut être d'aucun usage à la con-
« servation de ce petit animal; mais, qui plus est,
« on ne saurait supposer avec quelque apparence
« de raison, et moins encore prouver que des
« oiseaux puissent, sans sentiment ni mémoire,
« conformer peu à peu et par degrés les inflexions
« de leur voix à un air qu'on leur joua hier,
« puisque, s'ils n'en ont aucune idée dans leur
« mémoire, il n'est présentement nulle part, et
« par conséquent ils ne peuvent avoir aucun mo-
« dèle pour l'imiter ou en approcher plus près
« par des efforts réitérés; car il n'y a point de
« raison pour que le son du flageolet laissât dans
« leur cerveau des traces qui ne dussent point
« produire d'abord de pareils sons, mais seule-
« ment ensuite de certains efforts que les oiseaux
« seraient obligés de faire après avoir ouï le fla-
« geolet; et d'ailleurs, il est impossible de conce-
« voir pourquoi les sons qu'ils rendent eux-mêmes
« ne seraient pas des traces qu'ils devraient suivre

« tout aussi bien que celles que produit le son
« du flageolet. ».

C'est là raisonner conséquemment. Locke n'en dit pas davantage sur le prétendu mécanisme des bêtes : il a cru, avec raison, que ce seul paragraphe suffisait pour démontrer la folie d'un pareil système. Condillac n'était pas homme à le renouveler ; il ne le pouvait même pas, puisqu'il reconnaît avec Locke une faculté pensante dans les bêtes, seulement très inférieure à la nôtre. Mais voici comme il raisonne.

« La mémoire ne consiste que dans le pouvoir
« de nous rappeler *les signes de nos idées* ou les
« circonstances qui les ont accompagnées ; et ce
« pouvoir n'a lieu qu'autant que, par l'analogie
« des signes que nous avons choisis, et par l'ordre
« que nous avons mis entre nos idées, les objets
« que nous voulons nous retracer tiennent à
« quelques-uns de nos besoins présents. Enfin,
« nous ne saurions nous rappeler une chose qu'au-
« tant qu'elle est liée par quelque endroit à quel-
« ques-unes de celles qui sont à notre disposi-
« tion. Or, un homme qui n'a que des signes ac-
« cidentels et des signes naturels n'en a point
« qui soient à ses ordres. Ses besoins ne peuvent
« donc occasioner que l'exercice de son imagi-
« nation. Ainsi il doit être sans mémoire : de là
« on peut conclure que les bêtes n'ont point de
« mémoire, et qu'elles n'ont qu'une imagination
« dont elles ne sont point maîtresses de disposer.

« Elles ne se représentent une chose absente
« qu'autant que, dans leur cerveau, l'image en est
« étroitement liée à un objet présent. Ce n'est
« pas la mémoire qui les conduit dans un lieu où
« la veille elles ont trouvé de la nourriture; mais
« c'est que le sentiment de la faim est si fort lié
« avec les idées de ce lieu et du chemin qui y
« mène, que celles-ci se réveillent aussitôt qu'elles
« l'éprouvent. Ce n'est pas la mémoire qui les fait
« fuir devant les animaux qui leur font la guerre ;
« mais quelques-uns de leur espèce ayant été dé-
« vorés à leurs yeux, les cris dont, à ce spectacle,
« elles ont été frappées, ont réveillé dans leur
« ame les sentiments de douleur dont ils sont les
« signes naturels, et elles ont fui. »

Je ne serais pas surpris que des personnes peu exercées sur ces matières fussent tentées de dire comme Henri IV, après qu'il eut entendu plaider deux avocats pour et contre : *Ventre-saint-gris, il me semble que tous deux ont raison.* Il est pourtant certain que l'un des deux a tort, et je crois que ce n'est pas Locke.

Si Condillac avait suivi dès-lors les règles du raisonnement, que, dans la suite, il a recommandées et pratiquées avec plus de soin que personne, il n'aurait pas fait ici une théorie d'un amas de suppositions purement gratuites, puisque aucune n'est fondée sur un principe avoué ni sur un fait reconnu. Ce n'est pas ainsi que procède Locke, et l'on voit d'abord que Condillac ne lui répond point; il se borne à établir une doctrine contraire à la sienne : mais comment ? en accumulant des assertions dont il est facile de prouver la fausseté. Préoccupé de la nécessité des signes de convention, qui sont en effet, comme ailleurs il le prouve complètement, le plus grand instrument du progrès de nos connaissances, il en a abusé ici pour donner une définition de la mémoire qui est contredite par le sentiment et l'expérience : il la fait consister dans *le pouvoir de nous rappeler les signes de nos idées.* Il est cependant incontestable que la mémoire est réellement le pouvoir de rappeler les idées mêmes, indépendamment de toute espèce de signes. Qui peut douter qu'avant que les hommes eussent inventé aucun mot pour exprimer la *neige,* un *arbre,* un *rocher,* ils ne pussent en conserver dans leur mémoire et en rappeler l'idée, c'est-à-dire la perception de blancheur, de verdure, de dureté ? C'est ce pouvoir que Locke appelle *rétention* en langage métaphysique, et qui n'est autre chose, en langage vulgaire, que la mémoire, qui est, dit-il, *comme le réservoir de toutes nos idées.* Et comment Condillac n'a-t-il pas vu que, si notre ame n'avait pas eu cette faculté de retenir les idées antérieurement à l'invention des signes artificiels, jamais l'homme ne l'aurait acquise ? Car d'abord aucun signe ne peut être la cause d'une faculté ; il ne peut être que l'occasion de son développement : de plus, comment lier des idées, si on ne les retient pas ? et sans la liaison des idées, comme il le redit lui-même après Locke, les sensations et les perceptions seraient absolument inutiles, et l'on serait dans l'état d'imbécillité complète.

Il ajoute tout aussi gratuitement que la mémoire *n'a lieu que par l'analogie des signes que nous avons choisis, par l'ordre que nous avons mis entre nos idées, et par le rapport des objets à nos besoins.* Il confond ici les causes occasionelles des actes d'une faculté avec la faculté même : il est bien vrai que ce sont toutes ces circonstances qui sont ordinairement les adminicules de la mémoire, et qui la mettent le plus souvent en action; mais elle existe sans elles et avant elles; et, s'il était vrai que *nous ne saurions nous rappeler une chose qu'autant qu'elle est liée par quelque endroit à quelques-unes de celles qui sont à notre disposition,* d'où viendrait cette foule d'idées qu'on se rappelle en dormant? Assurément *rien n'est à notre disposition* pendant le sommeil, et pourtant on y fait jusqu'à des discours suivis, des vers mêmes : quelle preuve plus forte de *ce réservoir d'idées,* comme le dit si bien Locke, où nous puisons à notre volonté pendant la veille, et où l'état de sommeil jette cette confusion qui produit la bizarrerie des songes?

Des propositions fausses ne peuvent amener que de fausses conséquences, et ce que je viens de dire anéantit d'avance la conclusion de l'auteur contre la mémoire des bêtes. Mais la manière dont il explique leurs actions n'est pas moins fautive. Il les attribue à l'imagination; et sans toutes les assertions erronées qui précèdent, ceci ne serait plus qu'une dispute de mots; car l'imagination, qui, dans le sens philosophique, n'est que la faculté de se rappeler les images des objets, est-elle au fond autre chose que la mémoire ? Écoutons encore le judicieux Locke : « *C'est l'affaire de la mémoire de fournir à l'es-* « *prit, dans le temps qu'il en a besoin, ces idées* « *dont elle est la dépositaire*, et qui semblent y « sommeiller; et c'est à les avoir toutes prêtes « dans l'occasion que consiste ce que nous appe- « lons invention, imagination et vivacité d'esprit. »

Rien n'est plus vrai; et si, dans le langage actuel, on regarde l'imagination dans les beaux-arts comme une sorte de création, ce n'est pas qu'il soit donné à l'homme d'inventer une seule idée proprement dite, puisque toute idée n'est originairement en lui que la perception ou le rapport des objets aperçus, et que par conséquent il les reçoit toutes et n'en peut faire aucune; mais, par la faculté de réflexion, c'est-à-dire, par le pouvoir qu'a notre ame de comparer, d'assembler, de combiner ses perceptions, nous pouvons en former des résultats qui soient ou qui paraissent nouveaux, c'est-à-dire qu'un autre que nous n'ait pas encore faits, ou qui, si on les a faits, ne soient pas connus. Mais, dans l'exacte vérité, nous ne pouvons pas plus créer au moral qu'au physique, pas plus une idée qu'un atome, et il est rigoureusement vrai qu'imaginer n'est au fond que se ressouvenir. Les ouvrages mêmes bâtis sur les fictions les plus chimériques, tels que les poëmes, les romans merveilleux, les contes de fées, ne sont des inventions que par l'assemblage; chaque partie prise à part est fondée sur des idées vraies; l'impossibilité n'est que dans la réunion. Ces sortes de fables ne sont que des rêves d'un homme éveillé; comme ceux du sommeil, ils ne sont composés que d'idées acquises; comme eux, ils s'éloignent de la raison et de la vraisemblance : ils diffèrent en ce qu'ils sont rangés dans un certain ordre, et tendent à un objet, qui est de flatter le goût que les hommes ont naturellement pour le merveilleux.

Il s'ensuit que, dans le sens philosophique, tous les hommes ont de l'imagination, parce que tous ont de la mémoire; mais que, dans le langage ordinaire, on appelle imagination par excellence la facilité d'assembler des images dans le style, et dans les arts d'imitation, le talent de trouver des combinaisons nouvelles qui produisent des effets heureux.

Les philosophes peuvent avoir, comme les autres hommes, la confiance et l'ambition de la jeunesse : il est presque impossible d'échapper aux illusions de cet âge charmant et dangereux; elles tiennent à ses avantages. Il conçoit si vivement, qu'il lui est bien difficile de s'arrêter sur ses conceptions; ses organes tout neufs en sont tellement frappés, qu'elles s'offrent toutes à lui comme autant de démonstrations. Le doute est, dit-on, en philosophie, le commencement de la sagesse, et douter est en tout genre ce que la jeunesse sait le moins. On voit que, dans son *Essai*, Condillac, qui a tout appris de Locke, ne doute pas un moment que sur bien des points il ne voie mieux ou plus que lui, et qu'il ne résiste pas à l'ambition d'en savoir plus que son maître : de là viennent les efforts qu'il fait pour assigner des distinctions réelles entre des choses qui sont originairement les mêmes dans l'acception philosophique, et qui ne diffèrent que comme usage plus ou moins étendu de la même faculté; par exemple, la mémoire et l'imagination, qui certainement ne sont l'une et l'autre que la puissance de réveiller les idées, de rappeler les images des objets, puissance exercée avec plus ou moins de force dans les différents individus, selon le secours qu'elle reçoit des organes, qui ne sont pas également heureux dans tous les hommes, non plus que dans les animaux. Quelle est la cause de cette différence? c'est ce que nous ignorons; mais qu'elle existe, c'est ce dont l'expérience ne permet pas de douter, et ce que le seul Helvétius a imaginé de nier. Le mystère de cette différence est renfermé dans celui de l'union de l'ame et du corps, de l'esprit et de la matière; et, comme Locke l'a très bien fait voir, tout ce que nous savons avec certitude, et tout ce que la raison peut apercevoir, c'est qu'il résulte de la différence de leurs propriétés que leur essence n'est pas la même.

Sur toutes ces matières Locke s'énonce toujours avec la réserve d'un sage, qui ne veut affirmer que ce qui est évident, et rien n'est plus commun chez lui que les formules circonspectes : *Il me semble, on peut supposer, je crois pouvoir inférer*, et autres semblables; seul langage qui laisse au moins à l'homme le mérite de la sagesse, lorsqu'il ne peut pas avoir celui d'une science qui lui a été refusée. Condillac n'en savait pas encore assez pour être si modeste dans son premier ouvrage; il affirme toujours. Il reproche à Locke et à tous les philosophes d'être *tombés dans la même erreur*, d'avoir confondu l'imagination et la mémoire. « Il est « important, dit-il avec un ton dogmatique qu'il « n'eut pas dans la suite, *de bien distinguer le point* « *qui les sépare*. Locke fait consister la mémoire « en ce que l'ame a la puissance de réveiller les « perceptions qu'elle a déja eues... *Cela n'est point* « *exact*; car il est constant qu'on peut fort bien « se souvenir d'une perception qu'on n'a pas le « pouvoir de réveiller. »

C'est cette réponse qui n'est point *exacte*; car Locke n'a point dit qu'on eût toujours ce pouvoir. Si nous l'avions dans ce degré, nous n'oublierions jamais que ce que nous voudrions oublier, et nous ne sommes entièrement les maîtres ni de ce que nous voulons effacer de notre souvenir, ni de ce que nous voulons y conserver. Locke a parlé de cette faculté comme étant de la même nature que toutes les nôtres, c'est-à-dire imparfaite. Voici ce qu'il dit à ce sujet; ce passage pourra faire reconnaître le caractère d'esprit de cet excellent observateur; il contient d'ailleurs tout ce que l'on peut dire de mieux sur la mémoire.

« Comme nos idées ne sont rien autre chose que « des perceptions que nous avons actuellement « dans l'esprit, lesquelles cessent d'être quelque « chose dès qu'elles ne sont point actuellement « aperçues, dire qu'il y a des idées en réserve dans « la mémoire n'emporte, dans le fond, autre chose, « si ce n'est que l'ame a, *en plusieurs rencon-« tres*, la puissance de réveiller les perceptions « qu'elle a déja eues, avec un sentiment qui, dans « ce même temps, l'avertit qu'elle a eu auparavant » ces sortes de perceptions...; ce que quelques-uns « font plus aisément, d'autres avec plus de peine, « quelques uns plus vivement, d'autres d'une ma-« nière plus faible et plus obscure. C'est par le « moyen de cette faculté qu'on peut dire que nous « avons dans notre entendement toutes les idées « que nous pouvons y rappeler, et faire redevenir « l'objet de nos pensées sans l'intervention des « qualités sensibles qui les ont d'abord excitées « dans notre ame. »

J'observerai en passant que ceci est une conséquence immédiate de ce qu'il a d'abord posé en principe, lorsqu'il a distingué les deux principales facultés de l'ame, l'une passive, par laquelle elle reçoit l'impression des objets; l'autre active, par laquelle elle agit sur ses propres impressions en les considérant, les jugeant, les comparant, etc. L'impression sentie des objets se nomme *perception*; l'action de l'ame qui les considère se nomme *réflexion* (1). De ces deux facultés dérivent toutes les autres : ainsi, quand la mémoire est avertie par la présence d'un objet, c'est une sensation renouvelée; quand elle est l'ouvrage de notre volonté, elle tient à la réflexion. Toute cette théorie de Locke est conséquente, et fondée sur la connaissance de ce qui se passe en nous, comme chacun peut s'en assurer par le sens intime, qui est une des espèces d'évidence.

« L'attention et la répétition servent beaucoup
« à fixer les idées dans la mémoire; mais celles qui
« d'abord font les plus profondes et les plus du-
« rables impressions, ce sont celles qui sont accom-
« pagnées de plaisir et de douleur. Comme la fin
« principale des sens consiste à nous faire con-
« naître ce qui fait du bien ou du mal à notre
« corps, la nature a sagement établi que la dou-
« leur accompagnât l'impression de certaines idées,
« parce que, tenant la place du raisonnement dans
« les enfants, et agissant dans les hommes faits
« d'une manière bien plus prompte que le raison-
« nement, elle oblige les jeunes et les vieux à s'é-
« loigner des objets nuisibles avec toute la promp-
« titude nécessaire pour leur conservation ; et, par
« le moyen de la mémoire, elle leur inspire de la
« précaution pour l'avenir.

---

(1) *N. B.* Ce mot, il est vrai, exprime un mouvement physique, celui de se replier sur soi-même ou sur quelque chose; mais toutes nos idées venant des sens, nous sommes souvent obligés de nous servir de termes physiques pour exprimer les opérations de l'ame.

« Mais, pour ce qui est de la différence qu'il y
« a dans la durée des idées qui ont été gravées
« dans la mémoire, nous pouvons remarquer que
« quelques-unes ont été produites par un objet
« qui n'a affecté les sens qu'une seule fois, et que
« d'autres, s'étant présentées plus d'une fois à l'es-
« prit, n'ont pas été fort observées, soit par non-
« chalance, comme dans les enfants ; soit par la
« préoccupation d'autres idées, comme dans les
« hommes faits. Dans quelques personnes, ces
« idées ont été gravées avec soin et par des im-
« pressions réitérées, et pourtant ces personnes
« ont la mémoire très faible, soit à cause du tem-
« pérament de leur corps, ou pour quelque autre
« défaut. Dans tous ces cas, les idées qui s'impri-
« ment dans l'ame se dissipent bientôt, et souvent
« s'effacent de l'entendement sans laisser aucune
« trace : ainsi plusieurs des idées produites dans
« l'esprit des enfants par leurs premières sensa-
« tions se perdent entièrement sans qu'il en reste
« le moindre vestige, si elles ne sont pas renou-
« velées dans la suite de leur vie. C'est ce qu'on
« peut remarquer dans ceux qui, par quelque
« malheur, ont perdu la vue encore fort jeunes :
« comme ils n'ont pas alors beaucoup réfléchi sur
« les couleurs, ces idées, n'étant plus renouvelées
« dans leur esprit, s'effacent entièrement ; de sorte
« que, quelques années après, il ne leur reste non
« plus d'idée des couleurs qu'à des aveugles de
« naissance. D'un autre côté, il y a des gens dont
« la mémoire est heureuse jusqu'au prodige ; ce-

« pendant il me semble qu'il arrive toujours du
« déchet dans nos idées, dans celles-là même qui
« sont gravées le plus profondément, et dans les
« esprits qui les conservent le plus long-temps;
« de sorte que, si elles ne sont pas renouvelées
« quelquefois par le moyen des sens ou par la
« réflexion de l'esprit, l'empreinte s'use, et il n'en
« reste plus aucune image. Ainsi les idées de notre
« jeunesse souvent meurent avant nous, comme
« nos enfants; et sous ce rapport, notre esprit
« ressemble à ces tombeaux dont la matière sub-
« siste encore : on voit l'airain et le marbre, mais
« le temps a fait disparaître les inscriptions et
« emporté les caractères. Les images tracées dans
« notre esprit sont peintes avec des couleurs lé-
« gères : si on ne les rafraîchit quelquefois, elles
« passent entièrement. De savoir quelle part peut
« avoir à tout cela la constitution de nos corps et
« l'action des esprits animaux, et si la disposition
« du cerveau produit cette différence, en sorte
« que, dans les uns, il conserve comme le marbre
« les traces qu'il a reçues, en d'autres comme une
« pierre de taille, en d'autres comme une couche
« de sable, c'est ce que je ne prétends pas exa-
« miner ici; mais il peut du moins paraître assez
« probable que la constitution du corps a quelque-
« fois de l'influence sur la mémoire, puisque nous
« voyons souvent qu'une maladie dépouille l'ame
« de toutes ses idées, et qu'une fièvre ardente con-
« fond en peu de jours et réduit en poudre toutes
« ces images qui semblaient devoir durer aussi

« long-temps que si elles eussent été gravées sur
« le marbre. »

Dans ce passage de Locke, sa manière de philosopher est la même que dans tout le reste de son livre : vous le voyez toujours sobre d'assertions, attentif à l'expérience, à l'analogie, aux probabilités, et renfermant dans ses observations une foule de conséquences qui en appuient la justesse. On peut voir ici, par exemple, pourquoi il nous reste si peu de souvenir de tout ce qui a rapport à nos premières années; c'est qu'alors toutes les impressions, passant rapidement sur des organes tendres, n'y agissent qu'autant qu'il le faut à chaque moment pour la conservation et l'accroissement de l'individu. Le peu de réflexion dont il est capable se borne aux besoins physiques. D'ailleurs, tout ce qui se passe autour de lui est comme étranger : la faculté passive est presque la seule qu'il exerce; la faculté active est presque nulle, et concentrée entièrement dans les nécessités physiques. L'enfant peut être très sensible à la perte de son déjeûner, et insensible à la perte de son père.

Que l'homme devenu capable de réflexion le soit aussi de se rappeler ses idées en l'absence des objets et sans le secours d'aucune circonstance relative, c'est ce que chacun peut constater à tout moment par sa propre expérience; et cela est si vrai, que, si je voulais le prouver par le fait, je rappellerais indifféremment, et à mon choix, ou une tragédie, ou une chanson, ou une histoire, ou un palais, ou une campagne, ou un bon mot, etc., sans qu'il y eût le moindre rapport avec les circonstances présentes, et uniquement pour exercer un acte de volonté ou de mémoire. Je crois donc pouvoir conclure avec Locke que la mémoire est une faculté libre et spontanée, quoiqu'elle ne soit pas toute-puissante; que l'imagination n'est qu'un mode de cette faculté, qui en rend l'exercice plus facile, plus prompt, plus marqué, plus étendu; et cette différence est en raison de la différente disposition de nos organes et de notre esprit, à être plus ou moins affectés des choses, soit physiques, soit morales : ainsi, celui qui n'a que beaucoup de mémoire et peu d'imagination nous rendra un compte assez exact d'une pièce de théâtre qu'il vient de voir, d'une action dont il a été témoin, d'un ouvrage qu'il vient de lire; celui qui a plus d'imagination fera le même exposé, mais d'une manière beaucoup plus vive, et en rendra l'impression beaucoup plus sensible pour tous ceux qui l'écouteront.

Condillac trouve beaucoup de confusion dans ce que les philosophes ont dit sur l'imagination et la mémoire; mais on peut, ce me semble, faire voir qu'il est lui-même un peu confus sur cette matière, à force d'être subtil, et qu'il finit par tomber dans une sorte de contradiction. La distinction qu'il met entre l'imagination et la mémoire, c'est que l'une se retrace la perception même de l'objet, et que l'autre n'en rappelle que les signes, le nom et les circonstances accessoires :

c'est en conséquence de cette distinction qu'il établit que les bêtes, ne connaissant point les signes du langage, ni les noms ni les idées abstraites qui forment la combinaison des circonstances, n'ont que de l'imagination et point de mémoire. Mais Locke a démontré qu'elles en ont par l'exemple d'un oiseau qui répète l'air qu'il a entendu la veille, et les efforts réitérés de l'oiseau pour plier ses organes aux modulations de cet air prouvent la volonté d'exercer une faculté. La diversité d'avis entre les deux philosophes vient de ce que l'abbé de Condillac veut absolument assigner deux facultés distinctives, l'une pour l'homme, l'autre pour la bête, et que Locke se contente d'y voir ce qui est, c'est-à-dire, une différence de plus ou de moins. L'expérience et le raisonnement décident pour celui-ci, car l'auteur français se garde bien de dire un mot de l'exemple allégué par Locke, et qui est en effet sans réplique; et les exemples cités par Condillac prouvent seulement que les bêtes, bornées aux idées simples et aux impressions physiques, ne font le plus souvent usage que de ce mode de la mémoire qu'on appelle imagination, et ne sont mues le plus souvent que par la présence des objets; au lieu que l'homme, à la faveur des avantages prodigieux que lui donnent l'usage de la parole et la facilité d'attacher un signe à chaque idée, fait un usage infiniment plus étendu de sa mémoire, de son imagination et de toutes les facultés de l'entendement. Enfin Condillac dit lui-même en propres termes : « Il y a entre l'imagination, la mémoire « et la réminiscence, un progrès qui est la seule « chose qui les distingue. » Voilà la vérité : mais comment concilier avec cet aveu les longs raisonnemens où il s'engage pour montrer que Locke les a confondus, que les bêtes n'ont pas de mémoire; enfin pour faire deux choses distinctes de ce qui ne diffère que par des degrés ? Il se peut qu'alors il crût s'entendre lui-même ; mais il lui était difficile de se faire entendre aux autres, et je croirais volontiers que par la suite il a eu le bon esprit de voir qu'il ne s'était pas entendu.

C'est dans la théorie des signes, dans l'explication de leur pouvoir, dans le développement de leurs effets, que l'abbé de Condillac déploie ici toute la supériorité de ses vues. Il ne pouvait guère que s'égarer, quand il a risqué de s'éloigner de Locke dans l'analyse des opérations mentales, où il ne paraît pas qu'on puisse pénétrer plus avant et plus sûrement que ce sage Anglais, que Voltaire a si bien caractérisé dans ces deux vers :

Et ce Locke, en un mot, dont la main courageuse
A de l'esprit humain posé la borne heureuse.

Mais il restait à Condillac une gloire dont il s'est saisi, celle d'étendre au loin les conséquences de ces premières vérités, d'en former une chaîne et d'y faire passer d'anneaux en anneaux tous les progrès de la perfectibilité humaine. C'est ce qu'il a fait avec le plus grand succès dès son premier ouvrage, et cette seule partie si bien exécutée suffirait pour faire excuser quelques fautes, et pour annoncer un grand métaphysicien, un philosophe du premier ordre.

« Les progrès de l'esprit humain, dit-il, dépen-
« dent entièrement de l'adresse avec laquelle nous
« nous servons du langage. Ce principe est simple,
« et répand un grand jour sur cette matière :
« personne, que je sache, ne l'a connu avant
« moi. »

On pourrait trouver peut-être un peu de jactance dans cette manière de s'exprimer ; mais faut-il défendre aux philosophes de faire gloire de leurs découvertes, comme les artistes de leurs productions ? Ce serait être trop sévère. Il est naturel que l'amour-propre ne perde nulle part ses droits : on est en possession de se moquer de celui des poètes : c'est quelque chose, qu'ils puissent se mettre à couvert près de celui des philosophes. Tout ce qu'on pourrait dire à Condillac, c'est qu'il va un peu trop loin en disant que personne avant lui n'a connu ce principe. Sans parler de Locke, qui l'a indiqué, comme on le verra tout à l'heure, des anciens même avaient observé combien l'homme était redevable à la communication des idées par la parole et par l'écriture. Mais on doit avouer aussi qu'une vérité appartient particulièrement à celui qui la féconde et en forme une théorie complète, et l'on ne peut refuser cet honneur à l'abbé de Condillac.

Il remonte jusqu'au langage d'action, qui dut être celui des premiers hommes avant qu'ils eussent formé des langues, et qui est encore celui des enfants avant qu'ils sachent articuler et parler ; et ce langage consiste dans des gestes, des cris, des mouvements. Ce doit être encore aujourd'hui le seul de quelques peuplades sauvages qui, au rapport des voyageurs, ne s'expriment que par une sorte de gloussement pareil à celui de quelques animaux. On sait combien étaient bornés les idiomes des petits peuples du nord de l'Amérique au moment de sa découverte, et quelle quantité d'idées n'avait et n'a même encore aucune expression dans leur langue. On a plus d'une fois reconnu dans cette stérilité de signes la principale cause de leur ignorance comparée à nos lumières ; mais ce que personne n'avait fait, c'est de rechercher avec sagacité et de démêler avec vraisemblance tout ce que ce premier langage d'action a eu d'influence sur la formation des langues, et combien il a fallu de temps avant que les hommes renonçassent à ce langage naturel qui leur était aussi facile qu'il était borné, et se faisait comprendre sans peine, au moins autant qu'il était nécessaire pour leurs besoins essentiels ; combien ils devaient s'y attacher par la difficulté de plier leur organe à l'articulation, dont il fallait deviner et suivre les principes à mesure que quelques essais en donnaient une faible expérience ; par cette autre difficulté non moins grande d'établir la convention et la réciprocité dans la signification des termes, après qu'on était parvenu à en déterminer l'articulation ; enfin, combien de fois ce premier lien de la sociabilité dut se rompre et se dissoudre avant de se consolider. On ne peut exiger des conjectures (1) de l'auteur sur les moyens successifs qui ont contribué à former les langues, que le degré de probabilité possible dans une révolution dont les premiers âges du monde n'ont point laissé de traces, et là-dessus les hypothèses de l'abbé de Condillac ne laissent rien à desirer. Mais les conjectures le mènent par l'analogie jusqu'à l'évidence, quand il remarque les rapports que dut nécessairement avoir la prosodie des pre-

---

(1) Ces conjectures mêmes doivent être restreintes et modifiées pour se concilier avec le récit des livres saints, dont il n'est permis ni à la raison ni à la foi de douter. Rien ne nous est connu historiquement du monde antédiluvien, que le peu qui en est rapporté dans les cinq premiers chapitres de la Genèse, et qu'apparemment l'Esprit-Saint a cru devoir suffire au monde renouvelé. Nous y voyons que Dieu converse avec Adam, Caïn, Noé; que le serpent converse avec Ève: d'où il suit que le premier homme apprit de Dieu même le langage articulé, qu'il put sans doute communiquer à ses descendants. Quel était ce langage primitif? C'est ce que nous ignorons encore, quelques efforts qu'on ait faits dans tous les temps pour le deviner. Nous voyons encore que ce langage, commun à tous les habitants de la terre, et transmis par Noé et les siens au monde postdiluvien, dura jusqu'à la confusion des langues et la dispersion de la race de Noé par toute la terre; ce qui eut lieu un peu plus de cent ans après le déluge, à une époque où la terre devait être infiniment moins peuplée qu'elle ne l'a été depuis. Sur tout cela, le texte de l'Écriture est positif. Il y est dit que jusque-là les hommes n'avaient qu'un seul et même langage. *Terra erat labii unius et sermonum eorumdem.* Mais après qu'ils se furent dispersés dans les dif-

mières langues avec le langage d'action, c'est-à-dire celui des gestes et des cris. Cet article est neuf et curieux : il faut entendre l'auteur lui-même.

« La parole, en succédant au langage d'action, « en conserva le caractère. Cette nouvelle manière « de communiquer ses pensées ne pouvait être « imaginée que sur le modèle de la première. « Ainsi, pour tenir la place des mouvements vio-

---

férentes parties du globe, il est naturel de présumer que ce qui dut assez long-temps mettre en usage cette expression des signes et des cris dont s'occupe ici Condillac, ce fut encore moins la difficulté de perfectionner l'articulation que le besoin de se faire entendre dans cette diversité de langages parlés, opérée à Babel par l'ordre de Dieu même. On peut croire d'ailleurs que ces langages originaires étaient fort bornés, et proportionnés à la simplicité de ces premiers âges. Il fallut donc former successivement les idiomes de chaque climat, comme il fallut rapprendre tous les arts de la main déja inventés avant le déluge, et perdus ensuite; et ce fut une des punitions de la race humaine, qui paraît, comme la terre elle-même, avoir dégénéré sous plusieurs rapports physiques par la grande plaie de l'inondation universelle. C'est donc dans l'intervalle de ce progrès plus ou moins lent des premières sociétés qui se formaient que les signes naturels, les gestes et les cris se mêlèrent à ce que Condillac appelle les signes d'institution, c'est-à-dire aux langages parlés, dont il fallait suppléer l'imperfection; car il ne faut pas croire et sûrement il n'a pas voulu dire que l'homme ait jamais été sans aucun langage articulé; cela serait contre toute vraisemblance. L'articulation est une faculté trop naturelle à l'homme pour qu'il n'en ait pas usé plus ou moins comme de toutes les autres, en quelque temps que ce soit; et ces sauvages eux-mêmes, chez

« lents du corps, la voix s'éleva et s'abaissa par
« des intervalles fort sensibles. Ces langages ne se
« succédèrent pas brusquement ; ils furent long-
« temps mêlés ensemble, et la parole ne prévalut
« que fort tard. Or, chacun peut éprouver par
« lui-même qu'il est naturel à la voix de varier ses
« inflexions, à proportion que les gestes le sont da-
« vantage. Plusieurs autres raisons confirment ces
« conjectures. Premièrement, quand les hommes

qui nos voyageurs ont remarqué *une espèce de gloussement
habituel, y mêlaient des sons articulés.*

Avec cette explication très plausible, ce me semble, et qui
ne contredit en rien ni les faits certains de l'Écriture, ni les
conjectures probables de Condillac, tout va de suite dans sa
théorie des signes de différente espèce et de leurs modifications successives. Non seulement la lenteur plus ou moins marquée dans les progrès de chaque peuple, en fait de langage, est attestée par tous les monuments historiques; mais il est dans l'esprit de notre religion de reconnaître que la nature humaine, créée d'abord dans toute la perfection dont elle était susceptible, a été, depuis sa chute, condamnée au travail d'une perfectibilité toujours difficile, et toujours balancée par l'inévitable mélange du bien et du mal.

Observez, en passant, que dans tout ce qui est conjectural en théorie, comme dans toute controverse de faits historiques, ce qui est appuyé par analogie sur la révélation rentre toujours dans la vraisemblance et dans la raison, et que tout ce qu'on imagine en sens contraire retombe toujours dans l'improbable, et même dans l'absurde, depuis les hypothèses où l'on a voulu faire un monde sans un Dieu; jusqu'à celles où l'on a voulu expliquer l'établissement du christianisme sans ce même Dieu. Partout mensonge et déraisonnement; partout l'on peut dire : *Narraverunt mihi iniqui fabulationes ; sed non ut lex tua.* Ps. 118.

« commencèrent à articuler des sons, la rudesse
« des organes ne leur permit pas de le faire par
« des inflexions aussi faibles que les nôtres. En
« second lieu, nous pouvons remarquer que ces
« inflexions sont si nécessaires, que nous avons
« quelque peine à comprendre ce qu'on nous lit
« sur un même ton. Si c'est assez pour nous que la
« voix se varie légèrement, c'est que notre esprit
« est fort exercé par le grand nombre d'idées que
« nous avons acquises, par l'habitude où nous
« sommes de les lier à des sons : voilà ce qui man-
« quait aux hommes qui eurent les premiers l'u-
« sage de la parole. Leur esprit était dans toute
« sa grossièreté : les notions les plus communes
« étaient nouvelles pour eux. Il ne pouvaient donc
« s'entendre qu'autant qu'ils conduisaient leur voix
« par des degrés fort distincts. Nous-mêmes, nous
« éprouvons que, moins une langue dans laquelle
« on nous parle nous est connue, plus on est obligé
« d'appuyer sur chaque syllabe, et de les distin-
« guer toutes d'une manière sensible. En troisième
« lieu, dans l'origine des langues, les hommes,
« trouvant trop d'obstacles à imaginer de nou-
« veaux mots, n'eurent pendant long-temps, pour
« exprimer les sentiments de l'ame, que les si-
« gnes naturels, auxquels ils donnèrent le carac-
« tère des signes d'institution. Or, les signes natu-
« rels introduisent nécessairement l'usage des in-
« flexions violentes, puisque différents sentiments
« ont pour signe le même son varié sur différents
« tons. *Ah!* par exemple, selon la manière dont

« il est prononcé, exprime l'admiration, la dou-
« leur, le plaisir, la tristesse, la joie, la crainte,
« le dégoût et presque tous les sentiments de
« l'ame. Enfin, je pourrais ajouter que les pre-
« miers noms des animaux en imitèrent vraisem-
« blablement le cri : remarque qui convient éga-
« lement à ceux qui furent donnés aux vents, aux
« rivières, et à tout ce qui fait quelque bruit. Il
« est évident que cette imitation suppose que les
« sons se succédaient par des intervalles très mar-
« qués. On pourrait improprement donner le nom
« de chant à cette manière de prononcer, ainsi que
« l'usage le donne à toutes les prononciations qui
« ont beaucoup d'accents..... Cette prosodie a été si
« naturelle aux premiers hommes, qu'il y en a eu
« à qui il a paru plus facile d'exprimer différentes
« idées avec le même mot, prononcé sur différents
« tons, que de multiplier le nombre des mots à
« proportion de celui des idées. Ce langage se
« conserve encore chez les Chinois. Ils n'ont que
« trois cent vingt-huit monosyllabes, qu'ils varient
« sur cinq tons, ce qui équivaut à mille six cent
« quarante signes.... D'autres peuples, nés sans
« doute avec une imagination plus féconde, ai-
« mèrent mieux inventer de nouveaux mots. La
« prosodie s'éloigna chez eux du chant peu-à-peu,
« et à mesure que les raisons qui l'en avaient fait
« approcher davantage cessèrent d'avoir lieu; mais
« elle fut long-temps avant de devenir aussi simple
« qu'elle l'est aujourd'hui. C'est le sort des usages
« établis, de subsister encore après que les be-

« soins qui les ont fait naître ont cessé. Si je disais
« que la prosodie des Grecs et des Romains par-
« ticipait encore du chant, on aurait peut-être de
« la peine à deviner sur quoi j'appuierais une pa-
« reille conjecture : les raisons m'en paraissent
« pourtant simples, et convaincantes. »

Elles le paraissent en effet, et nous allons voir qu'à partir de ce point, il va bien plus loin, et subordonne au même principe l'origine de tous les arts d'imitation, le caractère qu'ils ont eu chez les anciens, et les changements qu'il ont éprouvés chez les modernes. C'est ouvrir une vaste route, et pourtant il ne s'y égare pas : il faut l'y suivre.

De l'articulation extrêmement marquée des premiers langages, et de l'expression violente des gestes qui l'accompagnaient, Condillac fait naître la musique et la danse. La prosodie, très-ressentie, devint une espèce de rhythme, et conduisit peu-à-peu jusqu'au chant. On s'aperçut de quelque agrément dans la progression et le retour des sons : le hasard découvrit les premiers rapports harmoniques ; et les hommes, accoutumés à conformer certains mouvements à certaines inflexions de voix, réglèrent la durée des uns sur la valeur des autres ; et la gesticulation, soumise à une mesure, devint une danse régulière, une pantomime notée par l'oreille, telle qu'on la voit encore chez les peuples sauvages, et particulièrement chez les Nègres. Dès qu'on eut mesuré les sons, ce fut un acheminement à mesurer les paroles qu'on y joignait :

on les assujettit à un mètre résultant d'un certain nombre de syllabes, de leur quantité, de leur disposition, et la phrase métrique eut ses relations avec la phrase musicale : de là les vers, si anciens chez tous les peuples, et remontant jusqu'à la naissance des langues. Le sentiment de l'harmonie, qui avait produit la musique, y fit succéder la poésie, et toutes deux furent long-temps inséparables. Les poèmes de Moïse et d'Homère, les plus anciens que nous connaissions, étaient chantés. Le chant, la poésie, les instruments, la danse, la pantomime, tous ces arts, provenant d'une origine commune, étaient génériquement exprimés chez les Grecs par le mot de musique, μουσική, qui les renfermait tous; et dans leur religion emblématique, les Grecs avaient formé de ces arts les différents départements de leurs muses, dont le nom appartenait à la même étymologie. Il ne faut pas s'étonner s'ils les réunirent tous dans le système de leurs représentations théâtrales, qui fut le dernier terme de leurs progrès. Ces spectacles étant des fêtes publiques et religieuses, ils voulurent y rassembler tous les plaisirs de l'esprit et des sens : il fallait qu'un peuple nombreux y participât, et que, pour cet effet, leurs moyens fussent très différents des nôtres. Ils l'étaient au point que nous avons aujourd'hui beaucoup de peine à les expliquer, et même à en imaginer la possibilité, quoique les faits soient constatés par des témoignages irrécusables. L'abbé de Condillac est, de tous nos écrivains, celui qui en a donné l'explication la plus plausible. Il la trouve dans les rapports que conservait la prononciation des Grecs et des Romains, leurs imitateurs, avec cette prosodie si distincte et si fortement accentuée du premier langage articulé, qui remplaça celui d'action, et avec cette gesticulation non moins caractérisée, qui en était une dépendance. Il s'appuie de faits connus et avoués, dont il tire des conséquences que l'expérience et la réflexion justifient. Cent passages des anciens nous attestent le pouvoir singulier qu'ils attribuaient au nombre et à l'harmonie, non seulement dans la poésie, mais dans l'éloquence. Cicéron, dans la tribune aux harangues, avait derrière lui un joueur de flûte, qui lui donnait, au commencement de son discours et dans les intervalles qu'il prenait, une première intonation : c'était pour lui comme la note fondamentale dont il partait pour s'élever progressivement sur l'échelle diatonique dont sa voix était susceptible, et jusqu'à la dernière octave où il pût parvenir. Ce même Cicéron assure que la versification des meilleurs poëtes lyriques ne paraît qu'une simple prose quand elle n'est pas soutenue par le chant. Aristote dit dans sa *Poétique* qu'il n'est pas possible d'exprimer le charme que la musique ajoute à la poésie dramatique ; il ne conçoit même pas comment l'une pourrait subsister sans l'autre, et là-dessus il s'en rapporte à l'impression commune à tous les spectateurs. Personne n'ignore que chez les Romains la comédie même était notée, et nous voyons encore à la tête de chaque pièce de Térence le nom du musicien qui avait travaillé avec lui. On sait qu'un autre musicien battait la mesure sur le théâtre en frappant du pied, comme nous l'avons vu battre avec un bâton dans l'orchestre de l'opéra; et le comédien était aussi astreint à la mesure que le sont aujourd'hui le chanteur et le danseur : la déclamation des anciens avait donc les deux choses qui caractérisent le chant, c'est-à-dire la modulation et le mouvement. Préoccupés de nos habitudes, qui commandent à nos opinions, nous demandons sans cesse comment il pouvait y avoir, dans ces sortes de représentations, cette espèce d'illusion que nous avons bien de la peine à obtenir par des moyens infiniment plus rapprochés de la nature; et que sera-ce si l'on y ajoute les masques qui détruisaient tout le jeu de la physionomie, et ce partage d'un rôle entre deux acteurs, dont l'un prononçait les vers, et l'autre faisait les gestes? Condillac pense que la différence essentielle dans l'accent prosodique et dans la manière de prononcer peut seule rendre raison de ces procédés et de notre étonnement; que cet étonnement aurait dû être le même chez les Grecs et les Romains, si, dans le langage ordinaire, leur prononciation, très rapprochée du chant, ne les eût disposés d'avance à entendre dans la déclamation théâtrale un chant véritable. Quelques réflexions peuvent rendre cette induction très plausible.

On ne peut nier que tous les étrangers n'aient été souvent frappés de la monotonie de notre parler, et même de notre déclamation ; ils nous trouvent dans l'un et dans l'autre presque dénués d'accent et d'inflexion, et il est sûr qu'à cet égard un Italien, par exemple, est si différent de nous, qu'il nous paraît presque chanter en parlant. Il en est de même du peuple de la plupart de nos provinces, et sur-tout de celles du midi. Au contraire, on a remarqué que la capitale, la cour, les grandes villes, n'avaient pas d'accent. Ne pourait-on pas présumer que cette différence date originairement du temps où Paris et la cour avaient attiré presque toute la noblesse des provinces, et donné le ton à tout ce qui en approchait ? Naturellement l'accent de l'homme est ferme, assuré, expressif, en raison de ce qu'il sent et de ce qu'il se croit permis de produire au-dehors : le respect et la crainte l'atténuent, le modifient, l'abaissent, l'étouffent presque entièrement ; car le respect et la crainte n'ont qu'un accent comme ils n'ont qu'une attitude ; et comme celle-ci ressemble le plus qu'il est possible à l'immobilité, l'autre voudrait ne pas faire plus de bruit que le silence. Ainsi, à mesure que l'on se conforma davantage au ton et aux manières des courtisans, l'on fit consister la politesse dans un parler froid, faible et uniforme, sans inflexion et sans mouvement, et l'habitude de parler bas fut un prétexte de l'usage et une règle de l'éducation. C'était précisément l'opposé dans les anciennes républiques, où les hommes continuellement en présence des autres hommes, une concurrence réciproque, des droits égaux et de nombreuses assemblées, durent conserver à la voix tous les accents de l'ame, et à l'articulation toute sa variété et son énergie. La nécessité de se faire entendre d'un grand nombre dut exagérer tous les moyens du langage, et par conséquent ce qui nous semblerait outré dans nos cercles, dans nos salles de spectacle, dans de petites assemblées, dut paraître naturel dans les comices de Rome et d'Athènes, et dans leurs vastes amphithéâtres; car l'idée que nous avons du naturel, en ce genre, n'est guère que le résultat de nos habitudes. Mais ces habitudes, étant déterminées par les circonstances, sont également conséquentes et raisonnables dans leur diversité; et comme un orateur ou un comédien aurait paru froid chez les anciens, s'il eût parlé à soixante mille personnes comme on ferait parmi nous à douze ou quinze cents, de même nos orateurs et nos comédiens seraient véritablement outrés s'ils employaient sur un petit nombre les moyens d'action qui ne conviennent qu'à une grande multitude. Plus on examinera ceux des anciens, plus on comprendra qu'ils étaient très bien entendus. Nous concevons maintenant pourquoi leur prosodie était infiniment plus forte que la nôtre, et de là il n'y a qu'un pas à faire pour comprendre que, leur principal objet devant être de donner la plus grande valeur possible à la prononciation de chaque syllabe, la mesure, le rhythme, le mètre et même le chant, en un mot, toutes les formes régulières, non seulement concouraient à cet objet, mais devaient y ajouter un agrément réel et un effet sensible. Supposons-nous dans un grand éloignement de celui qui parle, et avec un grand intérêt à l'entendre; alors tout ce qui gravera dans notre oreille le son de ses paroles et les accents qui en expriment l'intention ne pourra que nous satisfaire davantage. L'éloignement effacera par degrés ce qui de près semblerait forcé, et il ne restera que ce qu'il faut pour le rapport de ses organes aux nôtres; et, s'il joint encore à la netteté de la prononciation cette espèce d'arrondissement que le nombre ou le mètre peut donner aux membres de la phrase, et ces chutes harmonieuses qui terminent à la fois la période et la pensée, on sera d'autant plus charmé, que l'effet, venant de plus loin, aura parcouru un plus grand espace sans rien perdre de sa force ni de sa régularité. L'orateur, le poète, le musicien, l'acteur, transportera d'admiration son auditoire; et, à la distance où je les suppose, chacun d'eux rappellera l'idée de ce fameux mécanicien qui, du rivage où il était assis, donnait le mouvement à des machines énormes qui allaient au loin enlever les vaisseaux du milieu des mers.

C'est en combinant ainsi les effets de l'éloignement, les moyens qui les compensaient, et ce que l'harmonie pouvait encore y ajouter, que l'on embrassera tout le système théâtral des anciens. Il fallait bien qu'il eût son illusion comme le nôtre, puisqu'on ne peut douter des impressions de pitié et de terreur qu'il produisait, et notamment du prodigieux succès de la pantomime chez les Romains. Elle naquit de l'usage où l'on était de noter les gestes comme les paroles dans la déclamation; en sorte que l'on aurait sifflé un acteur qui aurait gesticulé hors de mesure, comme celui qui aurait manqué au rhythme ou à la quantité dans la prononciation du vers. Tout était soumis aux mêmes règles : cet assujettissement serait pour nous ridicule et froid : les personnages sont si près de nous, que nous voulons retrouver en eux la vérité du dialogue ordinaire avec la noblesse et les graces d'un langage cadencé. Cet accord est très difficile; c'est le comble de l'art, et c'est ce qui fait que rien n'est si rare aux yeux des connaisseurs qu'un grand acteur tragique. Mais qu'on prenne garde qu'à une certaine distance, gestes, paroles et accent, tout se confondrait, si tout était abandonné à la nature, au lieu que tout devient distinct avec des intervalles bien marqués. Voilà le principe de la méthode antique; l'exécution en était plus fatigante, mais la perfection devait en être moins difficile : il est plus aisé d'obéir en tout à des règles convenues que de diriger soi-même ses tons et ses mouvements, et toujours avec le même succès

La manière dont s'introduisit la pantomime chez les Romains, qui en furent long-temps idolâtres, mérite d'être rapportée. « Le poète Livius « Andronicus, qui jouait dans une de ses pièces,

« s'étant enroué à répéter plusieurs fois des en-
« droits que le peuple avait goûtés, fit trouver
« bon qu'un esclave récitât les vers, tandis qu'il
« ferait lui-même les gestes ; il mit d'autant plus
« de vivacité dans son action, que ses forces n'é-
« taient point partagées ; et son jeu ayant été
« applaudi, cet usage prévalut dans les monolo-
« gues. Il n'y eut que les scènes dialoguées où le
« même comédien continua de se charger de faire
« les gestes et de réciter. L'usage de partager la
« déclamation conduisait à découvrir l'art des
« pantomimes : il ne restait plus qu'un pas à faire :
« il suffisait que l'acteur qui s'était chargé des
« gestes parvînt à y mettre tant d'expression,
« que le rôle de celui qui chantait parût inutile.
« C'est ce qui arriva sous Auguste : bientôt les
« pantomimes exécutèrent des pièces entières.
« Leur art était, par rapport à notre gesticulation,
« ce qu'était, par rapport à notre déclamation,
« le chant des pièces qui se récitaient, c'est-à-dire
« un degré de force et d'expression superflu, et
« même déplacé devant un petit nombre de spec-
« tateurs, mais proportionné à une grande mul-
« titude. C'est ainsi que, par un long circuit, on
« parvint à imaginer, comme une invention nou-
« velle, le langage des gestes, qui avait été le pre-
« mier que les hommes eussent employé.

« On avait fait, long-temps auparavant, des
« recueils de gestes notés, un pour la tragédie,
« un pour la comédie, et un troisième pour une
« espèce de drame qu'on appelait *Satires*. C'est

« là que Pilade et Bathylle, les premiers panto-
« mimes que Rome ait vus, prirent les modèles
« de leur art : il charma les Romains dès sa nais-
« sance, passa dans les provinces les plus éloi-
« gnées, et subsista aussi long-temps que l'em-
« pire. On pleurait à ces représentations : elles
« plaisaient même beaucoup plus que les autres,
« parce que l'imagination est plus vivement affec-
« tée d'un langage qui est tout en action et qu'elle
« a le plaisir de deviner. Enfin la passion pour
« ce genre de spectacle vint au point que, dès
« les premières années du règne de Tibère, le
« sénat fut obligé de faire des réglements pour
« défendre aux sénateurs de fréquenter les écoles
« des pantomimes, et aux chevaliers romains de
« leur faire cortége dans les rues. »

Il semble qu'on ait voulu ressusciter cet art dans nos ballets-pantomimes ; mais, quoiqu'on les voie avec plaisir, je ne crois pas qu'ils puissent jamais avoir la même vogue que la pantomime chez les Romains. Nous sommes peut-être plus sensibles aux jouissances de l'esprit, précisément parce que nous avons des sens moins vifs, et heureusement nous ne sommes pas disposés à sacrifier à des pas de ballet tous les chefs-d'œuvre du génie, qui sont une de nos richesses nationales. Heureusement encore la pantomime n'a pas fait parmi nous assez de progrès pour exprimer tout, comme elle faisait, à ce qu'on prétend, chez les Romains. Notre expérience nous a fait voir qu'il y a des sujets qui s'y refusent, au moins pour nous, et pour cette fois nous ne pouvons expliquer tout ce dont elle était capable autrefois. S'il faut croire ce qu'on en rapporte, il se faisait entre Cicéron et Roscius une espèce de défi qui confondrait, je crois, nos plus habiles pantomimes. L'orateur prononçait une période qu'il venait de composer, et le comédien en rendait le sens par un jeu muet. Cicéron en changeait ensuite les mots ou le tour, de manière que le sens n'en était pas énervé, et Roscius l'exprimait également par de nouveaux gestes. Il y a bien dans Cicéron tel morceau dont je crois la traduction possible en langage d'action, et ce sont, par exemple, tous ceux d'un certain pathétique ; mais comment rendre les phrases de raisonnement ? comment rendre une grande pensée ? Il n'y a point d'art qui n'ait ses bornes naturelles ; et si tous les sujets ne sont pas propres à la poésie, comment le seraient-ils tous à la pantomime ? Nous avons vu le contraire lorsqu'un artiste justement célèbre a tenté de mettre en ballet la tragédie des Horaces. Il suffisait d'en avoir lu les plus belles scènes pour pressentir que Noverre, malgré tout son talent, devait échouer en voulant les traduire en pas et en gestes. Tout le monde les savait par cœur, et personne n'imaginait comment il serait possible d'exprimer en gestes ce vers :

Que vouliez-vous qu'il fît contre trois ? — Qu'il mourût.

La demande et la réponse échappent également

à l'imitation figurée, et celle dont on se servit parut ridicule. Je le répète : il ne faut rien confondre, parce que tout à ses limites. Il y a dans l'intelligence humaine une hauteur de conception et de sentiment qui tient de l'excellence de sa nature, et qui ne peut être rendue par les mouvements muets ; elle ne peut l'être que par cet organe qui lui est particulier, la parole ; et c'était une suite de ces rapports d'harmonie que l'on remarque dans toutes les œuvres de la création, que l'être supérieur aux autres par la pensée eût aussi par-dessus eux le don de la manifester par un instrument qui n'est qu'à lui.

L'abbé de Condillac, suivant de tous côtés les conséquences qui dérivent de ses observations, assigne une des raisons principales de la supériorité de la langue des Grecs, et de l'influence qu'elle avait sur la manière de concevoir et de sentir.

« L'imagination agit bien plus vivement dans
« des hommes qui n'ont point encore l'usage des
« signes d'institution ; par conséquent le langage
« d'action étant immédiatement l'ouvrage de cette
« imagination, il doit avoir plus de feu. En effet,
« pour ceux à qui il est familier, un seul geste
« équivaut souvent à une phrase entière. Par la
« même raison, les langues faites sur le modèle
« de ce langage doivent être les plus vives, et les
« autres doivent perdre de leur vivacité, à pro-
« portion que, s'éloignant davantage de ce mo-
« dèle, elles en conservent moins le caractère.

« Or, la langue grecque se ressentait plus qu'au-
« cune autre des influences du langage d'action,
« comme on le voit par la liberté de ses inver-
« sions, par sa prosodie si richement accentuée,
» et la formation pittoresque de ses mots : cette
« langue était donc très propre à exercer l'ima-
« gination. La nôtre, au contraire, est si simple
« dans sa construction et dans sa prosodie, qu'elle
« ne demande presque que l'exercice de la mé-
« moire. Nous nous contentons, quand nous par-
« lons des choses, d'en rappeler les signes vocaux,
« et nous en réveillons rarement les idées. Ainsi
« l'imagination, moins souvent remuée, devient
« naturellement plus difficile à émouvoir ; nous
« devons donc l'avoir moins vive que les Grecs. »

Il explique d'une manière non moins satisfai-
sante l'ancienneté de la poésie, et le caractère
qu'elle eut dans l'antiquité. « Si, dans l'origine
« des langues, la prosodie approcha du chant,
« le style, afin de copier les images sensibles du
« langage d'action, adopta toutes sortes de figu-
« res et de métaphores, et ce fut une vraie pein-
« ture. Par exemple, pour donner à quelqu'un
« l'idée d'un homme effrayé, on n'avait eu d'a-
« bord d'autre moyen que d'imiter les cris et les
« mouvements de la frayeur. Quand on voulut
« communiquer cette idée par la voie des sons
« articulés, on se servit de toutes les expressions
« qui la présentaient dans le même détail. Un
« seul mot, qui ne peint rien, eût été trop faible
« pour succéder immédiatement au langage d'ac-

« tion. Ce langage était si proportionné à la gros-
« sièreté des esprits, que les sons articulés n'y
« pouvaient suppléer qu'autant qu'on accumulait
« les expressions les unes sur les autres. Le peu
« d'abondance des langues ne permettait pas
« même de parler autrement. Comme elles four-
« nissaient rarement le terme propre, on ne fai-
« sait deviner une pensée qu'à force de répéter
« les idées qui lui ressemblaient davantage. Voilà
« l'origine du pléonasme, défaut qui doit parti-
« culièrement se remarquer dans les langues an-
« ciennes. Les exemples en sont très fréquents
« dans les Psaumes de David, dans les poèmes
« d'Homère, dans ceux de Sadi, dont nous avons
« des traductions littérales : ils le sont beaucoup
« moins dans les poètes latins plus modernes,
« parce que la précision dans les langues est
« l'ouvrage du temps, et demande un grand
« nombre d'expressions abstraites. On ne s'accou-
« tuma que fort lentement à lier à un seul mot
« des idées qui auparavant ne s'exprimaient que
« par des mouvements fort composés, et l'on n'é-
« vita l'expression diffuse que quand les langues,
« devenues plus abondantes, fournirent des termes
« propres et familiers pour toutes les idées dont
« on avait besoin. La précision du style fut connue
« beaucoup plus tôt chez les peuples du Nord;
« par un effet de leur tempérament froid et fleg-
« matique, ils abandonnèrent plus facilement
« tout ce qui se ressentait du langage d'action.
« Ailleurs cette manière de communiquer ses pen-

« sées conserva plus long-temps ses influences.
« Aujourd'hui même, dans les parties méridionales
« de l'Asie, le pléonasme est regardé comme une
« éloquence du discours.

« Le style, dans son origine, a donc été poé-
« tique, puisqu'il a commencé par rendre les idées
« par les images les plus sensibles, et qu'il était
« d'ailleurs extrêmement mesuré. Dans l'usage, il
« se rapprocha insensiblement de la prose; mais
« les auteurs adoptèrent d'abord le langage figuré
« et cadencé, comme le plus vif et le plus propre
« à se graver dans la mémoire, unique moyen
« qu'ils eussent de faire passer leurs ouvrages à
« la postérité, avant l'invention de l'écriture. L'on
« crut pendant long-temps qu'on ne devait com
« poser qu'en vers. Cette opinion était fondée
« sur ce que les vers s'apprennent et se retien-
« nent plus facilement. Elle subsista encore long-
« temps après qu'on eut inventé les caractères
« qui tracent la parole, et ce fut un philosophe,
« Phérécide, de Samos, qui, ne pouvant se plier
« aux règles de la poésie, hasarda le premier
« d'écrire en prose. »

On sait qu'elle réputation se fit Hérodote lorsqu'il lut aux Grecs la première histoire qu'on eût
écrite en prose; et ce qui lui fit tant d'honneur,
c'est l'étonnement où l'on fut que la prose fût
susceptible d'un agrément, d'une élégance, et
d'un nombre qui empêchassent de regretter la
poésie.

Il n'en fut pas de la rime comme de la mesure,

des figures et des métaphores; elle ne doit pas son origine à la naissance et à la formation des langues. Les peuples du Nord, moins vifs et moins sensibles que les autres, ne purent conserver une prosodie aussi mesurée, lorsque la nécessité qui l'avait introduite ne fut plus la même; pour y suppléer, ils furent obligés d'inventer la rime.

Rien n'est plus propre que cette théorie à confirmer l'opinion où l'on est assez généralement, que, dans tous les temps et chez tous les peuples, il y a eu quelque espèce de danse, de musique et de poésie. Les Romains nous apprennent que les Gaulois et les Germains avaient leurs musiciens et leurs poètes, et de nos jours on a observé la même chose des Caraïbes, des Nègres et des Iroquois.

Ainsi, l'on trouve parmi les barbares le germe de ces arts qui font les délices des nations policées, et tout s'est établi dans le monde par une sorte de descendance et de filiation dont il n'appartient qu'à la philosophie observatrice de compter tous les degrés.

C'est à la lumière de cet esprit philosophique que Condillac saisit un rapport entre les premières habitudes des peuples et le génie de leur langue, comme il a démêlé celui des signes, langage primitif de tous les hommes. « Dans le latin, par
« exemple, les termes d'agriculture emportent des
« idées de noblesse qu'ils n'ont point dans le fran-
« çais : la raison en est sensible. Quand les Ro-
« mains jetèrent les fondements de leur empire,

« ils ne connaissaient encore que les arts les plus
« nécessaires. Ils les estimèrent d'autant plus,
« qu'il était également essentiel à chaque membre
« de la république de s'en occuper, et l'on s'ac-
« coutuma de bonne heure à regarder du même
« œil l'agriculture et le général agriculteur. Par-
« là, les termes de cet art s'approprièrent les idées
« accessoires qui les ont ennoblis. Ils les conser-
« vèrent encore quand la république romaine don-
« nait dans le plus grand luxe, parce que le carac-
« tère d'une langue, surtout s'il est fixé par des
« écrivains célèbres, ne change pas aussi facilement
« que les mœurs d'un peuple. Chez nous, les dis-
« positions d'esprit ont été toutes différentes dès
« l'établissement de la monarchie. L'estime des
« Francs pour l'art militaire, auquel ils devaient
« un puissant empire, ne pouvait que leur faire
« mépriser des arts qu'ils n'étaient pas obligés de
« cultiver par eux-mêmes, et dont ils abandon-
« naient le soin à des esclaves. Dès-lors les idées
« accessoires qu'on attache aux termes d'agricul-
« ture durent être bien différentes de celles qu'ils
« avaient dans la langue latine. » Aussi l'excellent
traducteur des Géorgiques n'a-t-il pu faire passer
ces termes qu'à la faveur de ceux dont il savait
les entourer.

Si le génie des langues commence à se former
d'après celui des peuples, il n'achève de se développer que par le secours des grands écrivains.
On a remarqué que les arts et les sciences ne

sont pas également de tous les pays et de tous les siècles, et que les plus grands hommes, dans tous les genres, ont été presque contemporains. On en a souvent cherché la raison ; l'abbé de Condillac nous met sur la voie, et, en appliquant ses principes sur le pouvoir des signes d'institution, nous pourrons résoudre deux questions qui n'ont jamais été bien éclaircies.

La différence des climats a paru d'abord en fournir la solution, mais elle est très insuffisante. Le climat n'influe proprement que sur les organes ; le plus favorable ne peut produire que des machines mieux organisées, et vraisemblablement il en produit en tout temps un nombre à-peu-près égal. Quand le climat serait partout le même, on ne laisserait pas de voir la même variété dans l'esprit des peuples; les uns, comme à présent, seraient éclairés; les autres croupiraient dans l'ignorance, et la distance qui se trouve entre les auciens Grecs et les modernes suffirait pour le prouver. Il faut donc des circonstances qui, appliquant les hommes bien organisés aux choses pour lesquelles ils sont propres, en développent les talents. Le climat n'est donc pas la cause du progrès des arts et des sciences ; il n'y est nécessaire que comme une condition essentielle. Or, ces circonstances favorables au développement des esprits se rencontrent chez une nation, dans le temps où sa langue commence à avoir des principes fixes et un caractère décidé. C'est ce qui est confirmé par l'histoire des arts ; mais on en peut donner une idée tirée de la nature même des choses.

Les premiers tours qui s'introduisent dans une langue ne sont ni les plus clairs, ni les plus précis, ni les plus élégants. Il n'y a qu'une longue expérience qui puisse peu à peu éclairer les hommes dans ce choix. Les langues qui se forment des débris de plusieurs autres rencontrent même de grands obstacles à leurs progrès. En adoptant quelque chose de chacune, elles ne sont qu'un amas bizarre de tours qui ne sont point faits les uns pour les autres. On n'y trouve point cette analogie qui éclaire les écrivains et qui caractérise un idiome. Tel a été le français dans son établissement : c'est pourquoi nous avons été si long-temps sans écrire en langue vulgaire, et ceux qui les premiers en ont fait l'essai n'ont pu donner de caractère soutenu à leur style. Marot lui-même, quoique venu long-temps après, composa dans le même goût et sur le même ton ses poésies chrétiennes et ses épigrammes galantes ou licencieuses.

Si l'on se rappelle que l'exercice de la mémoire et de l'imagination dépend entièrement de la liaison des idées, et que celle-ci ne peut être fortifiée et facilitée que par l'analogie des signes, on reconnaîtra que moins une langue a de tours anologues et réguliers, moins elle prête de secours à la mémoire et à l'imagination; elle est donc peu propre à développer les talents. Il en est des langues, dit l'abbé de Condillac, comme des signes de la géométrie; elles donnent de nouvelles vues et étendent l'esprit à proportion qu'elles sont plus parfaites. Les mots répondent aux signes des géomètres, et la manière de les employer répond aux méthodes du calcul. On doit donc trouver, dans une langue qui manque de mots ou qui n'a pas de constructions assez commodes, les mêmes obstacles qu'on trouvait en géométrie avant l'invention de l'algèbre. Cette comparaison est très juste : les mots sont les matériaux nécessaires, sans lesquels l'édifice ne peut s'élever ; il faut qu'ils soient en assez grand nombre et de la qualité requise. Le français a été pendant long-temps si peu favorable aux progrès de l'esprit, que, si l'on pouvait se représenter Corneille successivement dans les différents âges de la monarchie, on lui trouverait moins de génie à proportion qu'on s'éloignerait davantage du temps où il a vécu, et l'on arriverait enfin, en remontant toujours, jusqu'à un Corneille qui ne pourrait donner aucune preuve de talent.

N'oublions pas que, dans une langue qui ne s'est pas formée des dépouilles de plusieurs autres, les progrès doivent être beaucoup plus prompts, parce qu'elle a dès son origine un caractère ; c'est pourquoi les Grecs ont eu de bonne heure d'excellents écrivains.

Voici maintenant dans leur ordre les causes qui concourent au développement des talents. 1° Le climat est une condition essentielle : hors des zones tempérées aucun art n'a été perfectionné. 2° Il faut que le gouvernement ait pris une forme assez décidée pour fixer le caractère d'une nation.

3º C'est à ce caractère à en donner un au langage, en multipliant les tours qui expriment le goût dominant d'un peuple. 4º Cela doit arriver lentement dans les langues formées de plusieurs autres; mais ces obstacles une fois surmontés, les règles de l'analogie s'établissent, le langage fait des progrès, et ceux du talent viennent à sa suite. Il nous reste à voir pourquoi c'est à peu près à la même époque que paraissent les hommes excellant dans presque tous les genres.

Quand un homme de génie, profitant de tout ce qui l'a précédé, a découvert le caractère d'une langue, il l'exprime vivement et le soutient dans tous ses écrits. Le reste des gens à talent aperçoivent, par son secours, ce qu'ils n'auraient pas pénétré d'eux-mêmes. La langue s'enrichit peu à peu de quantité de nouveaux tours qui, par le rapport qu'ils ont à son caractère, le développent de plus en plus. Alors tout le monde tourne naturellement les yeux sur ceux qui se distinguent: leur goût devient le goût dominant de la nation; chacun apporte dans les matières où il s'applique le discernement qu'il a puisé chez eux; chaque science acquiert les mots qui doivent composer sa langue particulière, et par conséquent l'étude en devient plus facile : tous les arts prennent le caractère qui leur est propre, parce que tous se tiennent par certains principes généraux, mieux connus depuis que les idées se sont multipliées avec les termes, et l'on voit des hommes supérieurs dans chaque partie. C'est ainsi que les grands talents, quels qu'ils soient, ne se rencontrent guère qu'après que le langage a fait des progrès considérables. Cela est si vrai, que, quoique les circonstances favorables à l'art militaire et à la politique soient les plus fréquentes, les grands généraux et les grands hommes d'état appartiennent cependant, comme on le voit dans l'histoire, au siècle des grands écrivains. Telle est l'influence des lettres, dont peut-être on n'a pas senti toute l'étendue.

Mais si les talents doivent leur accroissement aux progrès sensibles que le langage a faits avec le temps, le langage doit à son tour à ces mêmes talents de nouveaux progrès qui l'élèvent à la perfection. Quoique les grands hommes tiennent par quelque endroit au caractère de leur nation, ils en ont toujours un qui leur est propre; et, pour exprimer leur manière de voir et de sentir, ils sont obligés d'imaginer de nouveaux tours dans les règles de l'analogie, ou du moins en s'en écartant aussi peu qu'il est possible. Par-là, ils se conforment au génie de leur langue, et lui prêtent en même temps le leur. Condillac fait à ce sujet un aveu remarquable dans la bouche d'un philosophe. Il convient que c'est aux poètes que nous avons les premières et peut-être aussi les plus grandes obligations. Assujettis à des règles qui les gênent, leur imagination fait de plus grands efforts, et produit nécessairement de nouveaux tours. Aussi les progrès subits du langage sont-ils toujours l'époque de quelque grand poète, témoin celle de Malherbe et de Corneille. Les philosophes n'achèvent que long-temps après de donner à la langue ce qui peut lui manquer encore, comme l'exactitude, la netteté, la finesse et la délicatesse des nuances, enfin tout ce qui est propre au raisonnement et à l'analyse.

L'auteur ajoute : « De tous les écrivains, c'est « chez les poètes que le génie d'une langue s'ex- « prime le plus vivement : de là la difficulté de les « traduire. Elle est telle, qu'avec du talent il serait « plus aisé de les surpasser souvent que de les « égaler toujours. »

Je me suis étendu sur cette théorie des signes et de leur influence sur les arts, non seulement parce qu'elle forme un ensemble complet aussi attachant qu'instructif, mais encore parce qu'elle pouvait servir à tempérer l'austérité des matières métaphysiques. Il faut pourtant y revenir encore un moment pour achever tout ce qui regarde les obligations que nous avons à l'organe de la parole et à la multiplicité des signes de convention. Condillac a mis dans le plus grand jour cette vérité essentielle par ses conséquences ; car toutes les connaissances réfléchies étant formées d'idées complexes, il prouve très bien que, sans les signes artificiels, il nous eût été extrêmement difficile ou même presque impossible d'aller au-delà des idées simples, et par conséquent d'acquérir aucune science.

« L'esprit est si borné, qu'il ne peut pas se re- « tracer une grande quantité d'idées pour en faire

« tout à la fois le sujet de la réflexion. Cependant
« il est souvent nécessaire qu'il en considère plu-
« sieurs ensemble : c'est ce qu'il ne fait qu'avec
« le secours des signes, qui, en les réunissant,
« les lui font envisager comme si elles n'étaient
« qu'une seule idée. Il y a deux cas où nous ras-
« semblons des idées simples sous un seul signe :
« nous le faisons sur des modèles ou sans mo-
« dèles. »

Je trouve un corps, et je vois qu'il est étendu, figuré, divisible, solide, dur, capable de mouvement et de repos, jaune, fusible, ductile, malléable, fort, pesant, etc. Il est certain que, si je ne puis pas donner tout à la fois à quelqu'un une idée de toutes ces qualités réunies, je ne saurais non plus me les rappeler à moi-même qu'en les faisant passer en revue devant mon esprit. Mais si, ne pouvant les embrasser toutes ensemble, je ne voulais penser qu'à une seule, par exemple à sa couleur, une idée aussi incomplète me serait inutile, et me ferait souvent confondre ce corps avec ceux qui lui ressemblent par cet endroit. Pour sortir de cet embarras, j'invente le mot *or*, et je m'accoutume à lui attacher toutes les idées dont j'ai fait le dénombrement. Quand par la suite je penserai à la notion de l'*or*, je me rappellerai avec ce son *or* le souvenir d'y avoir lié une certaine quantité d'*idées* simples que je ne puis réveiller toutes à la fois, mais que j'ai vues coexister dans un même sujet, et que je me retracerai les unes après les autres dès que je le voudrai.

Nous ne pouvons donc réfléchir sur les substances qu'autant que nous avons des signes qui déterminent le nombre et la variété des propriétés que nous y avons remarquées, et que nous voulons réunir dans des idées complexes, comme elles le sont hors de nous dans des sujets simples. Qu'on oublie pour un moment tous ces signes, et qu'on essaie d'en rappeler les idées ; on verra que les mots sont d'une si grande nécessité, qu'ils tiennent, pour ainsi dire, dans notre esprit la place que les objets occupent au dehors : comme les qualités des choses ne coexisteraient pas hors de nous sans des sujets où elles se réunissent, de même leurs idées ne coexisteraient pas dans notre esprit sans des signes où elles se réunissent également.

La nécessité des signes est encore bien plus sensible dans les idées complexes que nous formons sans modèles, et qu'on appelle *archétypes* ou *originales*, comme la *bonté*, la *vertu*, le *vice*, etc., parce qu'elles se forment de plusieurs idées réunies dont nous composons comme un modèle intellectuel qui n'existe en effet nulle part, mais auquel nous rapportons toutes les qualités que nous avons remarquées dans les individus. Or, qui est-ce qui fixerait dans notre esprit ces sortes de collections mentales, si nous ne les attachions à des mots qui sont comme des liens qui les empêchent de s'échapper ? Si vous croyez que les noms vous soient inutiles, arrachez-les de votre mémoire, et essayez de réfléchir sur les lois civiles et morales, sur les vertus et les vices, enfin sur toutes les actions humaines, et vous reconnaîtrez votre erreur. Vous avouerez que, si, à chaque combinaison que vous faites, vous n'avez pas des signes pour déterminer le nombre d'idées simples que vous avez voulu recueillir, à peine aurez-vous fait un pas, que vous n'apercevrez plus qu'un chaos. Vous serez dans le même embarras qui celui qui voudrait calculer en disant plusieurs fois *un*, *un*, *un*, etc., et qui ne voudrait pas imaginer des signes pour chaque collection d'unités : cet homme ne se ferait jamais l'idée d'une vingtaine, parce que rien ne pourrait l'assurer qu'il en aurait exactement répété toutes les unités.

Il est facile à chacun de faire l'épreuve de cette dernière observation, que l'abbé de Condillac a empruntée de Locke ; elle est si frappante d'évidence, qu'elle fera comprendre sur-le-champ que sans les signes numériques aucune science de calcul n'eût existé. Faute de ces signes, la plupart des sauvages ne pouvaient pas compter jusqu'à dix : plusieurs n'allaient pas au-delà de trois ; et comme la parité est exacte entre les chiffres et les mots considérés comme signes, vous direz avec l'abbé de Condillac: « Combien les ressorts de nos « connaissances sont simples et admirables ! » Voilà l'ame de l'homme avec des sensations et des opérations ! Comment disposera-t-il de ces facultés, des gestes, des sons, des chiffres, des lettres? C'est avec ces instruments, par eux-mêmes si étrangers à nos idées, que nous les mettons en œuvre pour nous élever aux connaissances les plus sublimes, c'est de là qu'il faut partir pour arriver aux Homère, aux Newton, aux Cicéron, aux Montesquieu. Daignez, Messieurs, vous rappeler cette métaphysique si simple et si lumineuse, lorsque incessamment vous entendrez Helvétius attribuer toute la perfectibilité de l'homme à la conformation de ses mains ; et vous jugerez ce qu'il faut penser de sa philosophie, comparée à celle de Locke et de Condillac.

Mais, en tout, le mal est près du bien, et ces mêmes abstractions qui nous étaient si nécessaires pour unir tour à tour et séparer nos idées, les philosophes en ont abusé à l'excès pour réaliser des fantômes, et tirer des conséquences très fausses de principes imaginaires. Condillac, à la fin de son ouvrage, fait voir le vice et le danger de cette méthode; mais il crut la matière assez importante pour en faire le sujet d'un ouvrage particulier, et c'est celui de son *Traité des Systèmes*. Il en distingue de trois sortes : les principes abstraits ou généralités métaphysiques, que l'ancienne école appelait *universaux*; les hypothèses ou suppositions d'un fait donné, par lequel on prétend expliquer tous les autres; enfin les théories fondées sur une suite d'observations constatées, et cette dernière espèce est la seule bonne. C'est celle qu'ont adoptée Newton et Locke, celui-ci dans la méthaphysique, celui-là dans la physique; et c'est à elle seule que nous devons, dans l'une et dans l'autre, nos connaissances réelles. Condillac détruit par les fondements les deux autres sortes de systèmes. Il montre l'inconséquence d'établir d'abord des axiomes pour y ramener les faits particuliers ; ce qui contredit la marche naturelle de l'esprit et la vraie méthode de la science, qui consiste à observer des faits pour remonter du particulier au général, et chercher par l'analogie l'explication des phénomènes. Il est constant d'ailleurs que ces axiomes n'apprennent rien par eux-mêmes, puisqu'ils ne peuvent tirer leur force que de l'examen des faits. L'auteur passe en revue les systèmes abstraits qui ont fait le plus de bruit, les idées innées de Descartes, la vision en Dieu de Mallebranche, les monades et l'harmonie préétablie de Leibnitz, et la substance universelle de Spinosa. Il fait disparaître aux clartés de sa logique tous ces fantômes long-temps renommés, mais déja fort décrédités avant lui; il les anéantit entièrement. A l'égard des hypothèses qui ont égaré tant de physiciens depuis Aristote jusqu'aux commentateurs de Descartes, il n'y avait guère que celle des tourbillons qui eût encore quelques partisans dans les écoles lorsque Condillac écrivait. Il ne blâme pas l'usage des hypothèses en astronomie, lorsqu'elles sont fondées sur un grand nombre de faits connus, et que l'on ne fait que supposer une direction qui s'y rapporte, et qui peut conduire avec vraisemblance à quelque théorie, d'où l'on part pour aller plus loin en suivant toujours l'analogie. Partout ailleurs il les regarde comme dangereuses et capables d'ouvrir une source d'erreurs, pour peu que l'on en vienne, comme il arrive trop souvent, à regarder comme démontré ce qui n'était qu'hypothétique.

Le *Traité des Sensations* est l'ouvrage qui a fait le plus d'honneur à l'abbé de Condillac. L'idée en est aussi agréable qu'ingénieuse. Il suppose une statue qu'il organise par degrés, en lui donnant successivement l'usage d'un sens, puis d'un autre, etc. Il rend ainsi palpable, pour ainsi dire, cette vérité, qui est le fondement du livre de Locke, que toutes nos idées sont originairement de sensations. Il fait voir qu'il est impossible que la statue ait d'autres idées que celles qu'elle acquiert tour à tour avec chacun des sens qui les lui fournissent; et le dernier qu'il lui donne, le plus sûr, le plus essentiel de tous, et, si l'on peut parler ainsi, le maître de tous les autres, c'est le toucher, qui rectifie peu à peu toutes les erreurs qui sans lui se mêlent à leurs impressions. Ce livre est un traité de métaphysique expérimentale. L'auteur reconnaît que l'idée de décomposer un homme et de l'examiner ainsi par degrés lui avait été suggérée par mademoiselle Ferrand, son amie. On voit, dans les lettres de Voltaire, qu'elle était fort connue par son esprit; et cette sorte d'obligation peu commune que lui avait l'abbé de Condillac prouve qu'elle méritait sa réputation; comme la dédicace du philosophe, l'aveu qu'elle contient, et la reconnaissance qu'elle exprime, prouvent qu'il méritait une telle amie.

L'envie ne voulut pas apparemment que la gloire de Condillac eût une source si pure. On prétendit qu'il avait pris le dessein et l'idée de son livre dans l'*Histoire naturelle*, où Buffon, d'après Locke et Barclay, avait fait valoir les services que le sens du tact rend aux autres sens. Condillac, plus piqué peut-être de cette injuste imputation qu'il ne convenait à un philosophe, ne crut pas pouvoir mieux la détruire qu'en donnant pour suite à son *Traité des Sensations* celui *des Animaux*, où il relève les erreurs métaphysiques et même physiques de Buffon, qui s'était extrêmement rapproché du système cartésien sur l'ame des bêtes. C'était montrer bien clairement combien les principes du *Traité des Sensations* étaient loin de devoir quelque chose à ceux de l'*Histoire naturelle*, puisqu'il y avait entre eux la même opposition qu'entre Locke et Descartes. Condillac avait d'ailleurs, dans son nouvel écrit, moitié polémique, moitié philosophique, tout l'avantage que le raisonnement peut avoir dans les matières spéculatives sur l'imagination; celle de Buffon, qui en fit un si grand peintre de la nature et des animaux, en avait fait trop souvent un métaphysicien trop chimérique. Le sévère raisonneur Condillac ne fait point grace à l'un en faveur de l'autre; il use un peu durement de la victoire et mêle l'amertume de l'ironie à la force des arguments. On voit qu'il était irrité du reproche de plagiat. Il aurait peut-être eu moins d'humeur, s'il eût considéré que Buffon pouvait n'y avoir aucune part, et que probablement il ne fallait l'attribuer qu'au zèle mal entendu des enthousiastes ou à la malignité des envieux. Quoi qu'il en soit, s'ils réussirent à éloigner l'un de l'autre deux hommes supérieurs chacun dans leur genre, cette division, qui n'eut pas d'autre suite, eut un avantage que n'ont pas souvent les querelles littéraires ; elle tourna au profit du public, qui s'instruisit dans le livre de Condillac, sans cesser de se plaire à la lecture de Buffon, et vit détruire par la raison des erreurs que l'éloquence pouvait rendre contagieuses.

Enfin Condillac rassembla tous les résultats de ses travaux et toute la substance de sa philosophie dans un *Cours d'Études*, composé pour l'éducation de l'infant de Parme, près de qui sa célébrité l'avait fait appeler. Nous n'avons point de meilleur livre élémentaire; mais son plan d'institution générale n'est pas, à beaucoup près, aussi parfait; il tient trop à des moyens et à des procédés qui ne sont pas à l'usage de tout le monde. Le précepteur du prince veut, par exemple, conduire la première instruction de son élève par la route que les premiers hommes ont dû suivre. Il fait dépendre ses premières études des premiers besoins ; et, pour lui faire connaître l'importance de l'agriculture, il l'occupe à défricher et à cultiver un petit terrain voisin de son appartement. L'enfant se familiarise ainsi avec les idées physiques qui ont dû être les premières chez tous les peuples. Cette méthode, pour être bonne, n'est pas à la portée de toutes les conditions. Ce qui est d'une utilité générale, c'est le principe trop méconnu, et que le sage instituteur pose pour base de toute sa conduite, que les enfants sont beaucoup plus capables de raisonnement qu'on ne le croit d'ordinaire, pourvu qu'on ne les fasse raisonner que selon les forces de leur esprit. Un moyen de le rendre juste autant que la nature le permet, c'est de graduer leurs idées et leurs connaissances de manière que la plus simple, la plus claire et la plus facile conduise à celle qui l'est moins, et ainsi de suite, et qu'on ne leur mette jamais rien dans la tête dont il ne puissent eux-mêmes se rendre compte. Ainsi, pour commencer par la grammaire, Condillac apprend à son disciple ce que la logique des langues a de plus intelligible, et ce qu'elle a de commun avec les premières notions métaphysiques, qui, débarrassées de l'ancien langage des écoles, sont, suivant l'auteur, accessibles à l'intelligence d'un enfant de sept ou huit ans, que l'on a rendu capable de quelque attention. Après qu'on lui a fait comprendre de quelle manière notre esprit acquiert des idées, et comment nous les exprimons par des mots, il n'est plus effrayé de ces expressions abstraites d'adjectif et de substantif, de genre, de nombre et de cas; il est aisé de lui en rendre l'acception aussi familière que celle des termes les plus communs, et alors il peut suivre sans beaucoup de peine les procédés du langage, qu'autrement il ne peut retenir que par une longue et machinale répétition des mêmes leçons, qui chargent d'autant plus sa mémoire, que son esprit ne les comprend pas. Cependant j'observerai que, pour se proportionner à la portée du plus grand nombre, il vaut mieux ne commencer l'étude raisonnée des langues anciennes qu'à l'âge de onze ou douze ans, et après un examen préalable, qui en exclurait ceux qui n'ont aucune disposition à ce genre de connaissances; et il est prouvé que c'est le plus grand nombre.

La grammaire est l'art de parler, et Condillac veut que son élève, avant d'apprendre cet art, ait déja parlé de beaucoup de choses: il en sentira mieux l'objet et l'utilité de la grammaire, qui règle les opérations du langage et ses rapports avec la pensée; et ces vues de Condillac rentrent dans celles que je viens d'énoncer, et sont une raison de plus pour ne pas appliquer les enfants à la grammaire d'aussi bonne heure qu'il le propose.

De *l'Art de parler* il passe à *l'Art d'écrire*, et fait un traité de l'élocution à la portée de son élève, d'autant plus que la lecture des poètes et de quelques bons prosateurs l'a mis en état de rapprocher les principes des exemples. Ce traité est en général propre à former le goût. Cependant, sur l'article de la poésie, l'auteur n'a pu se garantir d'un travers trop ordinaire, celui d'étendre sur un art d'imagination la rigueur des analyses philosophiques; ce qui est une espèce d'inconséquence dont un esprit aussi sage que le sien aurait dû se préserver, car deux choses si différentes ne sauraient avoir une mesure commune. Sans doute les premiers principes du style en tout genre sont fondés sur la raison; mais tout art a des convenances relatives que cette raison même approuve et peut expliquer, et qui ne peuvent guère être bien connues que de ceux qui ont manié l'instrument. Si Condillac eût fait cette réflexion, il n'eût pas hasardé une foule de critiques sur les vers de Despréaux, où il ne prouve rien, si ce n'est qu'un homme qui n'est que philosophe n'est pas un juge compétent en poésie. Cependant ces erreurs de détail n'empêchent pas que le bon esprit de l'auteur ne se fasse sentir dans les aperçus généraux. Peut-on, par exemple, saisir mieux le rapport du physique au moral, que dans ce qu'il dit des comparaisons et des figures ?

« Les rayons de lumière tombent sur les corps,
« et réfléchissent les uns sur les autres. Par-là les
« objets se renvoient mutuellement leurs cou-
« leurs. Il n'en est point qui n'emprunte des
« nuances ; il n'en est point qui n'en prête ; et
« aucun d'eux, lorsqu'ils sont réunis, n'a exac-
« tement la couleur qui lui serait propre, s'ils
« étaient séparés. De ces reflets naît cette dégra-
« dation de lumière qui, d'un objet à l'autre,
« conduit la vue par des passages imperceptibles.
« Les couleurs se mêlent sans se confondre ; elles
« contrastent sans dureté ; elles s'adoucissent mu-
« tuellement, elles se donnent mutuellement de
« l'éclat, et tout s'embellit : l'art du peintre est
« de copier cette harmonie.

« C'est ainsi que nos pensées s'embellissent
« mutuellement : aucune n'est par elle-même ce
« qu'elle est avec le secours de celles qui la pré-

« cèdent et qui la suivent. Il y a, en quelque sorte
« entre elles des reflets qui portent des nuances
« de l'une sur l'autre, et chacune doit à celles qui
« l'approchent tout le charme de son coloris.
« L'art de l'écrivain est de saisir cette harmonie :
« il faut qu'on aperçoive dans son style ce ton
« qui plaît dans un beau tableau. Les périphrases,
« les comparaisons et en général toutes les fi-
« gures sont très propres à cet effet ; mais il faut
« un grand discernement. Quels que soient les
« tours dont on fait usage, la liaison des idées
« doit toujours être la même ; cette liaison est
« la lumière dont les reflets doivent tout em-
« bellir... La beauté d'une comparaison dépend
« de la vivacité dont elle peint : c'est un tableau
« dont l'ensemble veut être saisi d'un coup d'œil
« et sans effort. Il faut donc qu'un écrivain aper-
« çoive toujours en même temps les deux termes
« qu'il rapproche ; car il ne suffit pas de dire
« ce qui convient à chacun séparément, il doit
« dire ce qui convient à tous deux à la fois ; en-
« core même ne s'arrêtera-t-il pas sur toutes les
« qualités qui appartiennent également à l'un et
« à l'autre ; il se bornera au contraire à celles qui
« se rapportent au but dans lequel il les envisage. »

Ce morceau est plein de grace comme de justesse. Quintilien ne l'eût pas mieux fait.

A *l'Art d'écrire* succède, dans le *Cours d'Études*, *l'Art de raisonner*. Il semblerait d'abord
que ce dernier, qui doit faire partie de l'autre,
et même en être le fondement, dût être placé

auparavant. Mais il s'agit ici du raisonnement philosophique, des moyens de certitude dont nos diverses connaissances sont susceptibles ; et l'auteur a suivi la marche de l'esprit humain, qui a manifesté ses pensées et ses sentiments en vers et en prose avant de réduire ses procédés en un système méthodique. Condillac fait entrer dans son *Art de raisonner* des éléments de mathématiques et d'astronomie, si propres à exercer et fortifier l'entendement, et à l'accoutumer à la netteté des vues et aux moyens de démonstration. Enfin, dans son dernier Traité philosophique, intitulé *l'Art de penser*, il conduit son élève aux plus sublimes spéculations de cette métaphysique dont il avait commencé par lui expliquer les premières notions. Il finit par ouvrir devant lui le grand théâtre de l'histoire, la meilleure école des princes, et même de tout homme qui réfléchit sur les droits et les intérêts du genre humain. Condillac n'est point un historien éloquent ; c'est un sage qui cherche à convertir le récit des faits en résultats moraux pour l'instruction de son élève, et qui, s'appliquant surtout à lui montrer la connexion des causes et des effets, le met à portée de comprendre ce qui, dans tous les temps, peut faire le bonheur ou le malheur des nations. Il ne perd jamais de vue son but principal, de prémunir le jeune prince contre la flatterie, l'erreur et le préjugé ; et à cet égard encore, il soutient dignement son caractère de philosophe et d'instituteur.

Le style de Condillac est clair et pur comme ses conceptions : c'est en général l'esprit le plus juste et le plus lumineux qui ait contribué, dans ce siècle, aux progrès de la bonne philosophie.

CHAPITRE II.

Moralistes et Économistes.

SECTION PREMIÈRE.

VAUVENARGUES.

Si l'on ne veut pas être trop sévère sur les productions de cet écrivain, qui, avec un assez petit volume, s'est fait un nom dans la philosophie, il faut d'abord se souvenir que la seule partie de ce volume qui soit proprement un ouvrage, la seule qu'il ait finie, c'est le recueil intitulé *Réflexions et Maximes*, qui suffirait pour lui donner un rang parmi les bons moralistes. Le reste du livre, qui a pour titre *Introduction à la connaissance de l'esprit humain*, n'offre que des fragments de différents genres, qui étaient des matériaux d'un grand ouvrage que les maladies continuelles de l'auteur, suivies d'une mort prématurée, ne lui permirent pas d'achever. Déja même il la voyait approcher quand il se résolut à imprimer ces diverses esquisses, dont il n'espérait plus de pouvoir faire un tout. Il s'était proposé de former un système complet de tout ce qui constitue le moral de l'homme, et d'en établir la certitude en liant les conséquences aux principes, et les faits à la théorie. Il voulait se rendre compte à lui-même de cette certitude, pour l'opposer au scepticisme, c'est-à-dire qu'il avait entrepris pour la morale ce que Pascal avait entrepris pour la religion; et il paraît que Vauvenargues, quoique bien loin du génie de Pascal, avait assez de bon esprit pour venir à bout de son entreprise. Il se proposait de parcourir *toutes les qualités de l'esprit, toutes les passions, toutes les vertus et tous les vices;* et il indique les résultats généraux qu'il en aurait tirés, dans ces termes de sa préface : « Les devoirs des hommes « rassemblés en société, voilà la morale; les in-« térêts réciproques de ces sociétés, voilà la poli-« tique; leurs obligations envers Dieu, voilà la « religion. » C'est ainsi que s'explique, au commencement de son livre, cet homme que l'on a voulu placer, comme nous le verrons bientôt, parmi les *philosophes* de l'irréligion. Ici, j'observerai seulement que la division précitée n'est ni exacte ni complète, et que, pour exécuter un plan tel que celui de Vauvenargues, plan fort beau, et qui est encore à remplir, puisque personne, que je sache, ne l'a traité que partiellement, il faudrait, je crois, procéder ainsi : « Les « devoirs de l'homme envers ses semblables, de-« voirs fondés sur la loi naturelle, qui vient de « Dieu et réside dans la conscience, voilà la mo-« rale; la réciprocité des besoins et des intérêts, « soumise à ces mêmes devoirs, voilà la société; « la concurrence des besoins et des intérêts, di-« rigée vers le bien général, voilà la législation;

« les obligations des hommes envers un Dieu
« leur auteur commun, obligations dont la loi
« naturelle est le premier fondement, et dont la
« loi révélée est le complément nécessaire et la
« sanction infaillible, voilà la religion. » Avec cette
méthode, Dieu présiderait à tout comme principe
et comme fin (*principium et finis*); et si les
païens eux-mêmes ont senti, à la révélation près
qu'ils n'ont pas connue, que cet ordre d'ailleurs
était l'ordre essentiel; s'ils l'ont observé dans
leurs traités sur la morale et les lois (1), des
chrétiens, qui en savent bien davantage, seraient-
ils excusables d'y manquer ? A l'égard de cette
partie de la politique qui n'est que la balance des
intérêts respectifs de ces grandes sociétés appelées nations, elle n'entre point dans ce plan, et
l'on ne voit pas trop pourquoi elle est nommée
dans celui de Vauvenargues, du moins n'en est-
il nullement question dans aucun endroit de son
livre.

La partie la plus faible chez l'auteur, c'est la
metaphysique, qui occupait naturellement une
place dans ses premiers chapitres, où il traite
des facultés de l'esprit. Le peu qu'il en dit est
inexact, vague et confus. « Il y a *trois principes*
« remarquables dans l'esprit : l'imagination, la
« réflexion et la mémoire. » Vauvenargues aurait
dû savoir que ce sont là trois qualités, trois modes, trois puissances de la substance pensante,

---

(1) Voyez Platon, Aristote, Cicéron, etc.

et non pas *trois principes*. « J'appelle imagination « le don de concevoir les choses d'une manière « figurée. » Oui, dans le style ; mais l'imagination en elle-même est la disposition à se représenter les objets éloignés ou possibles aussi vivement que s'ils étaient prochains et réels. Vous trouvez dans cette définition l'idée et la cause des avantages et des abus de l'imagination. L'auteur ajoute : « L'imagination parle toujours à nos sens. » Non ; il ne dit pas ce qu'il devait, et probablement ce qu'il voulait dire. L'imagination émeut notre ame comme si nos sens étaient affectés ; et c'est ainsi que nous parlons alors à l'imagination des autres, et que nous lui offrons des images vives de ce que la nôtre a vivement conçu ; et c'est sous ce rapport qu'il a raison de dire ensuite que « l'imagination est l'inventrice des « beaux-arts et l'ornement de l'esprit. »

« La pénétration est une facilité à concevoir, « à remonter aux principes des choses, ou à pré- « venir leurs effets par une vive suite d'induc- « tions. » Toute cette définition est défectueuse, et ce n'est pas la seule de ce genre dans le livre. La *facilité à concevoir* est le caractère général de tous ceux qui ont ce qu'on appelle de l'intelligence ; c'est la première condition pour n'être pas sans esprit, pour être capable d'étude. La *pénétration* est un don particulier, celui de concevoir ce qui est d'une conception difficile, de voir dans les choses ce que peu de gens peuvent y voir, de voir plus vite, plus juste et plus loin. *Remonter aux principes* n'est pas proprement de la *pénétration*; c'est de l'étendue d'esprit. *Prévenir les effets* est proprement de la *pénétration* politique, et l'auteur considère ici la *pénétration* en général; mais deviner les effets par la cause est réellement de la *pénétration* en tout genre de connaissances. Ce soldat qui, les bras croisés, disait à Turenne, *Mon général, nous ne resterons pas ici*, était pénétrant; il jugeait l'espèce de faute qu'un bon général ne pouvait pas faire, et l'ordre même de se retrancher ne lui en imposa pas.

Dans le chapitre qui suit, et qui est un des meilleurs, voici qui est excellent. « La netteté
« est l'ornement de la justesse; mais elle n'en est
« pas inséparable. Ceux qui ont l'esprit net ne
« l'ont pas toujours juste. Il y a des hommes qui
« conçoivent très distinctement, et qui ne rai-
« sonnent pas conséquemment. Leur esprit, trop
« faible ou trop prompt, ne peut suivre la liaison
« des choses, et laisse échapper leurs rapports.
« Ils ne peuvent rassembler beaucoup de vues,
« et attribuent quelquefois à tout un objet ce
« qui n'appartient qu'au peu qu'ils en aperçoi-
« vent. La netteté même de leurs idées empêche
« qu'ils ne s'en défient. Eux-mêmes se laissent
« éblouir par l'éclat des images qui les préoc-
« cupent, et la lumière de leurs expressions les
« attache à l'erreur de leurs pensées. » Il semble que cette dernière phrase ait été écrite pour

Mallebranche : elle lui est du moins parfaitement applicable. Avec des aperçus faux, il a toujours les exposés les plus lumineux.

« La profondeur est le terme de la réflexion. » Cette pensée est obscure et louche, pour vouloir être trop concise. Il semblerait ici que la profondeur bornât la réflexion, et l'auteur veut dire que l'esprit profond est la perfection de l'esprit réfléchi.

« Nous avons confondu la délicatesse et la fi-
« nesse, qui est une sorte de sagacité sur les
« choses de sentiment. » N'est-ce pas l'auteur lui-même qui confond ? la délicatesse est-elle autre chose qu'une sorte de finesse appliquée aux choses de sentiment ? C'est un mode particulier d'une qualité générale ; et l'on peut ajouter que ce qui est trop fin devient subtil, et que ce qui est trop délicat devient affecté et précieux. Tout ce que l'auteur dit ailleurs, dans les différents chapitres qui ont donné lieu à ces observations, me semble bien vu et bien rendu. J'en dis autant des suivants, et surtout de celui qui traite *des saillies*. Tout ce qui regarde l'esprit des conversations, et ce que l'on appelle le ton du monde, est d'un homme qui l'a bien connu.

Il y a quelque chose à desirer dans les notions que l'auteur donne sur le goût. Je ne le blâmerai pas d'avoir dit : « Il faut avoir de l'ame pour
« avoir du goût. » Quelques exceptions ne détruisent pas ce qui est généralement vrai. Mais quand il dit, « Tout ce qui n'est qu'ingénieux

« est contre les règles du goût », il va beaucoup trop loin. La restriction était ici indispensable : tout ce qui n'est qu'ingénieux là où il faut plus que de l'esprit, ou autre chose que de l'esprit, est contraire au goût. Dans tout autre cas (et il y en a beaucoup), la maxime de l'auteur n'est nullement vraie.

Dans le chapitre *sur l'éloquence*, où les différents caractères du style sont en général assez bien marqués, il est dit que « la noblesse a un « air aisé, simple, précis, naturel. » Je conçois que tout cela puisse ou doive entrer, selon l'occasion ou la convenance, dans un style qui a de la noblesse ; mais ce qui la caractérise elle-même, c'est une expression qui n'est jamais ni commune ni recherchée.

Au commencement du second livre, qui roule *sur les passions*, s'offrent encore quelques inexactitudes dans le langage philosophique. « Il n'y a « que deux *organes* de nos biens et de nos maux, « les sens et la réflexion. » D'abord il fallait dire, les sens et la pensée ; et de plus, la pensée, non plus que la réflexion, n'est en aucun sens un *organe*. Nous souffrons physiquement par les sens, et moralement par l'ame ; ou, en d'autres termes, les sens sont le siége de la douleur physique, et l'ame le siége de la douleur morale. Ce sont là de ces choses qu'il ne faut pas vouloir dire autrement qu'elles n'ont été dites, dès qu'on écrit en philosophe, et non pas en orateur.

« Les impressions qui viennent par les sens sont

« immédiates. » Point du tout, puisqu'elles ne viennent à l'ame que médiatement, c'est-à-dire par l'entremise des sens. Les objets agissent immédiatement sur les sens, et médiatement sur l'ame. C'est ce que l'auteur a confondu, non pas dans l'intention, puisqu'il n'est rien moins que matérialiste, mais seulement dans les termes, dont l'acception métaphysique ne lui était pas assez familière. Il avait plus d'esprit et de talent que d'étude et d'instruction, comme cela est très convenable dans un homme de son état (1). On s'en aperçoit dans ce chapitre, où il y a de la confusion dans les mots, quoique le fond des choses soit bon.

Le titre seul du chapitre de *l'amour-propre* et de *l'amour de nous-mêmes* suffirait pour prouver que Vauvenargues a su distinguer ce qu'Helvétius a confondu; erreur grave, qui ne saurait tomber dans un bon esprit, et qui a mal servi les matérialistes de nos jours, au point de montrer autant de mauvaise intention que de mauvais sens. Vauvenargues, qui savait très bien que *l'amour-propre*, qui est vicieux, n'est que l'excès et l'abus de *l'amour de soi*, qui est légitime, s'est conformé partout à ces deux acceptions, très différentes, que le langage usuel (1) a données à ces deux

---

(1) Il était militaire, et servait dans le régiment du Roi à la fameuse retraite de Prague : il y souffrit au point d'y contracter des infirmités qui le conduisirent au tombeau au bout de quelques années.

(2) Tout le monde sait que, dans le langage usuel, *l'amour-*

mots ; et dans la langue philosophique, on ne peut les rendre quelquefois synonymes, à raison de l'étymologie commune, sans en avertir expressément, et même dans les cas où l'on ne peut craindre ni méprise ni obscurité. Nous verrons dans la suite jusqu'où Helvétius s'est égaré, et en a égaré bien d'autres avec son *intérêt personnel*, dont il abuse précisément comme on a fait si souvent du mot d'*amour-propre*, en le prenant pour *l'amour de nous-mêmes*, afin de le justifier. C'est un avertissement, pour quiconque veut philosopher de bonne foi ; de bien prendre garde au sens propre de tout mot abstrait : il y a telle méprise en ce genre dont les conséquences sont à perte de vue, et celle-ci est du nombre. Vauvenargues n'en était pas capable ; il avait naturellement l'esprit juste et le cœur droit, et pourtant il s'est trompé ici une fois dans un fait particulier ; il est vrai, et de peu de conséquence, mais qu'il n'est pourtant pas inutile d'éclaircir. Il veut restreindre l'opinion reçue chez les moralistes, que toutes nos actions se rapportent nécessairement à l'amour de nous-mêmes, vérité incontestable, mais qui ne le serait plus si l'on mettait *l'amour-propre* à la place de *l'amour de soi*; car la vertu n'est le plus souvent que le sacrifice de cet *amour-propre*, et cette seule raison est sans réplique. Cependant

---

propre est synonyme de *vanité*, d'*orgueil*, de *présomption*, etc. ; donc il exprime toujours, dans l'usage, une affection vicieuse, un sentiment déréglé ; et *l'amour de soi*, dans le sens absolu, n'est rien de tout cela.

l'auteur se sert ici de ce mot d'*amour-propre*, et ce ne peut être qu'une inadvertance; car l'exemple même qu'il assigne ne regarde que *l'amour de soi*, et c'est seulement cet exemple que je combats. Il prétend donc que le sacrifice que l'on fait de sa vie pour sauver celle d'autrui est une exception à ce principe, que *l'amour de soi* est le mobile nécessaire de toutes les actions humaines. Il s'efforce de prouver qu'en donnant sa vie pour un autre, on le préfère à soi. Je n'en crois rien. Je suppose d'abord le sacrifice réfléchi; car s'il est indélibéré et de premier mouvement, il ne prouve rien ni pour ni contre; il peut tenir à vingt causes différentes, qui ne font rien à la question. S'il est délibéré, il tient à l'une de ces deux causes, ou à l'impossibilité présumée de supporter la vie après la perte de la personne que l'on veut sauver, ou à l'espérance de la retrouver dans un autre ordre de choses. Or, d'un côté, l'impossibilité présumée ne peut tenir qu'au regret ou à la honte d'avoir laissé périr ce qu'on pouvait ou qu'on devait sauver; et, d'un autre côté, l'espérance de la réunion est évidemment fondée sur un besoin du cœur. C'est donc nous-mêmes que nous aurons considérés primitivement dans cette détermination, qui ne paraît pas susceptible d'artres motifs. Au reste, j'avoue qu'un pareil *amour de soi* est très généreux, et l'on sait que *l'amour-propre* ne l'est jamais; différence qui prouve encore celle que j'ai rétablie dans les deux mots, d'après celle qui est dans les choses.

Vauvenargues pourtant, pour obvier à *toute équivoque*, finit son chapitre par rapporter toutes nos passions *au sentiment de nos perfections ou de nos imperfections*; ce qui, au fond, rentre dans *l'amour de nous-mêmes*, puisque toutes les passions tendent ou à élever ce qu'il y a de noble en nous, ou à satisfaire ce qu'il y a de faible et de subordonné, les sens. L'auteur compte parmi les passions les plus louables l'amour des sciences et des lettres. « Mais la plupart des hommes, dit-il, « les honorent comme la religion et la vertu, c'est- « à-dire comme une chose qu'ils ne peuvent ni « connaître, ni aimer, ni pratiquer. On peut juger, par ce seul rapprochement, si c'est un contempteur de la religion qui en parlerait comme il parle de la vertu et des lettres, c'est-à-dire, des choses dont il paraît, dans tout son livre, faire le plus de cas.

Quoiqu'il soit fort loin de flatter en rien la nature humaine, il n'est pas moins éloigné de l'outrager, comme a fait Helvétius, particulièrement dans ce qui concerne les rapports mutuels des pères et des enfants. Vauvenargues, bien loin de voir dans la dépendance naturelle de ces derniers *un principe de haine*, ce qui est aussi absurde qu'odieux, y voit avec raison une des causes de la tendresse filiale. « Il est dans la saine nature « d'aimer ceux qui nous aiment et nous proté- « gent, et l'habitude d'une juste dépendance en « fait perdre le sentiment. Mais il suffit d'être « homme pour être bon père; et si l'on n'est pas

« homme de bien, il est rare d'être bon fils. »

Cette différence est très bien observée, et rentre dans le dessein de la nature. L'amour paternel et maternel devait être, dans l'homme même, un sentiment, s'il est permis de s'exprimer ainsi, presque animal, à raison de l'indispensable besoin qu'en ont les enfants. Mais il n'en est pas de même du besoin que peuvent avoir d'eux leurs parents: aussi entre-t-il plus de moralité dans l'amour filial. Cependant la loi divine n'a pas fait un précepte de l'amour pour les uns plus que pour les autres, parce que cet amour est en soi également naturel à l'humanité dans les enfants comme dans les parents. Mais elle a dit aux enfants, *Honorez votre père et votre mère*, pour nous avertir que cet amour de dépendance est un devoir sacré dans les enfants, et dont rien ne peut les dispenser; en sorte que, quand même le sentiment s'éteindrait, ou aurait même lieu de s'éteindre, le respect filial doit toujours être le même.

On ne peut reprendre dans ce chapitre qu'un de ces défauts d'exactitude dont l'auteur ne s'est pas assez garanti dans son expression : « L'amour « paternel ne diffère pas de *l'amour-propre*. » Il fallait dire, ici plus que partout ailleurs, de *l'amour de soi*. L'auteur lui-même remarque que, rien n'étant plus proprement à nous que nos enfants, il n'y a point d'affection où il entre plus d'*amour de nous-mêmes* que celle que nous leur portons. Sans doute *l'amour-propre* y trouve aussi sa place, soit par ses jouissances, soit par ses privations : on se glorifie ou l'on rougit, on se réjouit ou l'on s'afflige dans ses enfants. Mais comme il est de *l'amour-propre* de concentrer l'homme dans son *moi*, surtout dès que le *moi* est compromis, il faut bien se garder de faire une seule et même chose de *l'amour-propre* et de l'amour paternel ou maternel : ce serait calomnier un sentiment à qui la nature prévoyante a eu soin de donner généralement une intensité qui l'emporte si souvent sur *l'amour-propre* même, et se manifeste par ce qu'il y a de plus opposé à *l'amour-propre*, par l'esprit de désappropriation (1).

Si Vauvenargues avait eu le temps d'achever ce qu'il n'a fait qu'ébaucher, personne n'était plus fait que lui pour comprendre quelle est, en philosophie, l'inappréciable valeur du rapport exact des mots avec les idées. Quiconque écrit en ce genre doit se persuader que toutes les passions vicieuses sont là comme en sentinelle, pour s'emparer avidement d'un abus de mots comme d'une victoire sur la morale et la vérité : et combien la perversité est contente d'elle-même quand elle croit pouvoir s'appeler *philosophie!* C'est la grande plaie, la plaie honteuse du siècle qui s'est appelé philosophe.

---

(1) Vestris père pleurait de joie en se voyant surpassé par son fils; mais aussi l'amour-propre se retournait chez lui fort adroitement. « Sans doute, disait-il, il est plus grand danseur « que moi; mais je n'ai eu de maître que moi-même, et mon « fils a eu pour maître Vestris. ».

Vous verrez Helvétius rapporter tout aux sens, même ce qui tient de plus près à l'âme. Vauvenargues songe si peu à rien ôter à celle-ci, que peut-être étend-il son domaine au-delà de ses limites. Je ne prétends pas lui en faire un reproche, car il n'y a aucun danger à étendre dans l'homme l'idée du moral; et quand-même l'auteur en aurait vu dans l'amour, par exemple, un peu plus qu'il n'y en a, je ne crois pas que personne en fût mécontent, ni que les femmes surtout lui en sussent mauvais gré. Personne n'est plus porté qu'elles à ennoblir dans l'imagination ce qui est faiblesse en réalité; et ce que Buffon a dit avec trop de fondement, que tout le moral de l'amour était vanité, a dû surtout déplaire au sexe qui sûrement y en met le plus. Vauvenargues soutient qu'il est possible que l'on cherche dans l'amour quelque chose de *plus pur* que l'intérêt des sens; et s'il entend par *plus pur* ce qui n'est pas volupté sensuelle, je suis entièrement de son avis. J'en suis encore bien plus, s'il s'agit de l'union conjugale sanctifiée par la religion, qui épure tout : cette union n'est plus alors qu'une communauté d'existence physique et morale, conforme en tout au vœu de la nature et à la loi de son auteur. Mais ce n'est pas de cela qu'il est ici question. Voici le passage de Vauvenargues, et je me hâte d'avertir d'avance que je ne prétends le contredire que dans la conclusion.

« Je vois tous les jours dans le monde qu'un
« homme environné de femmes auxquelles il n'a

« jamais parlé (comme il arrive à la messe ou au
« sermon) (1) ne se décide pas toujours pour celle
« qui est la plus jolie, et qui même lui paraît telle.
« Quelle est la raison de cela? C'est que chaque
« beauté exprime un caractère qui lui est particu-
« lier, et celui qui entre le plus dans le nôtre,
« nous le préférons. C'est donc le caractère qui
« nous détermine quelquefois; » (soit, mais non pas
tout seul.) « c'est donc l'ame que nous cherchons:
« on ne peut me nier cela. (Je crois pouvoir le
nier.) « Donc tout ce qui s'offre à nos sens ne nous
« plaît alors que comme une image de ce qui se
« cache à leur vue ; donc nous n'aimons alors les
« qualités sensibles que comme les organes de nos
« plaisirs, et avec subordination aux qualités insen-
« sibles dont elles sont l'expression ; donc il est
« vrai que l'ame est ce qui nous touche le plus. »
(Je n'en crois pas un mot; mais ce qui suit est
encore plus fort.) « On n'a donc qu'à nous per-
« suader que l'interêt des sens est opposé à celui
« de l'ame, qu'il est une *tache* pour elle : voilà
« l'amour pur. »

C'est cet *amour pur* qui *cherche l'ame* que je
prends la liberté de nier, avec tout le respect qu'on

---

(1) Deux choses sont à remarquer dans cette parenthèse :
d'abord, que l'auteur écrivait en 1746 ; ensuite, que trop
souvent on allait *à la messe ou au sermon* pour regarder les
femmes, ce qui devait conduire à n'y plus aller du tout. Il y
aurait un remède, c'est que toutes les femmes fussent voilées
à l'église, et, de plus, séparées des hommes. J'en parle ailleurs. (Voy. l'*Apologie*.)

voudra, mais très positivement, ainsi que toutes les prétendues preuves dont l'auteur en appuie la possibilité. La manière dont il l'énonce est d'abord assez singulière : *On n'a qu'à nous persuader.* Ne dirait-on pas que cette persuasion est la chose du monde la plus facile ? Il s'en faut de quelque chose. Où l'a-t-on vue ? Ce peut être assez volontiers une première illusion d'un premier penchant ; mais on sait qu'elle ne va jamais loin, et cela prouve seulement, à la réflexion, qu'il y a quelque chose en nous qui nous dit (surtout quand nous ne sommes pas encore dépravés) que ce qui n'est que besoin ou charme des sens ne peut jamais en soi être au premier rang dans notre nature, à moins que nous ne consentions à y déroger : de là, quand cette nature est encore vierge (1), cette tendance si commune à nous tenir encore à sa hauteur, en rapportant à l'ame, au moins dans l'intention, ce qui dans le fait est l'instinct le plus décidé de nos facultés sensuelles. Cette méprise, très excusable dans la jeunesse, et qui même lui fait honneur, ne doit pas être celle d'un philosophe, d'un moraliste, qui ne doit voir que ce qu'elle a de trompeur, et même de dangereux. L'exaltation nous abuse en tout sens, et Vauvenargues en est

---

(1) C'est, je crois, la première fois que je me sers de cette expression, qui est ici le mot propre. Il ne fallait rien moins pour me déterminer à m'en servir, depuis qu'elle a été si ridiculement dénaturée et déshonorée, d'abord par le mauvais esprit, ensuite par la révolution, qui en ont fait un de leurs mots parasites et à contre-sens, comme de coutume.

ici un exemple. Peut être me trouvera-t-on rigoriste dans ma réfutation, et pourtant c'est lui qui l'est réellement quand il dit que, pour arriver à *l'amour pur*, il faut se *persuader* que *l'intérêt des sens est une tache pour l'ame*. On aurait tort : ce n'en est point une. L'attrait réciproque d'un sexe vers l'autre est dans l'ordre, tant qu'il est subordonné au devoir : il ne pourrait être *tache* qu'autant qu'il serait désordre ; et il ne le devient qu'en sortant des règles prescrites par la raison et par la loi divine, toujours en parfaite conformité l'une avec l'autre. Voilà pourquoi l'union conjugale est sainte. Son but est naturel, légitime ; sa sanction est sociale et religieuse ; elle conserve tout ce qui tient à l'attrait du sexe, en retranchant seulement ce qui en fait une passion ; car la passion tient à la violence du desir, à la vanité des préférences, au plaisir d'un règne usurpé, et rien de tout cela ne peut exister dans une possession entière, continuelle et autorisée. Mais tout cela se rencontre plus ou moins dans l'amour dont parle Vauvenargues, et qui n'est autre chose que le choix d'un objet, non pas de celui qui nous est permis, mais de celui qui nous plaît. Les circonstances qu'il y fait entrer ne prouvent point du tout que ce choix soit celui de *l'ame*, et nous retrouverons la même erreur encore plus marquée dans un moraliste bien moins édifiant que Vauvenargues, dans l'auteur *des Mœurs*. De ce que l'on ne se décide pas pour *la plus jolie*, il ne s'ensuit pas du tout que ce soit *l'ame* qui *cherche* ou que l'on cherche, mais seulement que les yeux et les sens n'ont pas, dans tous les hommes, un jugement uniforme sur la beauté. Que telle espèce de beauté, que telle physionomie nous présente un rapport qui nous détermine plus que la régularité ou la perfection de la figure ou de la taille, il ne s'ensuit point du tout que ce rapport s'adresse à *l'ame*: au contraire, je n'en connais point qui ne rentre de tous côtés dans les desirs de l'amour. Imaginez ces rapports tels que vous les voudrez, la douceur, la langueur, la vivacité, la gaieté, la modestie, l'ingénuité, la noblesse, la fierté même; qu'y a-t-il là qui ne promette à l'amour proprement dit, à l'amour sensuel, tout ce qui peut assaisonner les jouissances voluptueuses et variées d'un commerce intime de tous les moments? Ces rapports, dont l'auteur veut faire un choix de *l'ame*, une recherche de *l'ame*, ne prouvent donc rien, si ce n'est que le cœur, c'est-à-dire la partie sensible de *l'ame*, celle qui est le siége de toutes les passions dont les objets frappent les sens, entre pour beaucoup dans tout ce qu'on appelle *amour*; et qui en doute? Mais qui est-ce qui détermine d'abord cette passion? Sont-ce les qualités morales? Non. Il faut avant tout que les sens soient émus agréablement; il faut que l'objet leur paraisse desirable; car l'amour est essentiellement desir, et desir de posséder. Or, on ne possède proprement que le corps. La possession de l'ame est toujours plus ou moins incertaine et précaire, et dépend généralement de celle du corps, qui

14.

en paraît le seul garant. C'est la raison décisive qui fera toujours de *l'amour pur*, de l'amour platonique, une chimère de l'imagination passionnée, et rien de plus.

Dans la supposition même de Vauvenargues, cette femme choisie au premier coup d'œil, sans être la plus jolie, doit au moins être agréable et desirable, sans quoi les yeux ne s'y arrêteraient même pas assez pour démêler et saisir le charme de sa physionomie. Ce sont donc les yeux qui ont choisi d'abord, et ce sont encore les sens qui ont présenté à l'imagination l'idée d'un objet dont la possession doit être un plaisir. Dans tout cela l'ame n'est pour rien : le cœur y est bientôt sans doute, si le desir devient amour; mais le cœur a été pris par les sens.

Je n'en dirai pas davantage (1) sur un sujet où l'on n'est que trop porté à s'étendre; j'ajouterai seulement, pour justifier ma réfutation, que ce n'est pas dans un livre de morale qu'il peut être permis de favoriser en aucune manière des illusions propres seulement à relever à nos yeux des passions qui très-certainement nous rabaissent aux yeux de la raison, même en bonne morale humaine. L'amour de l'ame est sans doute le sublime de notre nature; aussi n'appartient-il qu'à la religion; et rien n'est plus opposé à l'amour des sens. Prétendre élever l'un jusqu'à l'autre,

---

(1) Voyez dans l'*Apologie*, livre second, le chapitre *des Passions*, article *Amour*.

c'est donner à la morale un désavantage de plus. C'est bien assez qu'elle ait celui d'être sévère; gardons qu'elle ait encore celui de paraître chimérique. Trop de gens ne demandent pas mieux que de saisir tous les prétextes possibles pour la rejeter.

Vous entendrez Helvétius s'écrier : « Quel autre « motif que l'*intérêt personnel* pourrait déterminer « un homme à des actions généreuses? » Vous aimerez mieux, sans doute, entendre ici Vauvenargues qui s'écrie : « Notre ame est-elle donc in- « capable d'un sentiment désintéressé? » Les deux exclamations contraires ont également le ton de la conviction intime ; mais Helvétius entasse à l'appui de la sienne une foule de mauvais raisonnements, et celle de Vauvenargues est le dernier mot d'un chapitre *sur la Pitié*. C'est qu'il était bien sûr que tous ceux qui ont une ame le dispenseraient de la preuve, et qu'Helvétius sentait que tout son esprit ne suffirait pas pour répondre à l'ame de ses lecteurs.

Vous verrez encore qu'Helvétius ramène de force toutes nos passions aux objets sensibles, même celles qui en sont le plus éloignées par leur nature. Vauvenargues a vu tout le contraire et a vu ce qui est. Il dit, en parlant des *passions sérieuses* (c'est ainsi qu'il les appelle, par opposition aux *passions frivoles*), que les hommes que les sens dominent n'y sont pas aussi sujets que d'autres. « Les objets sensibles les amusent et les « amollissent ; et s'ils ont d'autres passions, elles

« ne sont pas aussi vives. » Ceci pourtant, comme vous le voyez assez, n'est qu'une de ces généralités qui souffrent les exceptions reçues dans presque tout ce qui regarde les habitudes morales. Mais, en effet, l'expérience a suffisamment confirmé l'observation de l'auteur. Les savants, les érudits, les hommes passionnés pour des études sérieuses ou pour des objets d'une grande importance sociale, sont ordinairement peu voluptueux. On peut objecter César, qui parut aimer les plaisirs avec autant d'excès que la gloire : et pourtant l'un de ces penchants l'emportait sur l'autre ; car on ne voit pas qu'il ait jamais fait céder les affaires à des intérêts d'amour. Antoine, au contraire, perdit tout pour Cléopâtre ; c'est que l'amour et le plaisir étaient chez lui au premier rang, et dans César au second.

Vauvenargues finit ce second livre, *sur les passions*, par tracer avec force l'empire qu'elles ont sur nous, et l'impuissance, malheureusement trop ordinaire, de la raison qui les condamne. Mais il ajoute ces dernières paroles, qui sont à la fois d'un philosophe et d'un chrétien : « Cela ne dis« pense personne de combattre ses habitudes, et « ne doit inspirer aux hommes ni abattement ni « tristesse. Dieu peut tout : la vertu n'abandonne « pas ses amants, et les vices mêmes de l'homme « qui n'est pas mal né peuvent un jour tourner « à sa gloire. »

Parmi beaucoup de vues et de définitions aussi justes qu'ingénieuses, en voici quelques unes qui me paraissent répréhensibles, soit par la pensée, soit par l'expression.

« La force d'esprit est le triomphe de la réflexion; « c'est un *instinct* supérieur aux passions, qui les « calme ou qui les possède (1). » Si cette force d'esprit, qu'il eût mieux valu appeler force d'ame (car c'est de celle-là qu'il s'agit ici), est le triomphe de la réflexion, comme je le crois avec l'auteur, en ce sens que la réflexion en a fait une habitude, ce n'est donc pas un *instinct*, car on entend par *instinct* ce qui précède toute réflexion.

« On ne peut pas savoir d'un homme qui n'a « pas les passions ardentes s'il a de la force d'es-« prit ; il n'a jamais été dans des épreuves assez « difficiles. » Cela est-il bien vrai ? La force d'esprit, qui est ici ce que les Latins appellent *fortitudo*, et que l'auteur, s'il eût été plus exact, aurait pris soin de distinguer de la force de conception, qui est le génie; cette force toute morale, qui est la vertu, n'est-elle pas un pouvoir habituel sur soi-même, soit qu'il vienne de l'absence des passions violentes, soit qu'on l'ait acquis par l'attention à les combattre ? On ne nous dit pas que le stoïcien Épictète ait eu un tempérament passionné; et lorsqu'il disait si tranquillement à son maître qui s'était amusé à lui casser la jambe par

---

(1) L'auteur a voulu dire, qui les maîtrise; et le mot *possède* n'est pas ici le synonyme : il ne l'est que dans cette phrase faite, *se posséder*, qui signifie en effet se maîtriser ; mais on ne dit point *posséder* sa colère, son amour, ses desirs, etc.

forme de jeu, *Je vous l'avais bien dit, que vous me casseriez la jambe*, n'y avait-il pas là quelque force d'esprit ?

« L'immodération est une *ardeur inaltérable* « et sans délicatesse. » Cette pensée n'est pas digne de Vauvenargues, et il en a bien peu de ce genre. *Ardeur inaltérable* (1) est un terme impropre ; *irréprimable* eût rendu l'idée de l'auteur, s'il voulait l'exprimer par un seul mot. Mais ce n'était pas la peine d'ajouter qu'une pareille *ardeur* est *sans délicatesse*. On ne peut pas la supposer avec l'immodération, qui est proprement le défaut de mesure en tout.

Dans les fragments qui suivent, l'auteur se donne la peine de combattre en forme le pyrrhonisme, et c'est l'endroit de son livre où il montre le plus de logique. Mais c'est venir bien tard, et descendre bien bas, que de réfuter encore ces extravagances mille fois confondues depuis des siècles. Le pyrrhonisme et l'athéisme sont deux genres de folie volontaire, qu'on ne peut soutenir qu'en éludant tout raisonnement. Il n'y a point d'athée ni de pyrrhonien que le raisonnement ne réduisît à l'absurde en quelques minutes ou en quelques pages. Mais c'est là que

---

(1 L'*altération* emporte en effet l'idée d'affaiblissement et de diminution, et c'est ce qui a pu tromper l'auteur ; mais ce mot d'*altération* ne s'applique jamais qu'au changement de bien en mal, et non pas de mal en bien. Retrancher l'excès d'une chose, c'est ne lui ôter que ce qui la gâte ; c'est la corriger et non pas l'*altérer*.

s'arrête le pouvoir de la logique : elle peut bien vous convaincre de déraison, mais non pas vous forcer à raisonner.

Je ne puis cependant me dispenser de citer un passage de l'un de ces chapitres, qui pourra donner une idée de la force de sens et de la précision de style qui étaient naturelles à cet écrivain, dont le nom était plus connu que les écrits, depuis que le règne des sophistes eut remplacé celui des philosophes. « Pourquoi la même rai-
« son qui nous fait discerner le faux ne pourrait-
« elle nous conduire jusqu'au vrai ? » (L'auteur s'adresse ici à ceux des sceptiques qui réduisent la philosophie à savoir seulement ce qui ne peut être, et non point ce qui est.) « L'ombre est-elle
« plus sensible que le corps, et l'apparence que
« la réalité ? Que connaissons-nous d'obscur par
« sa nature, sinon l'erreur ? Que connaissons-
« nous d'évident, sinon la vérité ? N'est-ce pas
« l'évidence de la vérité qui nous fait discerner
« le faux, comme le jour marque les ombres ? Et
« qu'est-ce, en un mot, que la connaissance
« d'une erreur, sinon la découverte d'une vérité ?
« Toute privation suppose nécessairement une
« réalité : ainsi la certitude est démontrée par le
« doute, la science par l'ignorance, et la vérité
« par l'erreur. »

Le fond de cette argumentation invincible avait déjà été opposé aux pyrrhoniens et aux sceptiques, mais nulle part avec cette énergie de dialectique et d'expression qui s'augmente en se resserrant, et où chaque mot n'est pas seulement un trait qui frappe l'adversaire, mais un éclair qui brille aux yeux du lecteur. C'est là ce que j'appelle être à la fois philosophe et écrivain.

Un des chapitres est intitulé : « On ne peut être « dupe de la vertu. » Cette pensée a toute la concision et toute la finesse de La Rochefoucauld, quoiqu'elle soit d'un esprit tout différent, et le chapitre est digne du titre. L'un et l'autre appartenaient à celui qui a dit, dans ce même livre, ce beau mot si connu : « Les grandes pensées viennent du cœur. » Vauvenargues a fait, en écrivant, l'éloge du sien, sans jamais en parler. Certes, il avait quelque hauteur dans l'ame, celui qui a dit : « Je ne puis ni aimer, ni haïr, ni es-« timer, ni craindre ceux qui n'ont que de l'es-« prit. »

Ailleurs il s'adresse à ceux qui se piquent de *regarder l'oisiveté comme un parti sûr et solide,* à ces hommes qui prennent l'égoïsme pour la prudence, et qui se croient au-dessus de tout en ne se mêlant de rien. « Si tout finissait par la « mort, ce serait encore une extravagance de ne « pas donner toute notre application à bien dis-« poser de notre vie, puisque nous n'aurions que « le présent. Mais nous croyons à un avenir, et « nous l'abandonnons au hasard ! Cela est bien « plus inconcevable. Je laisse même tout devoir « à part, et la morale et la religion, et je de-« mande : L'ignorance vaut-elle mieux que la « science, la paresse que l'activité, l'incapacité

« que les talents? Pour peu qu'on ait de raison, « l'on ne met point ces choses en parallèle, et « quelle honte de mal choisir ! »

Avant qu'on eût fait un gros livre intitulé *de l'Esprit*, pour ramener tout à la matière (1), on trouvait déja beaucoup de ces apprentis philosophistes qui, avec quelques mots d'autant plus répétés, qu'on les entendait moins, s'étaient arrangé un petit système familier de matérialisme, à la portée de tout le monde, et qui mettaient le vice fort à son aise, en attribuant tout au *tempérament*, comme disaient les uns, à *l'organisation*, comme disaient les autres, selon qu'ils mettaient dans leur langage plus ou moins de prétention à la science. De cette manière rien n'était en soi ni *bien* ni *mal*; il n'y avait ni *vice* ni *vertu*, et tout était *comme il devait être*. Vauvenargues s'élève avec une éloquente indignation contre ces corrupteurs de la nature humaine;

---

(1) On connaît ces deux couplets, qui coururent lors de la publication du livre d'Helvétius :

  Admirez cet écrivain-là,
  Qui *de l'Esprit* intitula
  Un livre qui n'est que matière,
   Laire la, etc.

  Le censeur qui l'examina
  Par habitude imagina
  Que c'était affaire étrangère,
   Laire la, etc.

Ce censeur était premier commis aux affaires étrangères, et il perdit sa place pour avoir approuvé ce livre.

il leur reproche leur folie, et s'écrie : « Que pré-
« tendent-ils ? Qui peut les empêcher de voir
« qu'il y a des qualités qui tendent naturellement
« au bien du monde, et d'autres à sa destruc-
« tion ? Ces premiers sentiments élevés, coura-
« geux, bienfaisants, et par conséquent estima-
« bles par toute la terre, voilà ce que l'on nomme
« vertu. Et ces odieuses passions tournées à la
« ruine du genre humain, et par conséquent cri-
« minelles envers tous les hommes, voilà ce que
« j'appelle des vices. Cette différence éclatante
« du faible et du fort, du faux et du vrai, du
« juste et de l'injuste, leur échappe-t-elle ? Mais
« le jour n'est pas plus sensible. Pensent-ils que
« l'irréligion dont ils se piquent puisse anéantir
« la vertu ? Mais tout leur fait voir le contraire.
« Qu'imaginent-ils donc ? qui leur trouble l'esprit ?
« qui leur cache qu'ils ont eux-mêmes, parmi
« leurs faiblesses, des sentiments de vertu ? Est-
« il un homme assez insensé pour douter que la
« santé soit préférable à la maladie ? Non, il n'y
« en a point. Trouve-t-on quelqu'un qui ne sente
« que le courage est différent de la crainte, et
« l'envie différente de la bonté ; que l'humanité
« vaut mieux que l'inhumanité ; qu'elle est plus
« aimable, plus utile, et par conséquent plus es-
« timable ? Et cependant... ô faiblesse de l'esprit
« humain ! il n'y a pas de contradiction dont les
« hommes ne soient capables dès qu'ils veulent
« tout approfondir. »

Avouez que Vauvenargues a mis le doigt dans

la plaie. C'est en effet l'orgueil de tout savoir qui enfanta ces honteuses erreurs, et ces erreurs ont enfanté des crimes : cette filiation n'est que trop prouvée par la révolution. C'est l'orgueil qui, ne pouvant se résoudre à ignorer, a commencé par vouloir se rendre compte de l'origine du *bien* et du *mal*, et, faute de pouvoir l'expliquer, a fini par nier l'un et l'autre. C'est en *approfondissant*, comme dit Vauvenargues, plus qu'on ne peut et qu'on ne doit, qu'on a ouvert un abîme où la raison humaine ne pouvait que s'engloutir.

Il continue à presser ses adversaires, et à battre en ruine les frivoles objections qu'Helvétius n'a fait depuis que rédiger en système, et qui déjà couraient le monde lorsque Vauvenargues écrivait : « Sur quel fondement ose-t-on égaler (1) le
« *mal* et le *bien* ? Est-ce sur ce que l'on suppose
« que nos vices et nos vertus sont les effets né-
« cessaires de notre *tempérament* ? mais les ma-
« ladies et la santé ne sont-elles pas les effets
« nécessaires de la même cause ? Les confond-on
« cependant ? A-t-on jamais dit que c'étaient des
« chimères, et qu'il n'y avait ni santé ni mala-
« dies ? Pense-t-on que ce qui est nécessaire ne
« soit d'aucun mérite ? Mais c'est une nécessité
« en Dieu d'être tout-puissant, éternel, etc. La
« toute-puissance et l'éternité seront-elles pour

---

(1) Le mot propre est *égaliser*; quoique *égaler* s'emploie aussi quelquefois en ce sens ; mais dans le style philosophique on ne saurait être trop exact.

« cela égales au néant ? Ne seront-elles plus des
« attributs parfaits ? Quoi ! parce que la vie et
« la mort sont en nous des états de nécessité,
« ne sera-ce plus qu'une même chose, et indif-
« férente aux humains ? — Mais peut-être que les
« vertus que j'ai peintes comme un sacrifice de
« notre *intérêt propre* à l'intérêt public ne sont
« qu'un pur effet de *l'amour de nous-mêmes*.
« Peut-être ne faisons-nous le bien que parce
« que notre plaisir se trouve dans ce sacrifice.... »
(Voilà bien le sophisme d'Helvétius, proposé ici
en objection, si ce n'est qu'il est moins insidieux,
parce que les termes n'y sont pas confondus, et
que *l'intérêt propre* ou *personnel* n'y est pas mis
à la place de *l'amour de nous-mêmes*. Écoutez
la réponse de Vauvenargues.) « Étrange objec-
« tion ! Parce que je me plais dans l'usage de ma
« vertu, en est-elle moins profitable pour les
« autres, moins précieuse à tout l'univers, moins
« différente du vice, qui est la ruine du genre
« humain ? Le bien où je me plais change-t-il
« de nature ? cesse-t-il d'être bien ? »

L'auteur avait affaire à des raisonneurs capables
de faire arme de tout contre la vérité, et même
de la religion, qu'ils ne croyaient pas, et qu'ils ne
connaissaient pas davantage. Il les prévient. « Les
« oracles de la piété, me disent nos adversaires,
« condamnent cette complaisance dans nos bonnes
« actions. Est-ce donc à ceux qui nient la vertu à
« la combattre par la religion qui l'établit ? Qu'ils
« sachent qu'un Dieu juste et bon ne peut réprou-

« ver le plaisir que lui-même attache à bien faire.
« Nous défendrait-il ce charme qui accompagne
« l'amour du bien? Lui-même nous ordonne d'ai-
« mer la vertu, et sait mieux que nous qu'il est
« contradictoire d'aimer une chose sans s'y plaire.
« S'il rejette donc nos vertus, c'est quand nous
« nous approprions les dons que sa main nous
« dispense, quand nous arrêtons nos pensées à la
« possession de ses graces sans aller jusqu'à leur
« principe, et que nous méconnaissons la main qui
« répand sur nous ses bienfaits. »

Si c'est là de la meilleure philosophie, c'est aussi du christianisme le plus pur, et je ne me dissimule pas que j'élève ici une pierre de scandale contre nos sophistes, qui ont voulu faire de Vauvenargues mort ce qu'il n'a jamais été de son vivant, un incrédule. Ceux qui l'ont cru tel sur leur parole vont se récrier qu'un homme qui parle de la *grace de Dieu* n'est pas un *philosophe*, mais un *capucin*. Et que sera-ce si j'ajoute que le volume de ses œuvres est terminé par des *méditations sur la foi*, et par une *prière à Dieu*, chrétienne et sublime? Vous demanderez peut-être la cause de cette disparité totale entre les écrits de Vauvenargues et la réputation d'incrédulité que les *philosophistes* lui ont faite. C'était un des moyens familiers de la secte : attachés à faire croire qu'on ne pouvait pas avoir tout à la fois de l'esprit et de la religion, ils tournaient à leur profit les bienséances, encore assez établies pour que l'irréligion n'osât pas généralement se montrer ; et pour peu qu'un homme d'esprit et de talent n'eût pas été ce qu'on appelle dévot, ils disaient à l'oreille de tout le monde, dès qu'il n'était plus là pour les démentir, que, s'il avait paru chrétien, c'était par politique. Bientôt circulaient de petits contes sur sa mort, quelque édifiante qu'elle eût été ; de petites anecdotes dont on n'avait jamais entendu parler, et qui étaient répétées affirmativement dans ces brochures clandestines où il est si commode de mentir sans signer le mensonge. Il y a plus : quand il y allait d'un grand intérêt, la dévotion même la moins équivoque et la plus respectée était, à leur manière, transformée en *philosophie*. Le Dauphin, fils de Louis XV, en fut un exemple bien digne de souvenir. Sa mort avait été longue, et aussi publique que peut l'être celle d'un Dauphin de France. Les récits unanimes de cent témoins oculaires s'accordaient à la représenter comme la mort d'un saint ; et rien ne rendit sa mémoire plus chère à la France que l'héroïsme de résignation et de bonté qu'il fit éclater dans tout le cours de sa maladie : c'est ce qui rendit les regrets publics si vifs, et donna même à la mort de ce prince un éclat que n'avait pas eu sa vie. Il n'était pas indifférent de s'emparer de cette mort-là, et le Dauphin ne tarda pas à être affilié aux incrédules, par trois raisons : 1° l'on avait trouvé Locke sous son chevet ; 2° il avait dit : *Ne persécutons point*; 3° Thomas avait fait son éloge. Voilà de puissantes raisons! Quoiqu'il y ait dans Locke quelques lignes hasardées, et en cela seul répréhensibles, qui jamais a regardé les écrits de Locke comme des ouvrages impies? Quoiqu'il y ait eu des Chrétiens qui, changeant leur croyance en fanatisme, ont été persécuteurs, et ont dès lors été de mauvais Chrétiens, dans quel dogme de notre religion, dans quel chapitre de l'Évangile, dans quel ouvrage des Saints et des Pères, dans quel concile, dans quel catéchisme trouve-t-on la *persécution* prêchée? Si, pour être incrédule, il suffit de dire, *ne persécutons pas*, il faut mettre Fénélon à la tête des impies, car nul ne l'a dit plus haut que lui. Enfin, si Thomas a fait l'éloge du Dauphin, c'est que c'était un beau sujet pour un orateur; et si Thomas était philosophe, la philosophie de ses ouvrages n'a jamais offert même l'apparence de l'impiété, et sa mort fut celle d'un Chrétien, et le fut si authentiquement, que la secte *philosophique* en fut consternée, et prit le parti de n'en pas parler, pour ne pas blesser l'archevêque de Lyon, notre confrère à l'Académie, qui lui-même avait administré à Thomas les derniers secours de la religion.

Ils ne comptaient donc pas sur la vraisemblance, mais sur l'intérêt du mensonge, et sur la disposition qu'ont toujours à grossir leur parti dans l'opinion ceux à qui l'on a dû si souvent appliquer ce mot connu : *Il faut avouer que Dieu a là de sots ennemis.* Gloire à lui! il a voulu que l'on pût dire depuis la révolution : Il faut avouer que, de tous les tyrans, les plus exécrables au genre humain sont ceux qui se sont déclarés ennemis de Dieu.

Le premier moyen (et je conviens que celui-là était spécieux) que l'on ait employé pour nier que Vauvenargues eût été Chrétien, c'est qu'il était lié avec Voltaire, qui a fait de lui un éloge particulier dans celui des officiers français morts pendant la guerre de 1741. Mais il faut soigneusement distinguer ici les époques pour avoir une idée juste des hommes et des choses. Il s'en fallait de tout qu'alors Voltaire et la *philosophie* fussent ce qu'ils ont été depuis. Le respect des lois sociales était observé au point que Voltaire lui-même, en 1746, se crut obligé de faire sa profession de foi au père Porée, dans une lettre qui fut rendue publique. Il y joignait des protestations d'attachement aux Jésuites, instituteurs de son enfance ; et l'on sait comme il les a traités depuis. On en conclura que c'étaient des complaisances politiques : soit ; mais j'en conclurai aussi, ce qu'on ne saurait nier, d'abord, qu'elles prouvaient que la religion était alors maintenue dans les droits qu'elle a au respect de tout honnête homme et de tout bon citoyen ; ensuite, que, si le mensonge et l'hypocrisie sont à l'usage des *philosophes*, la *philosophie* permet donc ce que la morale défend aux honnêtes gens ; et enfin qu'aucun d'eux ne se permettrait, sans rougir du moins, ce dont les *philosophes* se glorifient. C'est au lecteur à tirer toutes les conséquences de cette disparité.

On pouvait donc alors écrire en Chrétien sans se compromettre, et Voltaire n'aurait pas osé en faire un reproche à son ami. Il n'eût pas osé trouver ridicule que, dans un livre de philosophie, Vauvenargues parlât de Dieu et de la religion, et qu'il soutînt la cause de l'un et de l'autre contre le matérialisme et l'impiété. Voltaire d'ailleurs avait trop d'esprit et de goût pour traiter de *capucinade* tout ce qui était éloquemment religieux. Tout cela n'a existé que depuis que l'esprit *philosophique* devint l'esprit *révolutionnaire*; et c'est ainsi sans doute que la *philosophie du dix-huitième siècle s'est élevée au plus haut période de sa gloire*, comme on nous le dit encore tous les jours, et que nous sommes montés en même temps au plus haut degré de la félicité que cette *philosophie* nous promettait depuis cinquante ans. Vous voyez, Messieurs, que je ne déguise rien de ses hautes destinées; mais nous savons aussi que toutes les grandeurs humaines, quand elles ont atteint leur faîte, sont voisines de leur chute; et c'est ce qui m'autorise à présumer que la *philosophie* elle-même pourrait bien passer comme tant d'autres grandeurs, et éprouver aussi sa révolution, d'autant plus prochaine, que les appuis qui lui restent ne sont pas fort imposants; et comme les *philosophes* se piquent de prendre leur parti plus aisément que d'autres sur les révolutions, qu'elles qu'elles soient, je leur conseille de se résigner encore à celle-là (1).

A Dieu ne plaise que je sois capable d'insulter au malheur de qui que ce soit, moi qui suis convaincu que les plus coupables sont aussi les plus à plaindre, et qui ai commencé par avouer mes erreurs avant de combattre celles des autres! Mais un de ces *philosophes* dont j'ai déploré l'infortune comme j'avais déploré ses fautes, Condorcet, était bien éloigné sans doute de croire à cette révolution dont j'ose menacer la *philosophie*, lui qui, dans son dernier écrit, avait porté ses espérances de perfection dans l'espèce humaine jusqu'à la possibilité de ne plus mourir (2). C'est lui qui, dans son commentaire sur les œuvres de Voltaire (édition de Kehl), voulant détruire l'effet que pouvait produire l'autorité de Vauvenargues en faveur de la religion, n'imagina rien de mieux que de nous apprendre que la prière qui termine son livre *n'est pas de lui*, mais qu'elle fut ajoutée à son ouvrage, dans une édition posthume, par ses parents, qui crurent avoir besoin de ce moyen

---

(1) Si ce morceau, qui fut prononcé tel qu'il est ici, fut accueilli avec des transports qui étaient ceux de l'espérance, puisqu'il n'y avait sûrement pas lieu à l'admiration, l'on peut imaginer quels traits il enfonça dans l'ame de mes adversaires, qui étaient présents comme de coutume, et que mon action et ma voix ne ménageaient pas plus que mes paroles. C'est ce qui produisit le petit événement dont il sera parlé dans l'Appendice qui suit, à propos de Condorcet.

(2) Voyez l'Appendice.

pour qu'on ne mît aucun obstacle au débit de son livre. L'invention n'est pas adroite, et ne s'adressait qu'à ceux qui peuvent tout croire, parce qu'ils ne savent rien. Vous ne verrez pas sans quelque étonnement combien il y a ici de mensonges dans un seul mensonge, et combien ils sont plus absurdes les uns que les autres (1).

---

(1) Quel que soit son zèle pour la cause qu'il défend, l'homme qui se respecte ne doit jamais oublier les convenances, même quand il aurait pour lui la raison et la vérité appuyée de toutes ses preuves. Les expressions peu mesurées dont se sert ici M. de La Harpe sont donc d'autant moins excusables, que l'inculpation dont il charge Condorcet est de toute fausseté. Il est même très vraisemblable que les murmures qui éclatèrent dans l'assemblée, et au milieu desquels une voix s'éleva et dit d'un ton très animé, *Cela est faux*, n'étaient que l'expression du mécontentement général, et un démenti public donné au professeur. (Voyez ci-après, page 241, l'*Avertissement* sur l'Appendice suivant.)

Si l'on pouvait raisonnablement supposer que La Harpe ait eu une arrière-pensée, en s'abstenant de citer le volume des OEuvres de Voltaire, et même la page où, selon lui, *Condorcet nous apprend que la prière qui termine le livre de Vauvenargues n'est pas de lui*, une telle réticence serait pour sa mémoire une tache ineffaçable.

Dans les OEuvres de Voltaire, tome XLVII de l'édition in-8° de Kehl, ou tome XIV, page 654, de l'édition de Lefèvre et Deterville, à la suite de l'*Éloge funèbre* des officiers morts dans la guerre de 1741, on trouve, non *un commentaire*, mais une note de Condorcet ainsi conçue :

« Dans le temps de la mort de M. de Vauvenargues, les Jé-
« suites avaient la manie de chercher à s'emparer des derniers
« moments de tous les hommes qui avaient quelque célébrité ;
« et s'ils pouvaient en extorquer quelque déclaration, ou ré-

1° Il faudrait que le livre eût été en effet dans le cas d'être regardé comme dangereux, et vous avez vu dans quel esprit il est composé, et cet esprit est partout le même. Il n'y avait que deux maximes (1) dont quelques personnes timorées

---

« veiller dans leur ame affaiblie les terreurs de l'enfer, ils
« criaient au miracle. Un de ces pères se présente chez M. de
« Vauvenargues mourant. *Qui vous a envoyé ici?* dit le philo-
« sophe. — *Je viens de la part de Dieu*, répondit le Jésuite.
« Vauvenargues le chassa; puis se tournant vers ses amis :

« Cet esclave est venu ;
« Il a montré son ordre, et n'a rien obtenu. »

« L'ouvrage de M. de Vauvenargues, imprimé après sa
« mort, est intitulé : *Introduction à la connaissance de l'esprit*
« *humain.*

« Les éditeurs, pour faire passer les maximes hardies qu'il
« renferme, y ont joint une *méditation* et une *prière* trouvées
« dans les papiers de l'auteur, qui, dans une dispute sur Bos-
« suet avec ses amis, avait soutenu qu'on pouvait parler de
« la religion avec majesté et enthousiasme sans y croire. On le
« défia de le prouver, et c'est pour répondre à ce défi qu'il fit
« les deux pièces qu'on trouve dans ses Œuvres. »

Cette citation suffit, je pense, pour faire voir de quel côté
est le *mensonge*; car Condorcet ne pouvait pas dire d'une
manière plus positive qu'il regardait Vauvenargues comme le
véritable auteur de la prière.

(L'ÉDITEUR.)

(1) « La pensée de la mort nous trompe, car elle nous fait
« oublier de vivre. La conscience des mourants calomnie leur
« vie. » Sur la première de ces pensées, l'auteur déclare qu'il
n'entend point parler de la pensée de la mort *dans les vues de
la religion;* mais je ne crois pas pour cela que sa maxime en
elle-même soit plus vraie. Elle contredit la philosophie et la

auraient craint qu'on n'abusât; et l'auteur s'empressa de les expliquer, dans sa seconde édition, de manière à ne pas laisser lieu à l'abus.

2° Cette même édition, quoiqu'elle n'ait paru qu'après sa mort, fut bien évidemment faite sous ses yeux. Trois *avertissements*, placés à la tête de chaque partie du livre, et où il parle en son propre nom, sont une preuve d'autant plus incontestable, qu'on voit, par leur contexte même, que l'auteur seul a pu les rédiger ainsi. Il mourut dans l'intervalle de l'impression à la publication.

3° Si la *prière* et les *méditations sur la foi* ne sont pas de Vauvenargues, il fallait donc qu'il eût un parent qui sût écrire comme lui; car ce sont deux morceaux d'une beauté remarquable, et l'on y retrouve tout le talent de l'auteur, élevé par son sujet, avec les traces d'incorrection assez légères qui se mêlent à tout ce qu'il a laissé.

---

morale de tous les temps. La raison suffit pour comprendre qu'un moyen de n'abuser de rien, c'est de songer que tout doit finir. Le contraire de la maxime de Vauvenargues serait celle-ci : « La pensée de la mort nous instruit; car elle nous « apprend à vivre »; et ce serait sûrement une vérité utile.

Je ne crois pas l'autre maxime plus fondée. L'auteur dit que *toutes les généralités ont des exceptions, et qu'il sait bien que quelquefois la conscience accuse les mourants avec justice.* Mais je répondrai qu'elle accuse si souvent juste, que c'est précisément le contraire qui doit faire exception, et une exception rare.

Au reste, c'est, je crois, la seule fois que Vauvenargues s'est laissé aller au paradoxe : il n'en avait pas besoin.

4° La fable imaginée par le commentateur est absolument sans objet, si elle n'est pas sans dessein ; car en ôtant à l'auteur sa *prière*, on ne lui ôte pas son livre ; et à moins d'avoir perdu le sens, comment n'y pas reconnaître un homme convaincu et persuadé ? Je m'en rapporte à l'opinion que vous pouvez en avoir prise seulement sur le peu que que j'en ai cité. L'on peut, et il y en a des exemples, rendre en passant un hommage à la religion sans y croire ; mais il est sans exemple, il est d'une impossibilité au moins morale, qu'un incrédule se plaise à faire entrer dans ses raisonnements, à invoquer dans sa doctrine une religion qu'il méprise, et surtout qu'il s'élève non seulement avec indignation, mais avec mépris, contre des opinions qui seraient les siennes. Cela n'est pas dans l'homme, à moins d'un grand intérêt à être hypocrite ; et je vous laisse à penser, si vous le pouvez sans rire de pitié, quelle pouvait être l'hypocrisie du marquis de Vauvenargues, officier au régiment du Roi, à qui des infirmités prématurées avaient déja commandé la retraite et annoncé la mort.

Si j'ai développé devant vous ce tissu d'inimaginables inconséquences, c'était uniquement pour vous faire voir qu'il arrive souvent à nos sophistes, comme à bien d'autres, de mentir sans esprit ; car, d'ailleurs, la preuve de fait me dispensait de toute autre, et je l'ai en main. Elle est décisive ; elle l'est au point d'imposer silence même à un *philosophe* : Oui, Messieurs, cette *prière* que l'on assure si positivement avoir été insérée, par une main étrangère, à la fin d'une édition posthume, la voilà en son entier, mot pour mot, dans la première édition publiée, on n'en disconvient pas, du vivant de l'auteur. Et de qui tiens-je cet exemplaire? De Voltaire, qui en avait deux de l'édition originale, et qui m'en donna un. Si la belle anecdote de Condorcet avait eu quelque fondement, croyez-vous que Voltaire eût manqué de me la conter? Ce n'est là qu'un échantillon de la théorie du mensonge *philosophique* : vous en verrez d'autres dans l'occasion. Je n'ignore pas qu'elle a été passée, et même de fort loin, par la théorie du mensonge *révolutionnaire;* mais vous savez aussi que les *révolutionnaires* sont en tout genre hors de toute comparaison.

Je ne me suis point arrêté au morceau qui a pour titre, *Réflexions critiques sur quelques poètes*, quoique ce soit un des meilleurs de Vauvenargues : il ne rentrait pas dans mon sujet. Corneille et Racine en particulier n'avaient peut-être jamais été appréciés avec tant de sagacité et de justesse, et c'est là que l'on rencontre pour la première fois les idées qui ont été développées depuis dans le Commentaire de Voltaire sur Corneille. Vauvenargues fut donc aussi un critique très éclairé (1). Comme moraliste, il a plus d'élé-

---

(1) Il y a quelques points sur lesquels mon avis différerait du sien. Il pense que les tragédies de Corneille *sont quelquefois plus intéressantes à la représentation que celles de Racine.*

vation dans les pensées que La Rochefoucauld, et relève l'homme autant que celui-ci l'avait abattu. Il n'a point le piquant ni le pittoresque de La Bruyère, ni le fini de la diction de Duclos; mais il a plus d'imagination dans le style que ce dernier, et parle à l'ame plus que tous les deux.

Avertissement sur l'Appendice suivant.

Dans la séance où je lus l'article précédent, au moment où je parlai de cette *possibilité de ne plus mourir* comme l'une des *espérances* que nous donnait la *philosophie* de Condorcet, une voix s'éleva dans l'assemblée, et dit d'un ton très animé, *Cela est faux*. Je n'entendis point ces paroles, mais seulement le murmure qui les couvrit. Je m'arrêtai; le bruit cessa, et, ignorant ce que cela pouvait être, je continuai. Après la séance, plusieurs

---

Mais qu'y a-t-il de plus intéressant qu'*Andromaque* et *Iphigénie*? N'a-t-il pas pris la vivacité des applaudissements pour l'*intérêt*? Les larmes font moins de bruit que l'admiration.

Il trouve le genre des Contes de La Fontaine *trop bas*. Il est familier, et peut-être pas assez varié; mais descend-il jusqu'à la bassesse? et la licence va-t-elle chez lui jusqu'à la crapule? Si cela est, que dira-t-on de Grécourt? Il y a des nuances dans le vice, et il est juste de ne pas les confondre.

Il accorde à La Bruyère du *pathétique*, et c'est ce qui me paraît lui manquer le plus. Vauvenargues n'a-t-il pas pris la vivacité des tours pour le sentiment? Un moraliste peut à toute force s'en passer; mais tant mieux pour lui s'il en a : tant mieux pour l'auteur qui en met partout où il peut entrer, même dans la critique.

personnes vinrent dans un cabinet où je me retirais d'ordinaire pour me reposer, et m'apprirent ce qui s'était passé, mais sans pouvoir me nommer celui qui avait parlé. Il me suffisait de savoir qu'on m'avait donné un démenti public pour me croire obligé de prouver que j'avais dit vrai, et rien ne m'était plus facile. C'est ce qui donna lieu au morceau que l'on va lire, et par lequel j'ouvris la séance subséquente. Il était péremptoire, et fut très applaudi. Cependant celui qui s'était si fort avancé, et qui dans ce moment garda le plus profond silence, ne voulut pas s'avouer encore tout-à-fait vaincu, et m'écrivit une lettre, d'ailleurs fort honnête, où, en se faisant connaître pour un étranger *ami de la philosophie et de notre révolution, et admirateur de Condorcet*, il excusait, par tous ces titres, le mouvement qui l'avait porté à me démentir, et qui certainement n'était pas conforme aux bienséances. Il n'entrait dans aucun détail sur la question; mais, ne renonçant pas à justifier Condorcet, il me demandait communication du dernier morceau que j'avais lu. Je lui répondis que je ne pouvais communiquer aucun de mes manuscrits du *Lycée* sans des inconvénients de toute espèce; que l'ouvrage de Condorcet était public; que, s'il n'avait pas dit ce que je lui faisais dire, rien n'était plus aisé que d'en déposer la preuve dans quelqu'un des papiers publics. Il n'en fut pas tenté, et je n'en suis pas surpris.

APPENDICE DE LA SECTION PRÉCÉDENTE.

Quand un paradoxe ressemble à la folie complète, il est assez naturel qu'on ne l'énonce pas crûment. Il n'est donc pas étonnant que Condorcet, par ménagement pour notre faiblesse d'esprit, ait cru devoir dire, *Sans doute, l'homme ne deviendra pas immortel*, dans le même temps où il s'efforce d'en prouver la *possibilité* très réelle ; et si l'on s'étaie de ces paroles pour arguer de faux ce que j'ai dit de cette *possibilité* qu'il a très formellement établie, il ne s'agit plus que de savoir si elle est la conséquence immédiate de ses raisonnements. Or, je vois chez lui (1) une suite d'assertions qui toutes y tendent directement, et qui aboutissent à une conclusion positive, et je m'y arrête, pour ne pas allonger inutilement la fastidieuse discussion de l'absurde.

« Nous ignorons si les lois générales de la na-
« ture ont déterminé un terme au-delà duquel la
« durée moyenne de la vie humaine ne puisse s'é-
« tendre. »

Je demande à quiconque entend le français si cette proposition n'équivaut pas à celle-ci, qui est moins enveloppée dans ses termes, mais dont la substance est absolument la même : « Nous
« ignorons si la mort est une des lois générales de

---

(1) J'avais commencé par lire le passage entier du livre de Condorcet, passage qui m'avait déjà justifié par l'effet unanime qu'il produisit.

« la nature. » L'identité des deux propositions peut être démontrée en rigueur métaphysique, et va l'être d'autant mieux, que je ferai rentrer dans ma démonstration les assertions précédentes de l'auteur, dans ses propres termes, et dans le sens qu'ils ont en philosophie.

Qu'est-ce que l'idée de la nécessité de mourir, si ce n'est l'idée du terme *nécessaire* de la vie ? La mort n'est pas autre chose. Mais si ce terme n'est pas *nécessaire*, il peut n'arriver jamais. Or, nous ne pouvons dire qu'il soit *nécessaire* qu'autant qu'il serait du nombre des *lois générales de la nature*. Mais *nous ignorons si les lois générales de la nature ont déterminé un terme au-delà duquel ne puisse s'étendre la durée moyenne de la vie. Cette durée peut acquérir, dans l'immensité des siècles, une étendue plus grande qu'une quantité déterminée quelconque qu'on lui aurait assignée pour limite. Les accroissements de cette durée sont réellement indéfinis dans le sens le plus absolu*. Or, ce qui a *une durée indéfinie dans le sens le plus absolu* a une durée dont les bornes ne sont pas assignables, et ce qui n'a point de bornes assignables n'a point de terme *nécessaire* : donc la durée de la vie humaine n'a point de terme *nécessaire*. Voilà bien toute la thèse de l'auteur ; je ne fais que le suivre, et je dis : Ce qui n'est point contraire aux lois générales de la nature est *possible*. Or, *nous ignorons si la nécessité* d'atteindre le terme de la vie est une de ces *lois générales* : donc nous ignorons s'il ne serait pas *possible* de ne pas mourir, puisque la mort et le terme *nécessaire* de la vie sont une seule et même chose.

Ai-je eu tort de vous dire que Condorcet comptait, parmi nos espérances, *la possibilité de ne point mourir?* Ce n'est pas ici qu'il faut s'occuper de tout ce qu'il y a de sophistique dans cette argumentation : en vous parlant aujourd'hui, j'ai anticipé sur le moment où l'auteur passera devant nous à son rang parmi nos sophistes : et vous savez ce qui m'y a engagé. Je ne crois pas d'ailleurs, malgré la *philosophie* et la révolution, qu'il soit nécessaire, en aucun temps, de prouver que nous n'apprendrons pas à ne point mourir; et ce que j'en dirai en son lieu ne servira qu'à montrer, dans tout leur ridicule, ceux qui, en nous enseignant le mal, ont toujours raisonné mal. Je remarquerai seulement, comme une singularité, qui serait plaisante si quelque chose pouvait être plaisant en pareille matière (1), que ce soit la même *philosophie* qui a si prodigieusement enrichi le domaine de la mort, en si peu d'années, qui nous promette ce que personne n'avait promis jusqu'ici, la destruction de l'empire de la mort. Elle a l'air de nous dire : Si j'ai fait mourir, en quelques années, quelques millions d'hommes de la génération actuelle, ce n'est rien; avec le temps j'apprendrai aux générations futures à ne plus mourir. J'admire à quel point ce langage est conforme à l'esprit de la révolution, qui n'a cessé et

---

(1) On ne prétend pas ici juger les intentions.

qui ne cessera pas de dire, en faisant tout le mal qu'elle peut faire : Ce n'est rien ; attendez, et vous verrez tout le bien que je ferai. S'il était possible qu'elle eût raison, et que le bien dût être un jour en proportion du mal, sans doute alors on ne regardera plus ce monde comme une vallée de larmes, et l'on ne pourra plus en desirer un autre ; on aura le ciel dans celui-ci, car il n'y a que le ciel qui puisse compenser l'enfer.

SECTION II.

DUCLOS.

Dans le petit nombre des bons livres de morale, on a distingué les *Considérations sur les Mœurs de ce siècle*, que nous devons à un académicien qui, en d'autres genres, a laissé différents morceaux plus ou moins estimés. Peu d'hommes étaient nés avec plus d'esprit que Duclos, non seulement de celui que l'on met dans un livre, mais de celui dont on se fait honneur dans la société. Ce rapport de la conversation avec les écrits, d'autant plus remarqué dans quelques écrivains célèbres, qu'on le cherchait vainement dans quelques autres, était frappant dans Duclos. Son entretien ressemblait à son style : une précision tranchante, des saillies fréquentes, une tournure travaillée, mais piquante ; des phrases arrangées comme pour être retenues ; en un mot, ce qu'on appelle du trait : voilà ce qui lui donnait, dans ses écrits et dans le monde, une physionomie particulière. Porté dès sa jeunesse dans la bonne compagnie, il sut à la fois en goûter les agréments en homme de plaisir, l'observer en homme de sens, et en tirer parti pour sa fortune, malgré une certaine dureté dans le ton et dans les manières, qui n'excluait pas la bonté, et malgré une franchise brusque qui ne déplaisait pas trop, parce qu'il en faisait profession, et qu'on s'accoutume volontiers dans le monde à vous prendre pour tel que vous vous donnez. On lui reprochait, il est vrai, de manquer de politesse, mais on le lui pardonnait. Soit habitude, soit dessein, il gardait ce ton de brusquerie même dans la louange, et l'on peut juger qu'elle n'y perdait pas. Il avait d'ailleurs un fonds de droiture qui le rendait incapable de plier son opinion ni sa liberté à aucun intérêt ni à aucune politique; et cependant ce ne fut point un obstacle à son avancement, parce qu'il n'offensa jamais l'amour-propre des gens de lettres, et qu'il sut intéresser en sa faveur celui des gens en place. Il cultiva l'amitié de ses protecteurs avec une suite et une solidité qui étaient dans son caractère, et dont on lui savait d'autant plus de gré, que le brillant de son esprit semblait y donner plus de valeur; car, pendant un certain temps, la vogue de ses premiers ouvrages et le crédit de ses sociétés l'avaient mis tellement à la mode, qu'il passait pour le plus bel esprit de Paris, quoique Fontenelle vécût encore et que Voltaire fût dans toute sa force. Mais Fontenelle était si vieux, qu'on le regardait comme un homme de l'autre siècle, et l'on ne voulait pas encore que Voltaire fût l'homme du sien, quoiqu'il le fût déja par son génie, et que depuis il ne l'ait été que trop par la contagion de ses erreurs.

Duclos, perdant depuis les avantages de la jeunesse, qui ne lui avaient pas été inutiles, et devenu à peu près oisif dans sa maturité, vit sa réputation fort surpassée par quelques écrivains qui lui étaient en effet fort supérieurs; mais il eut un avantage assez rare, celui de garder beaucoup de considération en perdant beaucoup de renommée; c'est que, quoiqu'on l'eût mis d'abord au-dessus de ce qu'il valait, il y avait un mérite réel et dans sa personne, et dans ses ouvrages, et qu'il eut un assez bon esprit pour échapper à la faiblesse trop commune de passer dans le parti de l'envie quand on voit la gloire s'éloigner. Il eut de plus le mérite de soutenir, dans toutes les occasions, la dignité de l'homme de lettres et de l'académicien; aussi fut-il généralement estimé de ses confrères, même de ceux qui ne le goûtaient pas. Les services qu'il rendit à la province où il était né, lorsqu'il fut nommé, par la ville de Dinan, député du tiers aux états de Bretagne, lui méritèrent la reconnaissance de ses compatriotes et des lettres de noblesse qu'il n'avait pas sollicitées. Mais on ignore assez communément qu'on l'ait fait noble, et tout le monde sait qu'il a fait un bon livre.

Ce livre, souvent réimprimé, et du nombre de ceux que tout le monde a lus, est d'autant plus estimable, que l'auteur s'y est refusé la ressource facile et attrayante de ces portraits satiriques qui remplissent les ouvrages composés sur les mœurs. Ces portraits peuvent être dessinés et coloriés avec plus ou moins de succès; mais il y en a toujours un certain, celui d'une satire où il ne manque qu'un nom que le lecteur ne manque guère de suppléer. Duclos, quoique d'une vivacité quelquefois caustique dans la conversation, et qui même ressemblait à l'humeur, n'avait point l'esprit porté à la satire : il n'est ni amer comme La Bruyère, ni dur et triste comme La Rochefoucauld. On voit qu'en écrivant sur la morale, il évita de répéter la manière d'aucun moraliste. Il ne songea ni à composer des caractères, où il entre presque toujours un peu de charge et de fantaisie, ni à réduire toutes ses pensées en maximes. Il voulut faire un précis de la connaissance du monde, et paraît l'avoir vu d'un coup d'œil rapide et perçant. Il est rare qu'on ait rassemblé plus d'idées justes et réfléchies, et ingénieusement encadrées. Son ouvrage est plein de mots saillants, qui sont des leçons utiles. C'est partout un style concis et serré, dont l'effet ne tient ni à l'imagination ni au sentiment, mais au choix et à la quantité de termes énergiques, et quelquefois singuliers, qui forment sa phrase, et qui tous sont des pensées. Il en résulte un peu de sécheresse; mais il y a en revanche une plénitude et une force de sens qui plaît beaucoup à la raison.

Au reste l'auteur s'étant proposé de peindre particulièrement les mœurs de la capitale et de la cour à l'époque où il vivait, on conçoit que ses modèles, soumis à la mobilité de la mode, et même à l'empire des événements publics, ont pu varier depuis, et lui-même le prévoit et l'annonce. Mais les tableaux de cette espèce n'en sont pas moins utiles : la comparaison qu'on en peut faire d'un temps à un autre est une instruction, quand même elle serait la seule ; et ce n'est pas la seule chez lui.

Nous pouvons voir, par exemple, pour ce qui regarde le nôtre, combien, sous plus d'un rapport, les choses étaient déja changées lors de la mort de l'auteur en 1772, et dans l'espace d'environ quarante ans écoulés entre son ouvrage et sa mort. « Quelle opposition de mœurs, dit-il, « ne remarque-t-on pas entre la capitale et les « provinces ! Il y en a autant que d'un peuple « à un autre. Ceux qui vivent à cent lieues de la « capitale en sont à un siècle pour les façons de « penser et d'agir. »

Quiconque a voyagé dans la France, depuis 1760 jusqu'en 1780, a pu voir que cette différence était devenue presque insensible dans les grandes villes, qui sont ici les seuls objets de comparaison. La communication de la capitale aux provinces, infiniment plus fréquente qu'autrefois par l'extrême facilité du transport et l'activité du commerce ; la multiplication des spectacles dans toutes les villes peuplées, et leur permanence dans les plus considérables; la circulation des écrits répandus partout par les spéculations mercantiles ; la foule des journaux de toute espèce parcourant sans cesse la France; toutes ces choses qui tendent à donner à l'opinion un ton à peu près uniforme, toutes ces causes réunies avaient à peu près fondu l'esprit français dans un même moule au moment de la révolution, et cette espèce d'uniformité, plus naturelle aux Français qu'à tout autre peuple, est un grand moyen pour le mal comme pour le bien.

Toutes les classes de la société qui avaient reçu quelque éducation étaient à peu près les mêmes à Paris et dans les provinces : mêmes usages et mêmes manières ; et cet attribut particulier à la capitale et à la cour, l'urbanité du langage et l'usage des formes sociales se retrouvaient dans la bonne compagnie des provinces comme dans celle de Paris, si l'on excepte la nuance particulière au séjour de la cour, qui était tellement locale, que les mêmes hommes n'étaient pas tout-à-fait les mêmes à Versailles et à Paris.

Duclos parle beaucoup de ces sociétés de médisance, où naquit ce qu'on nomme le *persiflage*, mot qui est de ce siècle, et qui date à peu près du temps où Duclos composait ses *Considérations*, et Gresset son *Méchant*. Duclos a peint la sorte d'empire qu'usurpaient, dans un certain monde, ces petites conspirations de méchanceté, ces cercles frivoles et impérieux qui se croyaient exclusivement les distributeurs du ridicule. Il les traite avec le mépris qu'ils méritaient, et qu'il eût voulu, comme Gresset, substituer à la peur très sotte qu'on avait d'eux. Mais, depuis, cette espèce abjecte, qu'avaient accréditée quelques *grands noms déshonorés* (1), disparut à peu près de la bonne compagnie, et ne se trouva plus que dans la classe subalterne de quelques hommes perdus de réputation, soit dans les lettres, soit dans la société, et ce qui avait été quelque temps un air et un *bon ton* ne fut plus qu'un métier mercenaire de quelques valets de librairie, qui se vantaient expressément d'être *détestés*, comme s'il n'y avait pas une sorte d'aversion qui s'accorde fort bien avec le mépris.

Au reste, un changement que Duclos ni personne n'aurait pu prévoir, c'est qu'il n'y a plus même de trace, au moment où j'écris (2), de cet empire du ridicule dont la France, et spécialement Paris, semblait devoir être à jamais le siége. C'est un des effets de cette révolution, dont l'essence est de changer tout ce qui existait, tant qu'elle existera. On ne trouverait peut-être pas dans toute la France un seul homme pour qui le ridicule puisse être aujourd'hui quelque chose, et ce mot n'est plus qu'une abstraction.

---

(1) Vers de Desmahis.

(2) 1799. (Avant le 18 brumaire an viii.)

A combien de faits et d'idées doit tenir un changement si imprévu chez les Français ! Je les abandonne aux réflexions du lecteur, et me borne à observer, pour le moment, qu'il n'y a plus de ridicule là où il n'y a plus d'honneur; qu'il n'y a plus d'honneur là où il n'y a plus d'opinion, et plus d'opinion là où la servitude est au point d'imposer, sur tous les objets, ou un même langage, ou le silence absolu, sous peine de la vie. Rien n'empêche d'étendre ce texte; mais c'est, en trois mots, un des résumés les plus doux *de la liberté française.*

Peut-être qu'aujourd'hui remarquerait-on plus qu'autrefois ces paroles du livre de Duclos : « Je « ne sais si j'ai trop bonne opinion de mon siècle; « mais il me semble qu'il y a *une certaine fermen-* « *tation de raison universelle* qui tend à se déve- « lopper, qu'on laissera peut-être se dissiper, et « dont on pourrait assurer, diriger et hâter les « progrès par une éducation bien entendue. »

Je ne serais pas surpris qu'on donnât à ce passage, comme on a fait de bien d'autres, l'air d'une prophétie relative à la révolution. Ce serait se tromper beaucoup, et sur l'auteur, et sur le caractère de son ouvrage, et sur le sien propre; et, en quelque sens qu'on voulût en faire un prophète, il ne mérite à cet égard ni reproche ni éloge. Ce qu'il dit de cette *fermentation de raison universelle* existait dès-lors en effet, et nous allons en voir les suites dans la section suivante(1) : on verra qu'elles étaient encore bien loin de ressembler à aucune espèce de révolution. L'observation de l'auteur était juste, et il avait bien vu ; mais ce qu'il dit ici ne rentre que dans ses vues générales sur l'éducation, qu'il eût voulu rendre plus virile et plus patriotique, à raison de cette tendance des esprits, qui commençaient à se porter beaucoup plus que jamais vers les objets d'économie politique. Il eût voulu qu'on s'occupât, plus qu'on ne faisait, de former non-seulement des hommes instruits, mais des citoyens éclairés et affectionnés à leur patrie. Son vœu (et ce vœu était très sage : on pourra, par la suite, s'en souvenir d'autant plus qu'il a été plus oublié) ; son vœu était que l'on s'attachât assidûment à inspirer aux jeunes gens l'amour du pays où ils étaient nés, et du gouvernement sous lequel ils avaient à vivre, et que, pour leur apprendre à l'aimer, on le leur fît bien connaître. Ce vœu était dans son ame, et ce n'était nullement celui d'un esclave, ni même d'un courtisan ; c'était celui d'un citoyen sage, d'un bon Français. Je l'ai connu, et ceux qui l'ont connu comme moi savent que, quoique franc Breton, fort ennemi du despotisme ministériel, fort ami de La Chalotais, il n'était nullement frondeur du gou-

---

(1) Sur les *Économistes*, dont l'article est publié ci-après sous le titre de *Fragment*, dans l'état d'imperfection où l'a laissé l'auteur. (*Note de l'Éditeur.*)

vernement monarchique. Personne n'eut un esprit moins *révolutionnaire*, dans le sens même où ce mot ne signifierait qu'amateur de nouveautés : il aurait beaucoup plus penché vers le goût des anciens usages, qu'il avait rapporté de son pays natal et de son éducation. Le caractère de son esprit était d'ailleurs la mesure en tout, et rien n'est plus loin de l'inquiétude novatrice. On n'ignore pas que la turbulente activité des Encyclopédistes était insupportable à un homme qui évitait, avec autant de soin que lui, tout ce qui pouvait ressembler à un parti, tout ce qui pouvait donner de l'ombrage. Il avait poussé la circonspection jusqu'à ne vouloir pas que l'on sût qu'il avait entendu la lecture de *l'Émile* : c'est un fait que Rousseau lui-même nous apprend dans ses Mémoires. Cette sagesse de conduite, malgré la liberté quelquefois affectée de ses discours, avait inspiré une telle confiance au Gouvernement, qu'on ne craignit pas de s'adresser à lui, et de se servir de ses anciennes liaisons avec son compatriote La Chalotais, pour tempérer les fougues, tout au moins indiscrètes, de ce pétulant parlementaire, et ouvrir la voie à l'indulgence que l'on voulait avoir pour lui. Ce fut l'objet d'un voyage que Duclos fit en Bretagne, qui eut peu de succès, dont on parla beaucoup alors, et dont lui-même ne parla jamais.

Il n'eut avec Voltaire qu'une correspondance académique, rare, froide et de pure politesse. Ils ne s'aimaient pas et ne pouvaient pas s'aimer;

mais on ne cite jamais contre Voltaire un seul mot de Duclos, et les bons mots ne lui coûtaient pas. Voltaire, dans les derniers temps, le rechercha pour influer sur l'Académie; mais le secrétaire se tint dans sa réserve habituelle et décidée.

Il ne voyait point Diderot, et ne voyait guère d'Alembert qu'à l'Académie, quoiqu'il goûtât beaucoup plus la personne et l'esprit de ce dernier; mais il ne voulait pas que ceux qui avaient dès-lers pris une affiche en s'appelant les *philosophes*, fussent pour lui autre chose que des confrères en littérature : c'était là qu'il bornait ses liaisons avec eux. L'ingénieux écrivain qui les mit sur la scène se servit, pour confondre Duclos avec eux, du premier mot des *Considérations*: *J'ai vécu*. Je crois qu'il eut tort de plus d'une manière. *J'ai vécu* ne commence pas mal un livre sur les mœurs. Il n'est point permis, en bonne morale, de personnaliser la satire théâtrale à l'égard d'un auteur vivant, et Duclos n'avait rien de commun avec les *philosophes*.

Il ne dissimula pas même dans ses dernières années combien il était choqué de leurs indiscrétions, de leurs violences, de leurs excès, enfin de ce qu'il nommait très bien *leur fanatisme*, car Duclos parlait français. Il se peut qu'il ne fût pas croyant; mais il était si révolté de leur manière d'être impies, qu'il répéta plusieurs fois ce mot qui a été répété après lui: *Ils en feront tant, qu'ils me feront aller à confesse.* Ce n'était pas pour cela qu'il fallait y aller : mais il est très vrai que rien ne ramène plus à la vérité que les travers et les ridicules de ses ennemis ; et mettant même la révolution à part, l'on pourra désormais montrer à la jeunesse bien des *philosophes* de cette trempe, comme les Spartiates montraient à leurs enfants l'ivresse des ilotes pour leur inspirer la tempérance.

SECTION III.

Fragment sur les Économistes.

Vers le temps où l'on entreprenait *l'Encyclopédie*, quelques savants ou écrivains avaient formé une autre espèce d'association, dont le but était d'éclairer le public et le Gouvernement sur des objets d'économie politique, sur le commerce, l'agriculture, les impôts, la police générale des grains, toutes choses qui avaient paru jusque-là étrangères aux lettres, mais qu'embrassait déjà l'esprit de réforme et de nouveauté qui devenait l'esprit dominant. La foule des abus le faisait regarder comme l'esprit nécessaire, et l'amour-propre comme l'esprit supérieur. L'amour seul du bien public pouvait en faire un bon esprit, et ce fut certainement le premier mobile de quelques-uns des premiers fondateurs de cette nouvelle secte; car bientôt la prétention d'un côté et la contrariété de l'autre firent véritablement une secte de ceux qu'on appela *les Économistes*, dont le premier chef fut le médecin Quesnay, et dont le vertueux Turgot fut l'honneur et le soutien. Avant eux, Melon et Dulot avaient déja écrit utilement sur l'industrie, le luxe et la finance; et, divisés sur quelques points, réunis sur d'autres, comme il arrive toujours dans ces matières, où la généralité des principes n'est admissible qu'avec la nécessité des restrictions, ils n'avaient pas laissé de répandre quelques lumières. Après eux, l'on distingua surtout l'ouvrage de M. de Forbonais *sur les finances*, regardé encore aujourd'hui comme un livre classique en cette partie par ceux qui l'ont étudié. Quesnay, homme de sens, esprit exact, mais tranchant, rigoureux, mais roide, ne se proposa rien moins que de substituer, dans toute l'administration intérieure du royaume, relative aux impositions et au commerce, des principes universels et constants de calcul et d'intérêt général à l'action du Gouvernement, et une liberté indéfinie à la variation arbitraire des réglements. N'était-ce pas remplacer un abus par un abus? S'il y a de l'inconvénient à tout gêner, n'y en a-t-il pas à tout affranchir? et s'il est utile et sage de restreindre l'usage de l'autorité, ne l'est-il pas aussi de mettre quelque frein à la cupidité? J'ai peine à croire que ces vérités, applicables à tout, ne le soient pas à l'administration commerciale. Cependant, comme j'ai pour maxime de ne jamais rien affirmer sur ce qui n'a pas été l'objet particulier de mes études, je ne fais ici que proposer l'opinion de ceux qui combattirent les économistes, et je ne prononce point entre eux et leurs adversaires. Parmi les derniers, je compte à peu près pour rien le trop fameux et trop malheureux Linguet, qui n'a pas mérité la rénommée d'écrivain qu'on a voulu lui faire, et qui n'a pas non plus mérité sa mort, ni comme honneur, ni comme supplice. Il était né avec du talent; mais, au lieu de le nourrir par le travail, il le corrompit par son caractère; et l'on ne voit dans ses volumineux ouvrages que la facilité d'écrire sur tous les sujets, sans connaissances, sans réflexion et sans goût, un esprit ardent et faux, dont toute l'audace est en déraison, et toute la force en injures; et l'on sait trop qu'il finit par n'être qu'un écrivain mercenaire, qui vendait des libelles à tous les partis, à toutes les puissances, et qui était payé partout en argent et en mépris.

Mais parmi les autorités à opposer aux économistes, je compte pour beaucoup celle de M. Necker, à qui l'on ne peut contester des lumières et des talents dans l'administration des finances, et qui avait dans cette controverse l'avantage inappréciable de l'habitude pratique des objets, dont les autres n'avaient guère que la théorie. Il eût pu être encore plus dispensé que ses adversaires du mérite du style, subordonné sans doute dans ces matières, mais qui n'est jamais indifférent. L'éloquence est une des forces de la vérité; elle fut une de celles de M. Necker dans son livre *sur le Commerce des grains*, comme dans tous ses écrits. Je ne reproche pas aux économistes d'en avoir manqué, puisqu'ils n'étaient pas obligés d'*en avoir;* mais tout le monde leur a reproché les vices de leur manière d'écrire, qui non-seulement n'était pas celle du sujet, mais qui en était l'opposé; une emphase prophétique quand il s'agissait des objets les plus familiers; un enthousiasme d'illuminé quand il ne s'agissait que de raison; un ton d'oracle même quand ils n'en avaient que l'obscurité; la répétition solennelle du mot d'*évidence*, sorte de puissance que l'on compromet en la prodiguant hors de son domaine, qui est la philosophie. C'est à celle-ci qu'il faut laisser les axiomes et les généralités; elle considère les essences, qui ne changent pas : mais l'administration ne veut que des probabilités et des modifications; elle traite avec les hommes, dont on ne fait pas tout ce qu'on veut.

Un des exemples les plus remarquables de cet abus des mots et des suites qu'il a toujours, parce qu'il n'y a point de contagion plus rapide, plus facile et plus étendue, c'est cette expression consacrée chez les économistes, le *despotisme légal:* grossière contradiction dans les termes, car le despotisme emporte nécessairement l'idée de l'arbitraire; et la loi, l'idée de l'ordre. Et combien il est dangereux de confondre ainsi les idées en confondant les mots! On a tellement perdu, pendant long-temps, la véritable acception de ce mot de *despotisme*, qu'on l'attachait sans cesse à l'autorité qui lui est le plus opposée, à la loi. « *Nous ne* « *voulons,* ont dit cent fois les révolutionnaires, « *aucune espèce de despotisme, pas même celui*

« *de la loi.* » C'était une des phrases familières dans l'assemblée des jacobins. Certes, il y a loin d'eux aux économistes; mais voilà le danger d'écrire sans savoir sa langue, et de faire des phrases où l'on cherche l'effet sans s'embarrasser du sens.

L'exagération en tout a été une des maladies du siècle, et ce fut celle des écrivains économistes, particulièrement du marquis de Mirabeau, que je suis obligé de qualifier ainsi pour le distinguer de son fils, personnage dont le nom appartiendra toujours à l'histoire de France, quand celui de son père est à peu près oublié dans celle des lettres. Il fit pourtant beaucoup de bruit dans son temps, comme bien d'autres, par son livre de *l'Ami des hommes*; titre qui se sentait déjà (en 1757) du chalatanisme qui remplaçait le sentiment des bienséances. Elles défendent à l'honnête homme ces sortes d'affiches, qu'on peut mettre sur les boutiques pour attirer les chalands, mais qu'il ne faut point mettre à la tête d'un livre pour attirer les lecteurs. C'est à eux, et non pas à vous, à caractériser votre ouvrage; c'est au public, et non pas à vous, à juger si vous êtes en effet *un ami des hommes*. Ces moyens de charlatan n'ont pas manqué de faire un beau progrès, et tel qu'il devait être chez un peuple qui semblait appeler les fripons, tant il leur offrait de dupes. Nous avons eu des *histoires impartiales*.... Plat vendeur de mots! Eh! toute histoire ne doit-elle pas être *impartiale* ? On en vint ensuite jusqu'à faire du titre d'un livre un long panégyrique de l'ouvrage, et le détail de tous ses avantages sur ceux qui ont paru sur le même sujet. Enfin la révolution, qui a tout perfectionné dans ce genre, a mis les choses au point qu'en cela, comme en tout le reste, il n'y a qu'à prendre toujours l'inverse pour ne se tromper jamais. Sur le seul titre de *l'Ami du Peuple*, j'étais sûr de ce qu'était Marat et sa feuille, quoique jamais je n'en aie lu une page. Le ciel m'est témoin que jamais je n'ai souillé mes mains du contact de cette feuille infâme, et, graces à lui encore, jamais la vue de l'auteur n'a souillé mes yeux. C'est un témoignage que je puis me rendre publiquement, et que je pourrais étendre plus loin, si je ne préférais de revenir à *l'Ami des Hommes*, qui pourrait me conduire encore à tant d'autres *amis* qui ne seront jamais les miens, ni les vôtres.

Ce Mirabeau l'économiste n'avait, de l'imagination méridionale, que le degré d'exaltation qui touche à la folie; il prit de la *philosophie* du temps l'orgueilleux entêtement des opinions, et une soif de renommée qu'il crut acquérir en popularisant sa noblesse par des écrits sur la science rurale. Il la possédait assez pour dégrader de très belles terres par des expériences de culture, et déranger une grande fortune par des entreprises systématiques et des constructions de fantaisie. Il se faisait l'avocat du paysan dans ses livres, et le tourmentait, dans ses domaines, par ses prétentions seigneuriales, dont il était extrêmement jaloux.

Il le fut encore plus de son fils, dont il haïssait la supériorité bien plus que les vices, et dont il aigrit le caractère et précipita la violence par des persécutions haineuses et continuelles. On sait d'ailleurs que cet *ami des hommes* apparemment ne faisait pas entrer sa famille en ligne de compte; car il fut toute sa vie avec elle, comme madame de Pimbèche avec la sienne, peut-on dire, en procès, et obtint contre tous ses proches quantité de lettres de cachet. Son livre, en six gros volumes, est un ramas indigeste de choses bonnes et mauvaises, bonnes quand elles sont à tout le monde, mauvaises quand elles sont à lui, sans plan ni méthode, le tout écrit en style baroque, avec une grande envie d'imiter Montaigne, dont il n'a pas plus le style que l'esprit, et une incroyable profusion de mots, qu'il appelle *sa chère et native exubérance*. Sa prétendue chaleur n'est qu'une intempérance d'amour-propre qui abonde dans ses pensées; son affection pour le peuple, une aversion jalouse du ministère, et une présomptueuse ambition d'y parvenir; et ses déclamations contre la cour, un grand desir de s'en faire remarquer. Il y parvint, et fut mis à la Bastille pour son livre de la *Théorie de l'impôt*. C'est le plus grand honneur et le seul que lui aient valu ses écrits.

Il voulut aussi être législateur en littérature, et choisit pour son héros Le Franc de Pompignan, auteur de productions estimables, mais qui n'ont pu le placer que dans le second rang. Ses *poésies sacrées*, dont j'ai parlé ailleurs, ont quelques beautés que Voltaire lui-même admirait, quoiqu'il s'en moquât. Ce que l'auteur pouvait faire de plus maladroit, c'était d'imprimer avec ces mêmes poésies un vaste panégyrique de cet ouvrage, de la façon du marquis de Mirabeau, et qui tient à lui seul, graces à *l'exubérance native*, la moitié d'un gros *in*-4°. C'est un chef-d'œuvre dans le genre de l'amphigouri. Jamais la louange ne fut plus hyperbolique et plus froide, et jamais l'hyperbole ne fut plus risible : on en jugera par un seul trait. A propos de quelques vers d'une ode, il assure que *quiconque ne pleure pas de ces vers ne pleurera que d'un coup de poing* : c'est ainsi qu'il sait écrire et louer. Les amis de ce terrible panégyriste, vivants ou morts, ne pouvaient pas échapper à sa plume. Il existe de lui un éloge de Quesnay, qu'il reconnaissait pour son maître dans *la science*. C'était ainsi que les économistes nommaient par excellence leur doctrine. Cet éloge est d'un ridicule si rare, que des curieux l'ont conservé comme un modèle de galimatias, malgré les efforts que firent les amis de l'auteur pour supprimer cette pièce unique.

Au reste, Quesnay lui-même, et ceux des économistes qui étaient les plus éclairés furent toujours loin de partager ou d'approuver les folies de leur disciple, le marquis de Mirabeau. Leur secte d'ailleurs s'est partagée, comme toutes les autres, en différentes écoles qui, sur beaucoup d'articles, différaient les unes des autres et se condamnaient réciproquement. C'est un des rapports qu'elle eut avec les *philosophes*, parmi lesquels elle a compté d'ailleurs des adeptes de la science, qui sont connus dans les lettres par un mérite réel; mais elle n'appartient pas proprement à la philosophie, et je n'en ai parlé ici que parce qu'elle a contribué à ce penchant des esprits au changement et à l'innovation qui se fit sentir vers le milieu de ce siècle, et qui est toujours un grand mal quand on n'est pas sûr des moyens et de la mesure du bien.

FIN DU LIVRE PREMIER.

LIVRE SECOND.

DES SOPHISTES.

CHAPITRE PREMIER.

TOUSSAINT.

Quoique ces hommes égarés dont nous allons considérer les écrits aient travaillé tous ensemble, et coopéré plus ou moins à la ruine de la religion, de la morale, et des lois, il ne faut pas croire cependant que tous aient été également coupables, soit par le fait, soit même par l'intention. Non seulement il n'appartient qu'à Dieu de juger le fond des cœurs et la valeur des œuvres, mais même la justice humaine aperçoit ici des nuances plus ou moins marquées dans ce que chacun a voulu et a fait; et c'est ce que l'on verra dans le résumé qui terminera l'examen de leurs écrits.

Toussaint, par qui je vais commencer, en suivant l'ordre des temps et des choses, ne saurait, par exemple, être tout à fait assimilé à ceux qui sont venus après lui, quoiqu'il ait le premier corrompu la morale en la séparant de la religion. Son livre des *Mœurs*, qui parut en 1748, est le premier de ce siècle où l'on se soit proposé un plan de morale naturelle, indépendant de toute croyance religieuse et de tout culte extérieur. C'était une faute grave et un funeste exemple; et cet ouvrage, que de bien plus grands scandales ont fait depuis presque oublier, fit alors beaucoup de bruit et beaucoup de mal. L'auteur en fit encore plus en voulant le justifier dans des *Éclaircissements* où se laissait voir davantage le dessein qu'il avait paru d'abord vouloir déguiser, et qui était bien celui d'un ennemi de la religion, puisqu'il ne voulait qu'apprendre aux hommes à s'en passer. Les magistrats, qui avaient gardé sur ce dangereux livre un silence qu'on pouvait leur reprocher, sévirent à la fois contre le livre et l'apologie; et l'auteur, quoique l'anonyme qu'il avait gardé le mît à l'abri des poursuites, finit par se retirer à Berlin, où il est mort.

Une particularité remarquable en lui, c'est que ce même homme qui publia en France le premier code du déisme avait commencé par être janséniste, et même convulsionnaire, puisqu'il ne fut connu d'abord que par des hymnes ridicules en l'honneur du diacre Pâris. Associé depuis à Diderot pour la rédaction du *Dictionnaire de Médecine*, il passa d'un enthousiasme à un autre, du fanatisme sectaire au philosophisme incrédule; et, après avoir outré la religion, il voulut la détruire. Il en résulte assez naturellement qu'il n'avait pas le jugement bien sain, que sa tête était faible et ardente, quoiqu'il portât dans la société une espèce de douceur indolente qui ressemblait à la nullité (1), au point d'avoir fait douter (quoique mal à propos) que ses ouvrages fussent de lui. Ce qu'il y a de vrai, c'est qu'il ne connut la religion ni quand il la gâtait, ni quand il la combattait. Il la voulut soumettre à sa logique, qui était fort médiocre, et qui n'allait pas au-delà des notions communes. Sa confiance au contraire excédait de beaucoup ses lumières; car il est très dogmatique, même quand il se trompe le plus. Il ne l'est pas avec l'arrogance de ses successeurs, mais avec une plénitude d'affirmation qui tenait peut-être aussi à des intentions qu'il croyait pures, parce qu'il ne s'en était pas bien rendu compte. Ce qui paraît l'avoir rassuré, c'est que du moins sa morale en elle-même n'est pas vicieuse dans les documents généraux (qui sont d'ailleurs ceux de tout le monde et de tous les temps), quoiqu'elle soit souvent susceptible de très pernicieuses conséquences, par la manière dont il la modifie ou l'exagère. Dans les détails, elle devient douce et affectueuse; et c'est surtout quand il la rapproche de ce qu'il lui plaît de

---

(1) Quoique assez ordinairement la conversation, les manières et les habitudes d'un écrivain aient des rapports sensibles avec ses opinions et ses écrits, bien des exemples contraires ont prouvé que la règle n'était rien moins que générale. J'ai vu un illuminé de ce siècle, le plus visionnaire peut-être et le plus exalté de tous dans ses ouvrages, qui sont absolument inintelligibles : c'était dans la société le fou le plus calme, le plus doux, le plus mielleux qu'il fût possible de voir, depuis *le Père éternel* des Petites-Maisons.

conserver de la religion; car un des caractères particuliers de cet ouvrage, c'est une teinte de christianisme très forte et très sensible, que l'auteur gardait peut-être sans y penser; de cette même croyance dont il se montre en même temps, autant qu'il lui est possible, le détracteur habituel, puisqu'il ne la présente jamais que sous un jour faux et odieux. Ce mélange de spiritualité et de naturalisme, qui est vraiment singulier, l'a fait nommer un *déiste dévot*, et ce fut une des séductions de son livre, publié dans un temps où, pour attaquer la religion sans trop révolter le public, il fallait encore prendre chez elle les voiles dont on se couvrait. Dans ce que le livre des *Mœurs* a de bon, le chrétien, ou plutôt l'homme qui a été chrétien, perce à tout moment, mais le janséniste aussi, soit par des traits d'un rigorisme insensé, soit même par certaines phrases qui sont des mots de parti. L'auteur nous apprend dans sa préface qu'il n'a pas voulu intituler son livre *Essais* ni *Réflexions morales*. « C'est, « dit-il, un titre trop décrié depuis trente-cinq « ans ; je n'ai pas envie de me faire mettre à « *l'index.* » Comme c'était précisément à cette époque qu'on y avait mis des livres jansénistes qui portaient ce titre, il est clair que ce souvenir est d'un ancien disciple de Quesnel, qui a sur le cœur *l'index* de Rome, dont assurément un philosophe ne se soucie guère.

Toussaint se pique d'avoir *répandu dans cet ouvrage plus de sentiment que d'esprit*. Il y a de tous les deux, mais beaucoup plus du dernier. En général, l'auteur écrit avec une simplicité claire, élégante et précise : il a même quelques traits heureux; mais il s'élève très peu et très rarement; et le bon, quand il l'atteint, est son dernier terme. Il prodigue les portraits, mais sur un plan trop uniforme et souvent trop romanesque; ce qui est une véritable disparate dans un sujet si sérieux. Cependant plusieurs de ces portraits ont de la vérité et même du piquant; et il y a entre autres une espèce de scène d'un noble endetté, éconduisant ses créanciers, qui figurerait fort bien dans une comédie. Il nous reste à voir les erreurs : elles sont ici, pour ainsi dire, un poison bénin; tant il est apprêté et déguisé sous des couleurs rassurantes; mais, pour reconnaître toute la subtilité du poison, il n'y a qu'à le décomposer. Il se présente dès la préface et le discours préliminaire.

« Ce sont les mœurs qui sont l'objet de ce
« livre; la religion n'y entre qu'en tant qu'elle
« concourt à donner des mœurs : or, comme la
« religion naturelle suffit pour cet effet, je ne
« vais pas plus avant. Je veux qu'un Mahométan
« puisse me lire aussi bien qu'un Chrétien : j'écris
« pour les quatre parties du monde. »

Écrire pour les quatres parties du monde peut paraître quelque chose de beau et de grand, et pourtant je ne le remarque ici que comme le protocole du charlatanisme *philosophique* qui déjà commençait à s'établir, et qui ne peut en imposer qu'à des dupes. C'est une vaine enflure de mots : piquez le ballon plein de vent, et il ne vous restera dans la main qu'un chiffon. Je réponds à Toussaint : Les Mahométans ne lisent point, et, s'ils lisent, ce n'est pas nos livres; et l'on en peut dire autant des Chinois, des Brames, des Talapoins, etc. Si l'Europe, qui est toute chrétienne, n'est pas pour vous un assez grand théâtre, les Chrétiens sont encore assez nombreux dans les trois autres parties du monde pour qu'on puisse, sans trop de modestie, se borner à écrire pour eux. De plus, à ne consulter seulement que la loi naturelle, que vous appelez fort mal à propos *religion*, puisqu'elle ne l'a jamais été nulle part, et qu'elle n'est que le premier fondement d'une religion qui en est la conséquence; à ne consulter que les documents de cette morale universelle, il vaudrait cent fois mieux écrire de manière à faire un bien certain dans sa paroisse, qu'un bien très éventuel et très peu probable à la Chine et au Japon; car vous ne devez rien aux Chinois et aux Japonais que la bienveillance générale qu'on doit à tous les hommes, au lieu que très certainement vous devez à vos compatriotes tous les services que vous êtes à portée de leur rendre et d'en recevoir. Il est sûr que des milliers de Chrétiens vous liront; vous le savez très bien, et vous savez aussi que c'est le plus grand de tous les hasards, si un Mahométan ou un Malabare peut vous lire et vous entendre. Donc, si vous avez dans le cœur cet amour du bien, cette philanthropie dont vous vous vantez, c'est pour ceux à qui seuls votre livre peut être bon que vous avez dû faire votre livre. Voilà la vérité simple, mais évidente, mais impossible à nier. Vous y êtes-vous conformé? Nullement. Vous avez donc commencé un livre de morale par un mensonge, et par un mensonge hypocrite, vous qui, dans la suite de ce même livre, affectez la rigueur la plus outrée contre le mensonge le plus frivole. Il n'en faut pas davantage pour vous rendre suspect à tout lecteur judicieux; et à peine aussi aura-t-il lu quelques phrases, qu'il verra ses présomptions confirmées, et qu'après l'annonce du charlatan, il reconnaîtra la doctrine du sophiste.

Il n'y a qu'un sophiste qui commence par poser en principe que la *religion naturelle suffit pour donner des mœurs*, car un vrai philosophe ne ferait pas un principe d'une proposition incomplète et indéfinie. Quelles mœurs? et à qui? C'est ce qu'il fallait dire. Sont-ce les meilleures possibles? Est-ce à tous? Un philosophe vous répondra que l'un et l'autre est faux, démontré faux, et par l'expérience de tous les peuples, qui tous ont joint une croyance religieuse à la loi naturelle, et par l'exemple de tous les législateurs, dont pas un n'a manqué de donner à ses lois une sanction religieuse. Vous sentez, si vous êtes logicien, qu'il ne s'agit pas ici d'examiner en quoi et jusqu'où ces diverses croyances pouvaient être erronées; c'est une autre question: il ne s'agit ici que du fait qui est constant, de cette nécessité, partout reconnue, de lier les obligations de la morale au culte extérieur rendu à la Divinité. La conséquence de ce fait, c'est que partout on a senti que la loi naturelle peut en effet *suffire pour donner des mœurs* à quelques hommes que leur éducation, leur fortune ou des lumières supérieures mettent à la fois au-dessus de l'ignorance vulgaire et des tentations du besoin. Mais cela même prouve que cette loi naturelle ne *suffit* et n'a jamais pu *suffire* ni à tous, ni au grand nombre, puisqu'il est reçu que l'exception même prouve la généralité. Vous étiez donc tenu de prouver, vous, contre tous les législateurs et tous les peuples, qu'ils se sont abusés depuis le commencement du monde, en croyant que la loi naturelle ne *suffisait* pas pour les mœurs publiques, et vous n'en dites pas un mot. Vous commencez donc par appuyer votre ouvrage sur le paradoxe le plus hardi en même temps et le plus gratuit, puisque vous n'en alléguez pas les motifs; et ce procédé est d'un sophiste.

Voilà ce que vous dirait l'homme qui ne serait que philosophe : le philosophe chrétien ajouterait que, dans une nature corrompue par l'orgueil et les passions, les lumières de la conscience, qui sont, en d'autres termes, la loi naturelle, ont besoin qu'une loi positive, dictée par Dieu même, éclaire et dirige ces notions intimes, si faciles à obscurcir, et les élève à une perfection, soit de théorie, soit de pratique, dont Dieu seul peut nous donner l'idée et les moyens : c'est l'ouvrage de la révélation. Vous écartez, il est vrai, la religion chrétienne comme toutes les autres, mais par une voie qui est aussi un peu trop courte et trop commode, par la voie de réticence. Vous étiez tenu de prouver du moins que cette religion n'était pas plus nécessaire qu'une autre pour *donner des mœurs*, et surtout les seules dignes de l'homme, c'est-à-dire les plus parfaites. Vous avez donc mis de côté le philosophe et le chrétien, sans répondre ni à l'un ni à l'autre. Cela est-il d'un homme qui cherche la vérité? Non, cela est d'un sophiste qui craint de la rencontrer.

La division générale du livre est celle qu'on trouve partout; devoirs envers Dieu, envers soi-même, envers le prochain : c'est l'ensemble de toute morale. Mais le principe dont l'auteur les fait dériver également, et qui ne peut appartenir qu'à la première et à la troisième classe des devoirs, ne peut être appliqué à la seconde que par un sophisme également insoutenable dans les idées et dans les termes. « Aimer Dieu, *vous « aimer vous-même*, aimer vos semblables; voilà « toutes vos obligations. » Certes, pour ce qui est de Dieu et de nos semblables, l'amour est ici un principe vrai, car il est tout chrétien. Quant à ce qui est de *l'amour de nous*, on voit d'ici que la différence est grande. Mais remarquons avant tout ce larcin fait au christianisme par un ennemi du christianisme. *Aimer Dieu!* voilà bien, comme je l'avais annoncé, le chrétien qui se montre dans le déiste, sans que le déiste ait l'air de s'en douter. Aimer Dieu! Il eût été curieux de demander à Toussaint où il avait pris ce précepte fondamental. Qu'aurait-il répondu si on lui eût dit : Un homme aussi instruit que vous ne peut pas ignorer qu'on parcourrait en vain toute l'antiquité païenne sans rien rencontrer qui ressemble ou qui conduise à ce dogme de l'amour de Dieu? Tous les moralistes, tous les philosophes, tous les législateurs ont voulu qu'on *honorât* les dieux avant tout; mais pas un n'a parlé d'*aimer Dieu*, pas même Socrate ni Platon. Cela n'est donc pas, à coup sûr, dans votre *religion naturelle*, puisque personne au monde ne l'y a jamais vu, et qu'il n'y a rien de semblable dans toutes les religions dont la loi naturelle a été le seul fondement. Vous ne pouvez pas ignorer non plus l'immense latitude de ce premier dogme, ni son extrême importance. Vous même en faites ici votre base première, et votre livre en ramène souvent les conséquences. Et à qui donc devez-vous le dogme et les conséquences, si ce n'est à la loi de l'Évangile, qui a confirmé et développé, en ce point capital, comme dans tous les autres subséquents, le Décalogue de l'ancienne loi? Quoi! vous mettez de côté notre religion comme toutes les autres, par respect pour la *religion naturelle*, qui seule vous paraît *suffisante* pour la morale; et le premier principe de votre morale est pris de cette religion que vous écartez, et ne se trouve nulle part ailleurs ? Quel excès d'inconséquence !

Lecteur, qui que vous soyez, pourvu que vous soyez honnête et ami de la vérité, n'est-ce pas là l'iniquité prise sur le fait, l'iniquité qui *a menti contre elle-même ?* Songez que dans tout son livre l'auteur paraît être très dévot à Dieu. Eh bien ! que ne se supposait-il, comme on doit toujours le faire quand on parle aux hommes, que ne se supposait-il au tribunal de ce Dieu qui hait le mensonge et qui aime la vérité ? Que ne se demandait-il ce qu'il aurait à répondre quand ce Dieu lui reprocherait ou un aveuglement qui ne peut être que décidément volontaire dans un homme qui a été chrétien, ou une mauvaise foi qui ne peut être qu'hypocrisie dans un écrivain qui a senti que sa morale ne pouvait se passer de l'amour de Dieu, et qui en même temps affecte de compter pour rien la seule religion qui ait prescrit cet amour, sans s'apercevoir même que, par une conséquence inévitable, il compte aussi pour rien le Dieu qui nous a donné cette religion ? Il est trop sûr et trop évident que, dans tous les cas, l'auteur a trahi à la fois et le Dieu qu'il reconnaissait, et cette religion qu'il voulait méconnaître ; en un mot, qu'il a menti à Dieu, aux hommes et à lui-même. Tel est l'irrésistible arrêt que porterait même la justice humaine : que sera-ce de la justice suprême ? Sans doute, hélas ! devant ce grand juge, il n'a pu nier la faute. Puisse-t-il au moins avoir apporté devant lui le repentir !

Je viens à présent à cette étrange méprise de compter l'*obligation de nous aimer nous-mêmes* parmi les trois obligations capitales dont tous nos devoirs sont la conséquence ; et cette méprise (si pourtant c'en est une de bonne foi) a été de nos jours une des sources de sophismes les plus fécondes pour ceux qui, intéressés apparemment à tout confondre, se sont efforcés de nous faire prendre pour règle ce qui n'était qu'un mobile, et de régulariser le vice en l'appellant *nature*. Ce n'est pas à Toussaint que j'attribue cette intention ; et l'on voit par la suite qu'il a voulu dire que l'observance de nos devoirs rentre dans l'amour de nous-mêmes, quand il est bien réglé et bien entendu. C'est ce que tout le monde sait ; et c'est dans ce sens que le Psalmiste a dit : *Celui qui aime l'iniquité est l'ennemi de son ame.* Mais ce n'est nullement un procédé philosophique de donner pour principe absolu du bien ce qui a besoin en soi-même d'être modifié pour produire le bien. Il y a beaucoup plus d'inconvénient qu'on ne l'imagine d'abord à faire une *obligation* morale de ce qui n'est en soi qu'une nécessité naturelle. Nos penchants, quoiqu'ils puissent être innocents, et mêmes louables, suivant le mode et les circonstances, ne sont point nos devoirs, puisqu'au contraire nos devoirs sont la règle et la mesure de nos penchants. Il faut donc bien se garder de confondre deux choses si différentes, et c'est surtout dans les divisions générales et dans les premières définitions que cette précision d'idées et de termes est de rigueur, sous peine d'ouvrir la porte au plus dangereux abus des conséquences. C'est parce que l'homme ne peut pas ne pas *s'aimer lui-même* que l'Esprit-Saint, meilleur philosophe que nos prétendus maîtres de morale, n'a jamais fait à l'homme un précepte de *s'aimer*. Il savait bien qu'on n'a besoin pour cela d'aucune loi; mais c'est pour cela même qu'il nous en fait une d'aimer notre prochain comme nous-mêmes, c'est-à-dire de n'avoir pas plus de volonté de lui nuire qu'à nous-mêmes, et d'avoir la même volonté de lui faire du bien qu'à nous-mêmes. Je dis la volonté, parce que c'est là qu'est le moral du précepte; car d'ailleurs, qui ne sait que dans le fait nous ne sommes que trop capables de nous tromper dans l'idée du bien que nous croyons faire à nous et aux autres? Et c'est par cette raison que l'Esprit-Saint a fait de ce précepte, d'aimer le prochain comme nous nous aimons, la suite et la conséquence de ce premier précepte d'aimer Dieu par-dessus tout, et les a liés tous deux ensemble, comme étant inséparables. Et pourquoi? C'est que l'amour de Dieu est par lui-même un sentiment souverain auquel tout doit être subordonné, un sentiment pur, seul capable d'épurer tous les autres. Comment encore a-t-il mis ce précepte à l'abri de toute interprétation abusive? En nous l'expliquant de manière à ne pas laisser lieu à l'erreur. *Celui qui m'aime garde mes commande-*

ments. Il n'y a pas d'autre amour, et nous-mêmes n'en avons pas une autre idée, puisqu'en nous la preuve habituelle et constante de l'amour, c'est de faire la volonté de l'objet aimé. Or, ici l'objet aimé étant Dieu, sa volonté étant parfaite comme lui, il suit que l'accomplissement de cette volonté est la perfection de l'homme; et cette volonté nous étant très clairement connue, il suit encore qu'en l'observant, notre amour pour nous-mêmes et pour le prochain ne peut être sujet à aucune erreur, à moins qu'elle ne soit volontaire; et dès lors le mal ne vient que de nous; car très certainement l'amour de Dieu et de sa loi ne peut jamais nous porter au mal. Je vois donc là une théorie morale très conséquente dans toutes ses parties, et si l'auteur des *Mœurs* l'avait bien connue, il eût dit : « Aimer Dieu et le prochain comme « vous-même, en subordonnant toujours cet amour « de vous-même et du prochain à l'amour de Dieu « et de sa loi; voilà toutes vos obligations. » Je défie qu'on trouve dans cette législation morale la moindre apparence d'abus ni d'inconvénient; mais elle est toute chrétienne, et c'est ce que l'auteur ne voulait pas. Que lui arrive-t-il aussi? De faire l'association la plus inconséquente et la plus inepte de deux principes tellement différents, que l'un, l'amour de Dieu, est par lui-même un principe absolu de tout bien, et que l'autre, l'amour de nous, est par lui-même, et de l'aveu de tous les moralistes du monde, très susceptible de toute sorte de mal, et ne peut rentrer dans l'ordre moral qu'autant qu'il est sans cesse rectifié par cette première *obligation* capitale, et que l'auteur reconnaît lui-même, celle d'aimer Dieu. Je demande si un pareil rapprochement est tolérable dans un plan philosophique, et si l'auteur, pour avoir voulu séparer la morale de la religion, n'a pas manqué à l'une autant qu'à l'autre. On va voir jusqu'où ce premier écart le conduit.

« Du premier de ces trois amours (l'amour de « Dieu), naît la pitié ; du second (l'amour de « nous), la sagesse ; le troisième engendre toutes « les vertus sociales. »

C'est, je crois, la première fois qu'on a dit que *la sagesse naît de l'amour de nous-mêmes.* J'aurais cru, avec tous les moralistes de tous les temps, que *la sagesse* consistait au contraire à éclairer, à tempérer, à diriger cet *amour.* Inutilement répondrait-on que c'est de cet amour lui-même, de celui qui est éclairé, tempéré, dirigé par la sagesse, que l'auteur entend parler. Ce serait une contradiction dans les termes ; une grossière absurdité ; car si cet amour ne peut être éclairé, tempéré, dirigé que par la sagesse, il est clair que ce n'est pas lui qui la produit, sans quoi l'effet vaudrait mieux que la cause ; ce qui répugne absolument en philosophie. J'ai dit moi-même ailleurs (1), il est vrai, que *l'amour de soi* était dans l'homme un sentiment légitime et nécessaire. Qui en doute? Mais en quoi l'est-il? En ce que, de

---

(1) Dans la première partie, à l'article de *Vauvenargues*.

l'amour de soi, il suit que chacun cherche et doit chercher son bien. Il ne s'agit donc plus que de savoir où est ce bien ; et pour que *l'amour de soi* produisît la sagesse, il faudrait qu'il nous apprît nécessairement où est ce bien que nous cherchons. Mais qui ne sait combien il est sujet à s'y méprendre, combien il devient aisément, et par une pente toute naturelle, ce que nous appelons amour-propre, intérêt personnel, et par conséquent ce que nous reconnaissons pour vicieux et très vicieux? La proposition de l'auteur est donc insoutenable : si l'amour de soi produisait la sagesse, il y aurait autant de sages qu'il y a d'hommes ; car qui donc ne s'aime pas ? Mais qu'est-ce en effet que la sagesse? C'est, en spéculation, la connaissance du vrai bien ; en pratique, la conformité de nos actions à cette connaissance du vrai bien. Et où est ce vrai bien ? En Dieu seul. Comment et pourquoi? Parce qu'il n'est ni dans ce monde, ni dans nous : on en est convenu dans tous les temps. La sagesse n'est donc, en dernier résultat, que la conformité de nos sentiments et de notre conduite à la loi de Dieu. Pourquoi? Parce que cette conformité peut seule nous conduire, après cette vie, à ce vrai bien, qui est Dieu. Et tout cela naîtrait de l'amour de soi! Quelle folie! *Sua cuique deus fit dira cupido*, disait fort bien le poète latin. *Chacun se fait un dieu de sa passion.* Et cette passion, c'est nous, c'est l'amour de nous ; et ce dieu que nous nous faisons n'est sûrement pas celui dont la loi est notre sagesse. Ajoutons ce qui n'étonnera que l'ignorance, et ce qui doit bien confondre nos sophistes : Où est toute cette théorie si simple et si lumineuse que je viens d'exposer ? Où l'ai-je prise ? Est-ce seulement dans l'Évangile ? Non ; l'Évangile nous élève bien plus haut, et nous offre des secours bien autrement puissants. Mais quant à ce que je viens de dire, la raison humaine toute seule avait du moins été jusque-là, et je n'ai fait que répéter Socrate et Platon. Cette théorie n'en est pas moins concluante contre l'auteur que je combats; car il admet comme eux une loi divine, la conscience, et des peines et des récompenses après la mort. C'est donc sa faute s'il n'a pas du moins raisonné aussi bien qu'eux, et pour avoir raison contre lui, je n'ai pas besoin d'être chrétien.

Je continue cette démonstration toute philosophique, et je vais l'opposer au même sophisme répété dans des vers de Voltaire, qui contiennent un étrange panégyrique de l'amour-propre ou de l'amour de soi ; car il était permis au poète de dire l'un pour l'autre ; et c'est en effet sa pensée, qui n'en est pas moins très fausse et très immorale dans tous les sens. Mais tous nos sophistes avaient pris le parti de faire en prose et en vers l'éloge de l'amour-propre, et l'on va voir que ce n'était pas seulement en eux une apologie personnelle, mais un sophisme de doctrine.

Chez de sombres dévots l'amour-propre est damné ;
C'est l'ennemi de l'homme ; aux enfers il est né.
Vous vous trompez, ingrats ; c'est un don de Dieu même.
Tout amour vient du ciel : Dieu nous chérit, il s'aime ;

18.

Nous nous aimons dans nous, dans nos biens, dans nos fils,
Dans nos concitoyens, surtout dans nos amis, etc.

Que *Dieu s'aime*, qui en doute? Mais qui peut douter aussi que lui seul n'ait le droit de s'aimer absolument et par rapport à lui-même? N'est-il pas parfait en tout, et dès lors souverainement aimable? En est-il ainsi de l'homme? Vous n'oseriez pas le dire. Quel homme ne s'est pas souvent haï lui-même? Il suffit pour cela qu'il ait fait une faute et qu'il l'ait sentie; car se repentir, c'est haïr sa faute; et réellement se haïr soi-même, comme coupable; aussi voyez partout, en prose et en vers, comme se traitent eux-mêmes les criminels que l'on représente dans les remords : à peine les autres les traiteraient-ils avec la même rigueur. L'amour-propre, même en le restreignant à l'amour de soi, n'est donc pas et ne saurait être dans l'homme un sentiment parfait : il est légitime, comme inhérent à tout être sensible; mais pour corriger l'imperfection inhérente à ce sentiment, il faut, comme je l'ai déjà dit et comme tout le démontre, s'aimer primitivement dans le principe parfait de notre être, qui est Dieu; dans celui de qui la créature a tout reçu et attend tout, et c'est Dieu; dans l'auteur de toutes nos lumières et le modèle de toutes nos vertus, et c'est Dieu. Je parle à un déiste, qui ne saurait, sans se contredire, nier une seule de ces propositions, évidemment renfermées dans sa doctrine. Mais quel est le déiste conséquent? Il n'y en a pas un seul : s'il l'était, il cesserait bientôt d'être déiste. Il se ferait athée par désespoir, comme cela n'est que trop fréquent aujourd'hui, ou deviendrait chrétien par conviction, ce qui est beaucoup moins commun, parce que cela coûte un peu davantage. Voilà ce qu'enseigne la saine philosophie, ainsi que la religion; et le poète qui a prétendu que *nous nous aimons* comme *Dieu s'aime* a déraisonné plus qu'il n'est permis à un poète, et surtout à un poète qui se donne pour philosophe.

Tout amour vient du ciel.... L'amour-propre est un don de Dieu même. Si l'auteur a voulu dire que toutes nos facultés viennent de Dieu, c'est une vérité qui ne signifie rien ici, puisque personne ne l'a jamais niée; et qu'il s'agit de répondre à ceux qui ont seulement condamné l'abus de ces facultés. Or, l'auteur prétendrait-il ou nier cet abus qui est si reconnu, ou l'attribuer à Dieu, qui ne peut être l'auteur du mal dans aucune doctrine, et particulièrement dans la sienne? Ni l'un ni l'autre ne peut se supposer. Il n'a donc rien dit qui ait du sens, et n'a fait ces vers qu'en abusant sans cesse des termes et s'enveloppant dans les équivoques; ce qui est sa marche constante comme celle de tout sophiste. Réduisez-les à s'expliquer et à définir les termes, ils sont réduits au silence ou à l'absurde : cela ne comporte aucune exception.

Nous nous aimons dans nous. Tant pis. Je viens de prouver que c'est là le désordre. Essayez de prouver le contraire, ou avouez que, pour être dans l'ordre, il ne faut s'aimer qu'en Dieu.

Nous nous aimons dans nos biens. Tant pis. C'est un bel amour que la cupidité! Celui-là aussi vient-il *du ciel?* Je ne crois pas que ce soit *le ciel* qui nous enseigne à *aimer* ce qui est de la terre. Vous vous contredisez dans vos propres paroles. Tant pis pour vous si vous ne vous en apercevez pas; mais ce qu'on aperçoit fort bien, c'est qu'il ne tient pas à vous qu'en lisant vos vers, chacun ne se justifie tous ses *amours* quelconques, comme *venant du ciel.* C'est une doctrine extrêmement commode, et celle-là n'a besoin ni de miracles ni de martyrs pour faire fortune; et qui le savait mieux que vous et que tous les *philosophes* vos disciples?

Dans nos fils, dans nos concitoyens, surtout dans nos amis. Tant pis encore. Voilà l'amitié, le patriotisme, l'amour paternel et maternel, réduits à *l'amour-propre,* à *l'intérêt personnel.* Sans doute il y a là beaucoup à gagner. Les Grecs et les Romains en savaient davantage : ils nous prescrivaient de préférer la patrie à *nous* et à nos enfants, quand le devoir l'exige, c'est-à-dire quand l'intérêt public est en compromis avec le nôtre. C'est du moins avec ces sentiments et cette doctrine que les anciens ont eu des Régulus et des Aristide; et c'est avec des sophismes de mots (1)

---

(1) Il leur est tellement impossible d'en sortir, qu'ils nous répondent ici que c'est par *amour-propre* qu'on se sacrifie soi-même; mais, comme ce sophisme de mots est tout le fond du livre d'Helvétius, c'est à l'article suivant qu'on en trouvera la réfutation complète, avec ce résultat démontré, que cette manière de *s'aimer* est précisément la vertu.

que, chez des peuples chrétiens, on a eu enfin des *révolutionnaires*.

Si *de sombres dévots* ont *damné l'amour-propre*, ils n'ont pas été en cela plus *sombres* que tous les sages de l'antiquité païenne, qui l'ont pris dans le même sens que ces *dévots*, c'est-à-dire pour un penchant très sujet au déréglement, et dès lors la source de tous les vices. Que ne leur répondiez-vous? Vous les connaissiez, et ils sont si connus, qu'il serait superflu de les citer. Mais vous n'en vouliez qu'aux Chrétiens. Ceux-ci pourtant n'ont jamais dit que *l'amour de nous* fût *né aux enfers*. Ils savaient que *l'amour de nous* est en nous; mais ils ont dit que cet amour était corrompu par le péché, qui en effet est *né aux enfers*, car le péché n'est autre chose que révolte et orgueil; et si vous ne trouvez pas bon que la révélation en ait mis l'origine dans les enfers, dites-nous donc, avec Hobbes, que l'homme est naturellement et essentiellement méchant; mais vous-même avez réfuté Hobbes. Pour quiconque est à la fois philosophe et chrétien, la révélation seule a expliqué la nature humaine.

Les dévots ne sont donc pas *ingrats* : au contraire, eux seuls savent tout ce qu'on doit de reconnaissance à Dieu, pour avoir réparé, par sa grace, notre nature dégradée par le péché. Les *ingrats* sont ceux qui aiment mieux méconnaître le bienfait que d'en reconnaître le besoin, et qui préfèrent leur orgueil à la reconnaissance. Hélas! combien de temps ai-je été au nombre de ces ingrats!

Sur les attributs de la Divinité, Toussaint est plus raisonnable. Il applique surtout à la bonté de Dieu notre amour pour lui, et observe que sans elle ses autres perfections nous seraient indifférentes. Cela est vrai; mais un philosophe devait observer aussi qu'heureusement la supposition est impossible, et que Dieu est nécessairement aussi infini en bonté qu'en sagesse, en justice, en puissance, en tout genre de perfection.

Il prouve que Dieu aime ses créatures et se doit de les aimer. Rien n'est plus vrai, et c'est une de ces idées philosophiques qui prouvent un autre ordre de choses, où le désordre causé ici-bas par le péché sera réparé, et où tout sera bien, d'un bien absolu, pour la créature qui aura aimé et désiré ce bien. Le contraire ne saurait être soutenu que par la folie. L'auteur en convient; mais il attribue la cause de cette folie trop commune à « ceux qui font de Dieu un être capricieux et bar- « bare, qui, avant qu'ils soient nés, *les destine à* « *l'enfer, s'en réservant un tout au plus sur chaque* « *million*, qui n'a pas plus mérité sa prédilection « que les autres n'ont mérité leur perte. »

J'ignore où l'auteur a pris ce Dieu-là : ce n'est sûrement pas celui des Chrétiens, quoique des sophistes calomniateurs le peignent ainsi, en tordant, tronquant, mutilant quelques passages de l'Écriture, parfaitement expliqués par l'Écriture entière et par l'invariable doctrine de l'Église. Il se peut que ce Dieu ressemble à celui des jansénistes : certes, ce n'est pas celui de l'Évangile.

Mais comme Toussaint ne désigne personne, ce n'est pas ici qu'il faut répondre à ses imputations aussi absurdes qu'atroces. On les a mille fois réfutées, et c'est pour cela même qu'on les répète encore; ce qui est plus aisé que de répondre à la réfutation.

« Qu'on ne s'imagine point que l'amour de Dieu
« soit fort différent de celui que nous portons
« aux créatures aimables : il n'y a pas deux ma-
« nières d'aimer : on aime de même *Dieu et sa*
« *maîtresse;* et ces diverses affections ne diffèrent
« l'une de l'autre que par la diversité de leurs
« objets et de leurs fins. »

Il y a plus d'une observation à faire sur ce passage. D'abord, quoiqu'il soit vrai que notre cœur, qui ne saurait changer la nature de ses affections, quel qu'en soit l'objet, aime en effet le Créateur comme il peut aimer la créature, cependant il ne convenait pas ici de se borner à indiquer en quatre mots *la diversité d'objet et de fin*. Cette *diversité* est telle, qu'elle en entraîne une tout aussi grande dans les effets; et comment se dispense-t-on de la marquer dans un livre de morale où l'on reconnaît l'amour de Dieu comme premier principe? En confondant cet amour avec celui de la créature, parce que l'un et l'autre ont dans notre cœur la même cause, c'est-à-dire le besoin d'aimer, ne fallait-il pas spécifier cette distinction, si essentielle pour les *mœurs*, que l'une de ces deux affections ne peut par elle-même produire que du bien, et que l'autre est par elle-même susceptible d'abus infinis ? N'en est-il pas ainsi de toutes nos facultés, dont le résultat est si différent, suivant leur application et leur usage ? Un philosophe moraliste qui, par une réticence affectée, met dans l'ombre une si importante vérité, n'a-t-il pas l'air de vouloir s'y dérober lui-même, quand il devrait la communiquer aux autres ? Ne semble-t-il pas insinuer au lecteur ou tout au moins lui laisser conclure qu'aimer Dieu ou la créature est purement et simplement la même chose ?

Ensuite n'y a-t-il pas une autre espèce d'affectation à nous dire crûment qu'*on aime de même Dieu et sa maîtresse?* Que madame de Sévigné ait dit, dans une lettre particulière : *Racine aime Dieu comme il aimait ses maîtresses;* cela signifie seulement qu'il portait dans ces deux affections le même fonds de sensibilité et de tendresse. Mais les convenances varient suivant les occasions et les circonstances, et il n'est pas décent qu'un moraliste qui pose des bases générales mette sur la même ligne Dieu et une *maîtresse*, c'est-à-dire le plus noble et le plus vertueux des sentiments, et la passion en elle-même la plus vulgaire, et dont l'objet n'est pas même ici énoncé comme légitime. Une *maîtresse* est le mot de la galanterie, et non pas celui de la morale. Les anciens connaissaient ces bienséances, et vous ne trouveriez pas chez les philosophes latins les mots de *domina*, d'*amica* dans un sujet sérieux. Toussaint, quelque *dévot* qu'il veuille paraître dans sa philosophie; a donc manqué de respect pour le nom de Dieu. On sait quel respect avait pour ce nom si saint le grand Newton, qui ne le prononçait jamais sans se découvrir.

Il est vrai que, dans la suite de son livre, l'auteur s'efforce d'épurer tellement l'*amour d'une maîtresse*, qu'il le réduit à peu près à l'amour de la vertu, à ce qu'on appelle l'amour platonique. L'intention peut être bonne, mais l'idée est totalement illusoire ; nous l'avons déja vu (1), et nous le verrons encore ici tout à l'heure ; et une illusion de plus n'excuse pas une si forte disconvenance.

Enfin, quoique l'auteur ne tienne aucun compte du christianisme, il en emprunte encore ici le langage, en parlant de l'amour de Dieu d'un ton qu'il s'efforce de rendre passionné, et qui ressemble, à la vérité près, au style de sainte Thérèse : sur quoi un chrétien ne doit pas manquer l'occasion de rappeler toute l'inconséquence d'un pareil amalgame ; car si l'amour de Dieu est uniquement et exclusivement de la doctrine du christianisme, il est aussi de cette doctrine de regarder cet amour, que nous appelons charité, comme un don de la grace, qui nous est conféré par les sacrements de notre religion. Or, dans cette religion tout se tient, comme de raison ; et certainement l'on n'a pas cette grace sans

---

(1) Au premier livre, à l'article de *Vauvenargues*.

la foi (1), qui est le premier de tous les dons de Dieu. Un déiste comme Toussaint, qui prétend aimer Dieu si tendrement, ou s'abuse d'une manière bien étrange, ou veut en imposer aux autres. L'esprit humain est capable de tant de contradictions, qu'on ne peut pas savoir au juste lequel de ces deux cas était celui de l'auteur.

On ne peut douter du moins qu'il n'ait pris à tâche de dénaturer l'esprit de notre religion; car, partout où il en parle, il semble toujours prendre les abus pour les principes. Beaucoup de ces imputations mensongères doivent trouver ailleurs une réfutation mieux placée et plus complète qu'elle ne peut l'être ici. Mais je me crois obligé de donner quelques exemples de cette méthode astucieuse, ou tout au moins sophistique, qui n'a eu depuis que trop d'imitateurs. Je les tire encore de ce même discours préliminaire, qui est peut-être le morceau où l'auteur a mis le plus d'artifice.

« Les lois peuvent être de plusieurs sortes : ou
« elles contribuent à établir le règne de la vertu,
« ou elles lui sont étrangères, ou elles lui sont
« contraires. »

J'observe avant tout qu'il n'y a point de *lois* qui *établissent le règne de la vertu*, parce que *la vertu* est dans le cœur, et qu'aucune *loi* n'agit sur le cœur. La *loi* règle les actions dans

---

(1) *Sine fide impossibile est placere Deo.*

l'ordre social, c'est-à-dire qu'elle défend tout ce qui peut le troubler, et arrête le mal par la crainte du châtiment : elle ne va pas plus loin; et lors même qu'elle récompense certaines actions, c'est sous le rapport de l'utilité publique; c'est l'intérêt d'être payé ou honoré, mis en balance avec l'intérêt de mal faire. Tout cela est de la politique, et non pas de la conscience, et par conséquent n'est point du ressort de *la vertu*. La politique d'un bon gouvernement, d'une bonne législation, peut influer sur les mœurs extérieures et générales, mais ne peut ni donner ni récompenser *la vertu*. Si des *lois* quelconques pouvaient rendre les hommes vertueux, on n'aurait pas si souvent cité ce mot d'Horace : *Que seraient les lois sans les mœurs* (1)? Horace pensait donc, et tout le monde convient avec lui, que les *lois* ne font pas les mœurs; car assurément il ne manquait pas de bonnes lois à Rome.

Ceci était bon à observer en passant, depuis que parmi nous les auteurs de la plus extravagante anarchie ou de la plus absurde tyrannie, sous le nom de *législation*, n'ont jamais manqué d'y faire entrer *la moralité* et *la vertu*, précisément parce qu'ils n'en avaient pas l'idée, ou qu'ils auraient voulu l'effacer du cœur humain. C'est un des traits de la démence révolutionnaire, et j'y reviendrai ailleurs. Mais ici l'auteur a cru prévenir la censure en nous apprenant, quel-

---

(1) *Quid leges sine moribus vanæ proficiunt ?*

ques lignes après, que ces *lois* qui *contribuent à établir le règne de la vertu* ne sont autre chose que les lois *innées*, en d'autres termes la loi naturelle; ce qui ne justifie nullement le manque de justesse et d'exactitude, qui était ici de devoir rigoureux; car d'abord cette loi naturelle, qui, dans son système, *suffit* pour les mœurs, doit faire plus que *contribuer à établir le règne de la vertu* : ou elle doit l'*établir* en effet, ou elle n'est pas *suffisante*. Il s'est donc très mal exprimé. Il fallait mettre à part cette loi, toute différente des autres, en ce que celle-là est primitive et l'ouvrage de Dieu, et que toutes les autres ne sont que subséquentes et l'ouvrage des hommes. Ensuite, il n'est pas plus exact de compter, quelques lignes après, parmi *les lois étrangères à la vertu, celles qui règlent la forme extérieure du culte divin*, et d'ajouter que, *si elles ne contribuent pas directement au progrès de la vertu, elles n'y nuisent pas non plus pour l'ordinaire*; car si elles peuvent y *contribuer*, au moins *indirectement*, comme on peut le conclure des paroles de l'auteur, elles n'y sont donc pas étrangères. Voilà le défaut de logique et de méthode; voici la malignité.

L'auteur ajoute tout de suite sur ces *lois du culte divin* : « Mais on peut en abuser; et on en
« abuse à coup sûr, si, dans le cas de concur-
« rence avec celles de la première classe, on leur
« donne la préférence. La loi naturelle est la loi
« aînée devant qui toutes les religions plus mo-

« dernes doivent plier comme ses cadettes. C'est
« l'ignorance de cette maxime qui fait parmi nous
« de faux dévots et des superstitieux. »

Avant de rapporter l'exemple que l'auteur imagine à l'appui de ce passage, il faut relever tout ce qu'il y a ici de suppositions fausses et insidieuses.

1° Ou cette forme de phrase, *mais on peut en abuser*, n'a aucun sens; ou elle signifie qu'il y a cette différence entre *les lois innées, celles de la première classe*, et *les lois du culte divin*, que l'on ne saurait abuser des unes, et qu'*on peut abuser des autres*. Et comment un philosophe peut-il ignorer que l'homme *peut abuser* et abuse de tout? Cela ne vaut pas même la peine d'être prouvé, tant c'est un axiome hors d'atteinte. La distinction est donc nulle pour le sens, si elle ne l'est pas pour l'intention. Quant à l'intention, elle est et a été invariablement la même chez tous les détracteurs de la religion révélée, qui n'ont cessé, et ne cessent pas, et ne cesseront jamais de la juger par l'*abus* qu'on en a fait, sans que jamais ils aient eu l'air de se douter et de se souvenir qu'on *abuse* tout autant et encore plus souvent de cette loi naturelle à laquelle ils nous renvoient toujours, comme si elle était la seule à l'abri de tous les *abus*. Mais qu'est-ce qu'*abuser* d'une loi? N'est-ce pas l'interpréter et l'appliquer mal? Et l'homme fait-il autre chose quand il se justifie à lui-même tous ses excès, tous ses torts, toutes ses injustices? Toutes ces satires de la loi révélée et tous ces panégyriques de la loi naturelle ne sont donc qu'un éternel sophisme, un éternel mensonge digne d'un éternel mépris.

2° Que veulent dire ces paroles : « Toutes les » religions plus modernes doivent *plier* devant la « loi naturelle, comme les cadettes devant l'aînée ? » *Toutes* les fausses religions, oui ; car il est de fait qu'il n'y en a pas une qui n'ait porté plus ou moins d'atteinte à leur *aînée*, comme il doit toujour arriver quand l'homme veut joindre son ouvrage à celui de Dieu. Mais cela même prouve le besoin que nous avions que le même Dieu à qui nous devons la loi naturelle nous en donnât le complément et la sanction par sa loi révélée ; et pour avoir le droit de confondre celle-ci avec *toutes* les religions, l'auteur était tenu de prouver que cette loi révélée, non-seulement n'est pas la perfection de la loi naturelle, mais même se trouve ou peut se trouver *dans le cas de concurrence avec elle*. Sans cette preuve, le mot *toutes* est un blasphème ; et, comme la preuve est impossible, il restait la ressource des inductions mensongères, telles qu'on les voit dans ce qui suit.

« Orgon avait pour compagnie unique sa fille « *Philothée* (1). Il tomba en syncope. Sa fille lui « fit respirer de l'eau des Carmes, qui ne le sou- « lagea point. Cependant l'heure de l'office pres- « sait : *Philothée* recommande son père à Dieu et « à sa servante, prend sa coiffe et ses heures, et

---

(1) Ce mot grec veut dire, *qui aime Dieu.*

« court aux Grands-Augustins. L'office fut long;
« c'était un salut de confrérie. Orgon meurt sans
« secours, sans qu'on se soit même aperçu de son
« dernier moment. Qu'on l'eût étendu dans son
« lit et réchauffé, son accident n'était rien. Orgon
« vivait encore, si sa fille eût manqué le salut.
« Mais *Philothée* avait cru que le son des cloches
« était la voix de Dieu qui l'appelait, et que c'é-
« tait faire une action héroïque que de préférer
« l'ordre du ciel au cri du sang. Aussi, de retour,
« fit-elle généreusement à Dieu le sacrifice de la
« vie de son père, et crut sa dévotion d'autant
« plus méritoire, qu'elle lui avait coûté davan-
« tage. »

Quoique l'auteur des *Mœurs* ne soit plus, comme les historiettes du même genre sont une invention familière à ceux qui l'ont suivi et surpassé, la juste indignation qu'inspire la calomnie lâche et hypocrite permet de les apostropher tous ensemble dans celui qui se présente ici le premier avec ces mêmes armes dont ils ont fait si souvent usage, et c'est à eux comme à lui que je m'adresse. Ou prouvez qu'en effet la loi révélée, la loi de l'Évangile, était ici *en concurrence* avec la loi naturelle, et que cette Philothée a préféré en effet l'une à l'autre, et *la voix de Dieu, l'ordre du ciel, au cri du sang;* ou confessez que vous êtes d'infâmes calomniateurs, pour qui tous les moyens sont bons, même les plus vils et les plus maladroitement choisis, pourvu qu'ils puissent en imposer à l'ignorance. Mais vous n'essaieriez seulement pas la preuve que je vous demande : l'Évangile vous éclairerait à toutes les pages. Il suffit de l'avoir lu pour savoir que la superstition absurde et barbare que vous imputez à une femme *qui aime Dieu* est précisément celle que Jésus-Christ n'a cessé de combattre dans les Pharisiens, dans ces mêmes Pharisiens objets continuels de ses plus sanglants anathèmes, parce qu'ils mettaient sans cesse les pratiques légales au-dessus de l'esprit de la loi ; dans ces mêmes Pharisiens qui étaient si loin d'*aimer Dieu*, que c'est à eux particulièrement qus Jésus-Christ adresse ces paroles d'un prophète : *Ce peuple m'honore des lèvres, mais son cœur est loin de moi.* C'est dans l'Évangile que Jésus-Christ met sans cesse le devoir de la charité, l'obligation de secourir le prochain, au premier rang et bien au-dessus de cette observance du sabbat dont les Pharisiens faisaient leur devoir capital ; et l'observance du sabbat est ici bien évidemment l'équivalent de *l'office* et du *salut de confrérie*. C'est dans l'Évangile que Jésus-Christ met tellement la charité au-dessus de tout, non pas seulement en dogme, mais en exemple, que dans un cas où il s'agit, non pas de secourir un père évanoui, ce qui parle de soi-même, mais de se réconcilier avec un ennemi, ce que naturellement on croirait moins pressé, Jesus-Christ ordonne expressément de *quitter l'autel* et *d'y laisser son offrande*, plutôt que de retarder d'un instant ce premier devoir de satisfaire avant tout à la charité, et d'aller éteindre la haine dans le cœur d'un ennemi. Certes, *laisser son offrande à l'autel* est un peu plus que de *manquer un office*, et il est en soi beaucoup plus pressant de ne pas laisser un père, que dis-je? un homme quelconque, en danger de la vie, que de hâter de quelques instants une réconciliation qu'on peut faire demain comme aujourd'hui. Cependant l'ordre de Jésus-Christ y est exprès et positif; tant il a voulu que celui *qui aime Dieu* regardât comme la première preuve de cet amour de Dieu tout ce qui tient à l'amour du prochain! Et c'est cette loi, bien certainement divine, puisque je défie qu'on me la montre dans aucune loi, dans aucune religion humaine; c'est cette loi, par laquelle un Dieu qui nous aime (et celui-là est le véritable) a mis, pour ainsi dire, l'homme avant lui, en nous ordonnant de préférer le service du prochain au service même des autels; c'est cette religion, qui seule nous prescrit comme le plus sacré de tous les devoirs ce que toute autre religion eût regardé comme un sacrilége; c'est celle-là dans laquelle on ose méconnaître un caractère unique de divinité, au point de la supposer *en concurrence* avec le précepte de nature et de conscience, qu'elle seule a pu et voulu élever à cet éminent degré d'inviolabilité et de sainteté qu'il serait impossible de rencontrer ailleurs!..... Je laisse à quiconque a une ame et une raison à qualifier ce genre d'imposture, d'autant plus inexcusable qu'elle est plus réfléchie.

Je m'attends bien que nos adversaires auront

recours au subterfuge qui leur est ordinaire quand ils se sentent pressés par une conviction qui entraîne tant de honte après soi. Ils diront : « De quoi vous plaignez-vous ? L'auteur ne parle et nous ne parlons que *des faux dévots, des superstitieux*. Ne sont-ce pas là ses termes ? » Et moi, je leur réponds qu'il y a ici mensonge sur mensonge, et le dernier ne fait qu'aggraver le premier, bien loin de l'excuser. L'auteur a dû s'entendre, a dû savoir ce qu'il voulait dire, à moins qu'il ne fût imbécile, et il ne l'est pas. S'il n'eût voulu condamner que ce que nous condamnons, il aurait opposé la loi même à la fausse interprétation de la loi ; il aurait dit, comme nous, que c'en était vraiment l'infraction la plus insensée et la plus coupable ; et c'est ce dont il ne dit pas un mot. Au contraire, il donne cette histoire, qui vraisemblablement est de sa façon, comme un exemple de ces *cas de concurrence* dans lesquels on *préfère les lois cadettes à la loi aînée*; et il oublie ou veut faire oublier qu'ici celle qu'il lui plaît d'appeler *cadette*, dans son langage indécent, loin d'être *en concurrence* avec l'*aînée*, en est la sanction la plus solennelle; d'où il suit que toutes deux sont du même auteur. Il ne désigne point cette fille dénaturée comme *une fausse dévote* et *une superstitieuse*; non; il la nomme celle *qui aime Dieu*; et comme, dans tout son livre, les noms grecs de ses personnages en expriment constamment le caractère, il est évident qu'il en est de même ici, et qu'il a voulu montrer comment ceux *qui aiment Dieu* se conduisent avec les hommes. La colomnie méditée est donc ici bien visiblement empreinte; et les mots de *faux dévots* et de *superstitieux* sont seulement ce qu'ils ont toujours été chez ceux de nos sophistes qui croyaient avoir besoin d'un masque avant qu'il leur fût permis de s'en passer : ces mots sont un petit moyen, arrangé d'avance, pour nier devant l'autorité ce qu'on a dit et voulu dire au public.

N. B. Le chapitre suivant fut imprimé séparément en 1797, avec un *Avertissement* qu'il n'est pas inutile de reproduire ici.

« Je m'acquitte de l'engagement que j'avais
« pris (1) de publier cette réfutation d'Helvétius,
« afin de mettre le public à portée d'apprécier
« les éloges récemment prodigués à cet écrivain
« dans quelques journaux, et la censure que j'en
« faisais dans le même temps au lycée, comme
« je l'avais déjà faite en 1788. Cette date suffit
« pour avertir que tout ce qui peut être relatif à
« la révolution a été nouvellement ajouté à ce
« morceau; mais ces additions ne portent que sur
« les conséquences qu'elle a pu me fournir, et je
« n'ai pas été dans le cas de fortifier la discussion
« par un seul argument nouveau : j'aurais été
« plutôt embarrassé de la surabondance que de la
« disette de preuves.

---

(1) Dans l'écrit sur *le Fanatisme*, qui précéda celui-ci de quelques mois.

« J'ai lieu de croire qu'on n'essaiera pas plus
« la méthode du raisonnement contre ce nouvel
« écrit que contre le dernier que j'ai fait paraître
« sur *le Fanatisme*. Mais les juges désintéressés
« remarqueront sans doute cette marche habi-
« tuelle de la secte que je combats : elle ne sait
« que crier contre l'auteur, quand l'ouvrage l'a
« réduite au silence. Il est vraiment plaisant que
« des *philosophes*, c'est-à-dire des raisonneurs
« de profession, aient une si mortelle frayeur
« des luttes de raisonnement. Comment ne crai-
« gnent-ils pas que cette conduite, la même dans
« tous les temps, et par les mêmes motifs, ne
« devienne, dès qu'elle sera examinée dans toutes
« ses circonstances, la révélation de leur fai-
« blesse ? Comment des hommes qui ne parlent
« jamais qu'au nom de la *raison*, quand ils par-
« lent tout seuls, deviennent-ils tout à coup in-
« capables de raisonner dès qu'ils ont un con-
« tradicteur ? Quoi ! c'est à des *philosophes* qu'il
« faut redire que des injures ne sont jamais des
« raisons, et encore moins des raisons philoso-
« phiques ! Quand je serais *un ambitieux*, *un*
« *hypocrite*, *un fanatique*, *un capucin*, etc. (1),
« ce qu'assurément je leur permets de dire et

---

(1) C'est là que se réduisait en substance tout ce qu'on avait imprimé dans les journaux *philosophes* contre l'écrit sur *le Fanatisme*, et ce qui fit sur moi la même impression que sur le public. Ces déplorables champions d'une déplorable *philosophie* durent s'apercevoir alors, pour la première fois, que leur règne était passé.

« même de croire, ils n'en auraient que plus beau « jeu à me réfuter. Que ne l'essaient-ils? Le mé- « pris même qu'ils auraient pour l'auteur ne se- « rait pas une excuse suffisante de leur silence. « Que ne doivent pas faire des *philosophes* quand « il s'agit d'*éclairer le monde?* Qu'ils désespèrent « de moi, ils n'ont pas tort; mais quoique *le* « *monde* aussi paraisse un peu revenu de leurs « *lumières,* ils ne doivent pas en désespérer sitôt; « et qui sait même s'ils ne le ramèneront pas en- « core sous le joug heureux et brillant de leur « *philosophie?* Au moins n'est-ce pas à eux à « croire ce nouveau triomphe impossible : il y « aurait de leur part plus d'abattement que de « modestie, et ni l'un ni l'autre ne convient à des « *philosophes* de leur force. »

Au reste, parmi tous ces adversaires, je ne confonds point M. Garat, à qui je ne dois que des remercîments de la manière très flatteuse dont il s'est exprimé sur mon ouvrage, quoiqu'il soit fort loin d'en adopter les principes, puisqu'il en promet la réfutation. Je suis fâché d'être encore à l'attendre, et l'invite à nous la donner.

Je dois distinguer surtout l'homme de lettres plein d'esprit, de goût et de connaissances, mon confrère à l'Académie, qui a bien voulu annoncer, dans les *Nouvelles politiques,* la seconde édition du *Fanatisme* avec sa politesse accoutumée. Il m'invite à prévenir les méprises et les confusions d'idées dans l'application du mot de philosophie. Je crois avoir pris là-dessus les précautions suffisantés pour ceux qui n'ont aucun intérêt à se méprendre ; mais je crois aussi que je n'en puis jamais prendre assez pour ceux qui n'ont d'autre ressource que de confondre toujours ce que j'ai toujours séparé.

Je pense d'ailleurs, comme lui, que notre révolution n'a été en effet que *le triomphe de l'ignorance*, mais sur la vraie philosophie, et nullement sur celle que je combats et ne cesserai de combattre. Celle-ci, au contraire, qui n'est autre chose que *l'ignorance raisonnée*, n'a fait qu'armer *l'ignorance* grossièrement perverse, beaucoup plus excusable, aux yeux de Dieu, que celle qui lui a mis les armes à la main. Ce sont les charlatans de philosophie qui ont été les premiers professeurs du *sans-culottisme*.

Quant aux attaques personnelles, je n'aurai jamais rien à répondre à ceux qui jugent à propos de s'en prendre à moi, dans l'impossibilité où ils sont de s'en prendre à la cause que je défends. Jamais je n'ai mêlé ni ne dois mêler à celle-ci ce qui est de la mienne propre, qu'autant que l'une peut exiger ce qui est donné à l'autre ; et il ne m'est permis de parler de mes adversaires que pour montrer, dans les moyens qu'ils emploient, ce qui caractérise les ennemis de la vérité ; l'impuissance, la mauvaise foi et la fureur.

CHAPITRE II.

HELVÉTIUS.

On n'a pu ranger Helvétius parmi les écrivains qui appartiennent à la philosophie que dans un siècle où l'on a tout confondu, les hommes, les choses, les idées et les mots. Si Condillac est un philosophe, il est impossible qu'Helvétius en soit un. La philosophie n'est que la recherche du vrai, et la méthode nécessaire pour cette recherche est reconnue et avouée depuis qu'Aristote a fait du raisonnement un art que nous appelons *la logique*. Celui qui en évite ou en néglige les procédés dans les matières spéculatives, où ils sont d'une indispensable nécessité, montre dès lors ou l'ignorance ou la mauvaise foi : il est en métaphysique et en morale ce que serait en physique un homme qui ne tiendrait aucun compte des faits, et substituerait partout les hypothèses à l'expérience. Voyez de quelle manière procèdent Clarke et Fénélon, quand ils démontrent l'existence de Dieu et la spiritualité de l'ame; Mallebranche lui-même, quand, malgré ses erreurs sur la *vision en Dieu*, il explique d'ailleurs si bien les erreurs des sens et de l'imagination; Dumarsais, quand il développe la métaphysique du langage : tous alors ont écrit en logiciens. Mais si je vois un écrivain qui commence par tout brouiller et tout dénaturer dans un sujet où la précision des termes, l'enchaînement des propositions, l'exactitude des définitions et la rigueur des conséquences sont l'unique moyen, non-seulement de se faire entendre aux autres, mais de s'entendre soi-même ; si je le vois poser, pour premières bases, des définitions nouvelles de choses depuis long-temps définies, sans jamais prendre la peine de prouver qu'elles l'aient été mal ; établir, pour première théorie, une suite d'assertions gratuites qui toutes contredisent des vérités démontrées, sans s'occuper le moins du monde ni de réfuter ce qu'il rejette, ni de prouver ce qu'il met à la place ; alors je reconnais sur-le-champ le sophiste qui a besoin de glisser légèrement sur les principes, de peur d'être gêné dans les conséquences, et qui à coup sûr a dans sa tête un système de mensonge ou d'erreur. C'est ce qu'a fait Helvétius. Il ne lui faut que quelques pages de très mauvaise métaphysique, où il matérialise l'esprit, sans prononcer le mot, il est vrai, mais aussi sans prouver la chose ; et il part de là pour faire un gros livre, dont le seul résultat possible est d'anéantir toute moralité dans les actions humaines. Il convient de s'arrêter sur cet ouvrage, d'autant plus que, parmi ceux qui ont marqué en ce genre dans notre littérature de ce siècle, c'est le premier où l'on ait attaqué systématiquement tous les fondements de la morale. Le grossier matérialisme de La Mettrie, éruption d'une perversité folle et brutale, n'avait valu à l'auteur que le mépris public dans sa patrie, et une place de valet bouffon chez un prince étranger, qui trouvait bon d'avoir à ses ordres des valets de toute espèce (1). Le livre *de l'Esprit* était autrement écrit : il y avait plus d'art et de réserve. L'immoralité, beaucoup moins prononcée, s'y cachait, tantôt sous l'appareil des formes philosophiques, tantôt sous l'agrément des détails. Les mots de *vertu*, de *probité*, de *remords*, y étaient répétés, mais dénaturés de manière à n'être plus que des mots sans idée. L'ouvrage entier avait un air de singularité piquante, qui excita d'abord plus de curiosité que de scandale dans un monde plus occupé de s'amuser que de réfléchir. Il y obtint une grande vogue, malgré le sérieux du sujet et le poids du format. Déjà dans ce monde frivole le nom de philosophie, qui commençait à être de mode, avait introduit les gros livres, qu'on lisait comme des brochures; et les femmes qui avaient sur un pupitre les *in-folio* de *l'Encyclopédie* eurent sur leur toilette l'*in*-4° d'Helvétius. L'auteur avait d'ailleurs tout ce qui pouvait contribuer à faire valoir un ouvrage dont la composition n'était pas sans mérite; une grande

---

(1) On l'appelait *l'athée du roi de Prusse*, qu'il divertissait par ses saillies et par sa gourmandise. Il mourut à Berlin d'indigestion. Voyez les *Lettres* de Voltaire, qui racontent les détails de sa mort, et où il parle de lui avec un mépris fort gai. Diderot, dont le mépris pour La Mettrie n'est pas moindre, mais beaucoup plus sérieux, s'indigne contre lui, comme s'il avait compromis la philosophie; et, comme il ne pouvait compromettre que celle de Diderot et des athées ses consorts, ce n'est pas là qu'il pouvait y avoir grand mal.

fortune, une place à la cour, une considération personnelle et méritée. C'était un homme de mœurs douces, d'une société aimable et d'un caractère bienfaisant; il semblait faire une sorte de contraste avec son livre; et ce contraste, dont tout le monde fut frappé, fait encore demander ce qui a pu engager un homme honnête, un homme d'esprit et de talent, à débiter avec tant de confiance une foule de paradoxes où le faux des raisonnements est aussi marqué que l'odieux des conséquences. Il est impossible d'en assigner d'autre cause que cette vaine et malheureuse ambition de célébrité qui s'accorde parfaitement avec ce qu'on nous raconte des premières circonstances qui engagèrent Helvétius dans la carrière des lettres. La vérité des faits ne saurait être suspecte : ils se trouvent dans une préface en forme de Mémoires historiques, à la tête d'un ouvrage posthume d'Helvétius, et de la main d'un de ses plus intimes amis, qui n'a écrit que pour célébrer sa mémoire, et dont l'honnêteté est aussi reconnue que ses talents sont recommandables, l'auteur du beau poëme des *Saisons*. C'est lui qui rapporte qu'Helvétius, jeune encore et amoureux de toutes les jouissances que pouvaient lui procurer son âge, sa figure et ses richesses, remarqua dans un jardin public un homme qui ne paraissait avoir aucun de ces avantages, et qu'un cercle de femmes entourait avec honneur. C'était Maupertuis, qui, revenant d'un voyage au pôle, et s'étant fait quelque nom dans les sciences, avait alors, comme tant d'autres, un moment de faveur publique, et de cette réputation qu'on acquiert et qu'on perd avec la même facilité, quand les moyens ne sont pas au-dessus du médiocre. Helvétius fut frappé de l'éclat et des agréments qu'un savant, un homme de lettres pouvait devoir à sa seule renommée; et dès ce moment il résolut de les obtenir. Il avait jusque-là montré de la facilité pour tout ce qu'il avait voulu entreprendre, et une telle avidité de toutes sortes de succès, qu'il avait dansé une fois au théâtre de l'opéra, sous le masque de Juvilliers, l'un des premiers danseurs de son temps. Cette fantaisie suffisait seule pour caractériser un homme épris des applaudissements plus qu'on ne doit l'être, et plus curieux de gloire que fait pour la choisir ou l'apprécier. Il avait déja fait quelques vers, qu'il confiait à Voltaire, et celui-ci lui faisait entrevoir, à travers les politesses d'usage, qu'en poésie il n'était pas de force à soutenir les regards du public. Ce jugement, consigné dans les *Lettres* de Voltaire, a été depuis pleinement confirmé par le public, après l'impression posthume des poésies d'Helvétius. Il se tourna donc vers la philosophie, qui depuis quelques années devenait une mode, et qui bientôt après, à la naissance de *l'Encyclopédie*, devint une secte et un parti. Il fut lié avec les chefs, et particulièrement avec Diderot. On en a inféré très-légèrement, surtout au moment de la publication de *l'Esprit*, qu'il était en grande partie l'ouvrage de Diderot : ce bruit était sans fondement et sans vraisemblance. Il est très possible sans doute (et même je le croirais volontiers) que l'auteur ait emprunté sa *philosophie* des conversations de Diderot. Comme elle aboutit de tous côtés au matérialisme, il est très probable que le fond en a été fourni à un homme du monde, naturellement peu exercé sur ces matières, par un savant de profession, un maître d'athéisme, qui ne demandait pas mieux que de faire des élèves. Mais d'ailleurs on voit très-clairement que l'auteur du livre de *l'Esprit* a conçu et écrit son système, dont toutes les parties se tiennent, quoique le tout ne tienne à rien. Sa composition n'a aucun rapport avec la manière de Diderot, manière très reconnaissable, beaucoup plus à ses défauts qu'à son mérite, quoiqu'il y ait de l'un et de l'autre. La diction d'Helvétius est en général correcte et pure; mais son style n'a point de caractère marqué. Il a quelquefois de l'éclat, jamais de force ni de chaleur; et en cela, son style s'accorde avec sa doctrine, qui n'admet de sensibilité que celle qui est purement matérielle. On s'aperçoit, en le lisant, que son imagination ne se passionne que pour les idées brillantes et voluptueuses, et rien n'est moins analogue à l'esprit philosophique.

Cette imagination a colorié plusieurs morceaux de ses ouvrages, et y répand de temps en temps une teinte orientale qui tient beaucoup plus à son goût particulier qu'aux convenances du sujet. Aussi son élégance n'est-elle pas toujours celle qui convient aux objets qu'il traite.

Souvent elle devient trop poétiquement figurée, et forme une disparate tranchante avec la simplicité didactique. Il ne connaît point cette insensible gradation de lumière et de couleurs dont parle si bien Condillac, et d'où naît cette harmonie de tons qui doit régner dans le style comme dans un tableau. On sent trop que l'auteur, qui, toute sa vie, avait fait des vers, et n'avait jamais réussi à en faire bien, cède à la tentation facile d'être poète en prose, sorte de prétention qui commençait à devenir aussi une mode et un système; car, dans les choses d'esprit, toute espèce de travers a été érigée en doctrine, et c'est ce qui doit arriver chez un peuple vain qui veut être philosophe. Quelquefois aussi vous voyez Helvétius prendre le ton d'un orateur; et il est vrai que, dans les matières philosophiques, qui embrassent tout, un génie heureux peut emprunter quelque chose du genre oratoire, et même de la poésie; de grands exemples l'ont prouvé; mais le succès dépend du choix, du discernement et de la mesure. Tous les genres se touchent par quelque endroit : tous peuvent s'enrichir les uns des autres; mais autant il est difficile et beau de démêler le point où ils s'avoisinent, et de les rapprocher sans affectation et sans effort, autant il est aisé de les confondre et de les amalgamer de manière que tout soit hors de sa place, et par conséquent de peu d'effet.

On en voit un exemple dès le commencement de *l'Esprit*. L'auteur dit, après Locke et Condillac, qu'une des causes principales de la fausseté de nos jugements, c'est de ne considérer qu'un côté des objets; et nous allons voir tout à l'heure que son livre est d'un bout à l'autre une triste preuve de cette vérité. Mais ici que fait-il pour la confirmer ? Il prend pour exemple une question souvent agitée, si le luxe est utile ou nuisible aux empires; question, pour le dire en passant, en elle-même très-mal posée, puisqu'elle ne peut jamais faire une thèse absolue, et qu'il s'agit de savoir seulement chez qui, comment et jusqu'où le luxe, progrès inévitable et nécessaire de toute civilisation, peut influer sur elle en bien ou en mal. Quoi qu'il en soit, l'auteur, occupé en ce même moment d'arranger les bases de son système sur l'*esprit*, d'en définir et d'en classer les diverses facultés, pouvait et devait tout au plus exposer en trois ou quatre phrases sous quelles faces différentes on avait à envisager le luxe. Jusque-là il restait dans son sujet, et ne rompait guère la chaîne de ses raisonnements, qu'il était essentiel de suivre. Point du tout; il laisse là tout à coup sa métaphysique, se jette dans une digression de vingt pages, et nous met sous les yeux deux longs plaidoyers contradictoires pour et contre le luxe, où, sans même traiter le fond de la question, il étale ambitieusement des lieux communs de rhétorique, qui ne sont eux-mêmes, en cet endroit, qu'un luxe oratoire extrêmement déplacé. Il ne résout point le problème, dont la solution, dit-il, *est étran-*

gère à son sujet. Soit ; mais la digression ne l'était pas moins, et il y a tout lieu de présumer que, si nous trouvons là ces deux amplifications sur le luxe, c'est qu'il les avait dans son porte-feuille, et qu'il les a fait entrer de force dans son ouvrage, pour faire montre de son éloquence. Ce n'est pas ainsi qu'on sait faire un livre, qu'on en remplit l'objet, et qu'on en observe les proportions. Ce défaut est fréquent dans celui d'Helvétius, et le fond y est comme étouffé sous les digressions ; mais ce fond même est encore plus vicieux.

Nous avons vu que Condillac s'était illustré en étudiant et approfondissant les principes de Locke. Helvétius n'a fait qu'en abuser, soit qu'il ne les ait pas entendus, soit qu'il ait voulu les entendre mal ; et en outrant à l'excès les vérités que Locke avait découvertes, il en a tiré les conséquences les plus opposées à ces mêmes vérités. Tout le monde s'est rendu aux preuves du philosophe anglais, quand il a fait voir que toutes nos idées n'ont pu nous venir primitivement que par les sens. Helvétius en conclut que tout se réduit en nous à la faculté de sentir, à ce qu'il nomme *la sensibilité physique*, expression qui, dans son système, formerait déjà une sorte de contradiction implicite ; car ce mot de *physique* semble supposer une distinction d'avec le moral ; et l'auteur n'en admet point, puisque, selon lui, *juger n'est que sentir.* Cette seule assertion, qui, chez lui, fonde toutes les autres, suffirait pour discréditer entièrement sa prétendue philosophie ; car, s'il y a une démonstration irrésistible, c'est celle que Locke semble avoir épuisée, qu'il doit nécessairement y avoir en nous une faculté qui a la perception des objets et qui les compare. En effet, il est prouvé physiquement que cette perception n'est ni dans les objets ni dans nos sens. Elle n'est point dans les objets, puisque l'odeur n'est point dans la fleur, le froid n'est point dans la glace, la chaleur n'est point dans le feu, etc. Cela est universellement reconnu et à la portée du moindre écolier de physique. Il ne l'est pas moins que la perception n'est point non plus dans nos sens, puisque dans l'évanouissement, dans le sommeil, et même dans un état d'application à quelque chose qui nous préoccupe, les objets extérieurs dont l'action est toujours la même sur nos sens, le son, la lumière, les odeurs, le tact même, ne nous affectent en aucune manière. Il suit invinciblement de ces preuves de fait (et ce sont les plus fortes de toutes) qu'il y a en nous une faculté distincte des sens, qui reçoit par eux l'impression des objets, aperçoit les rapports qu'ils ont entre eux ou à elle, et en forme des jugements ; et il est tout aussi démontré, en métaphysique, que rien de tout cela ne peut appartenir à la matière. Qu'on demande, pour la cent millième fois, ce que c'est que cette faculté qui n'est point matière, et que dans toutes les langues on désigne par un mot qui revient à celui d'*esprit* dans la nôtre : le philosophe répondra toujours que, si nous ne le savons pas, c'est que nous ne pouvons pas le savoir; que nous avons la conscience de notre pensée, sans pouvoir dire ce qu'est la pensée; qu'il importe peu que la faculté qui produit en nous cette pensée s'appelle en français *esprit*; en latin, *anima*; en grec, ψυχὴ, νοῦς, etc.; mais que très certainement elle existe et doit exister, parce que tout effet prouve une cause, sans qu'on soit obligé pour cela de connaître cette cause ni son action, et qu'il suffit de savoir que les effets connus ne sauraient en avoir une autre : ce qui est encore métaphysiquement démontré.

Il en est de notre intelligence comme de l'Être nécessaire que nous appelons *Dieu*. Nous ignorons ce qu'il est, car nous ne pouvons pas embrasser par la pensée l'Être nécessairement infini. Mais quand on a démontré qu'il est impossible et contradictoire que le monde existe sans aucune cause première, il faut ou renverser la démonstration, et prouver que l'univers peut exister par lui-même (ce qu'assurément on n'a pas fait, et ce qu'on ne fera pas), ou avouer que la cause existe.

La fausseté du principe d'Helvétius paraît encore plus frappante quand on l'applique aux idées abstraites. Il avoue lui-même que *juger*, c'est *comparer*. Or, toute comparaison, et par conséquent tout jugement, est une action; et si les deux facultés qu'il nous accorde, *la sensibi-*

lité physique et la mémoire (qui même dans son système n'en font qu'une, puisque la *mémoire* n'est, selon lui, qu'*une sensation continue*); si ces deux facultés sont, comme il l'assure, purement *passives*, comment sont-elles capables d'action? Cela répugne dans les termes; et voilà d'abord un philosophe, un métaphysicien, qui n'entend même pas la langue de la science. S'il l'eût entendue, il aurait au moins essayé de faire voir qu'un jugement n'est pas un acte; mais il n'y songe seulement pas; tant il s'occupe peu de définir les mots, et de procéder avec cette méthode dont Locke et Condillac ne s'écartent pas. Dès lors, il part de son principe sans s'embarrasser ni de la réalité ni des preuves, et celles qui viennent ensuite ne sont que des paralogismes et des cercles vicieux. En voici quelques uns.

Il se fait cette objection : « Supposons qu'on
« veuille savoir si la force est préférable à la
« grandeur du corps, peut-on assurer qu'alors
« *juger* soit *sentir?* Oui, répondrais-je : car, pour
« porter un jugement sur ce sujet, ma *mémoire*
« doit me tracer successivement les tableaux des
« situations différentes où je puis me trouver le
« plus communément dans le cours de ma vie.
« Or, *juger*, c'est *voir* dans ces divers tableaux
« que la force me sera plus souvent utile que la
« grandeur du corps. »

Tout ceci n'est qu'une pétition de principe et un abus de mots. L'abus est dans ces phrases :

Ma mémoire doit me rappeler.... Juger, c'est voir, etc. Il ne s'agit pas d'assembler les mots *juger* et *voir*; il faut nous dire nettement et expressément qui *juge* dans vous, qui *voit* en vous. Sont-ce vos sens ? Quoi ! vos sens réuniront à volonté les idées du passé, de l'actuel et du possible, pour en former un jugement ! Cela n'est pas même soutenable. Nous avons déjà vu qu'il est démontré en rigueur que les sens, qui sont les organes des perceptions, n'ont point eux-mêmes de perceptions : et comment *conserver et rappeler* ce qu'on n'a pas ? L'impossibilité est évidente, et la contradiction se montre dans les termes. Qu'est-ce que votre *mémoire*, que vous mettez ici en avant ? Ne réalisons point les abstractions : on sait que c'est une source d'erreurs. Allons au fait. La *mémoire* n'est et ne peut être qu'un mode de la faculté pensante : il n'y a point d'être qui s'appelle *mémoire*. Nous nous servons de ce terme pour exprimer une action de la faculté pensante qui se ressouvient : c'est là évidemment le sens de ce mot, ou il n'en a pas. Vous voilà donc ramené malgré vous à cette faculté que nulle part vous ne voulez reconnaître.

Il est bien vrai que, pour former ce jugement de préférence en faveur de la force, il faudra que la faculté pensante rappelle une foule d'idées qui sont originairement des sensations. Qui en doute ? Mais prenez garde qu'au lieu de prouver ce qu'on vous nie, que *juger et sentir soit la même chose*, vous prouvez seulement ce qu'on vous accorde et ce que tout le monde sait, que l'entendement n'opère que sur des idées qui lui ont été transmises par les sens. Voilà où est le paralogisme et le cercle vicieux qu'il est impossible de nier; tant la démonstration en est claire, je ne dis pas seulement pour des philosophes, mais pour tout homme en état de suivre un raisonnement!

J'ai dit que l'auteur ne reconnaissait nulle part ce que Locke nomme la *faculté pensante*. En effet, Helvétius n'en parle qu'une fois, par supposition, dans les premières lignes de son livre; et tout ce qui vient ensuite tend à l'anéantir, quoique l'auteur pousse l'inconséquence ou l'ignorance jusqu'à ne pas même indiquer ce qui pourrait remplacer cette faculté, cette puissance, cette substance spirituelle, et quoique souvent les raisonnements qu'il fait pour la détruire la supposent malgré lui, comme je viens de le faire voir. Il ne faut pas s'étonner de cette contradiction : à la faveur des termes abstraits qu'on n'explique pas, elle peut régner dans tout un livre. Il y en a tant d'exemples! C'est ainsi que se sont formés tous les systèmes erronés, depuis les *qualités occultes* des péripatéticiens et les *homéoméries* (1) d'Anaxagore, jusqu'au *dieu-monde*, au *grand animal* de Spinosa, et jusqu'à la *sensibilité phy-*

---

(1) Ou parties similaires, dont le concours avait formé par attraction tout l'ordre de l'univers, suivant cet ancien athée. (Voyez son système dans Bayle.)

sique d'Helvétius; *faculté passive*, qui a des idées et qui forme des jugements, assemblage de mots contradictoires qu'un homme un peu instruit ne peut prononcer sans rire de pitié.

Écoutons Helvétius. « Ou l'on regarde l'esprit
« comme l'effet de la faculté de penser (et l'es-
« prit n'est en ce sens que l'assemblage des pen-
« sées d'un homme), ou on le considère comme
« la faculté même de penser. Pour savoir ce que
« c'est que l'esprit, pris dans cette dernière si-
« gnification, il faut connaître quelles sont *les*
« *causes productrices de nos idées*. Nous avons en
« nous *deux facultés*, ou, si je l'ose dire, *deux*
« *puissances passives*, dont l'existence est généra-
« lement et distinctement reconnue. L'une est la
« faculté de recevoir les impressions différentes
« que font sur nous les objets extérieurs : on la
« nomme *sensibilité physique*. L'autre est la fa-
« culté de conserver l'impression que ces objets
« ont faite sur nous : on l'appelle *mémoire*, et la
« *mémoire* n'est autre chose qu'une *sensation*
« *continuée*, mais affaiblie. Je regarde ces fa-
« cultés comme les causes productrices de nos
« pensées. »

Autant de mots, autant d'erreurs. D'abord il fallait absolument admettre ou rejeter la définition reçue jusqu'ici de ce mot *esprit* dans l'acception générique et philosophique, la seule dont il s'agisse ici, puisqu'il n'est pas question de ce qu'on appelle, dans tel ou tel individu, *avoir plus ou moins d'esprit*. Le langage usuel ne peut être ici rapproché du langage métaphysique que pour tout embrouiller. Il faut partir en tout d'un point quelconque, et avant d'apporter une théorie nouvelle, on est tenu de réfuter celle dont on ne veut pas. Mais c'est ce que n'ont jamais fait nos sophistes, qui ont toujours l'air de regarder comme non avenu ce qui a été démontré jusqu'ici, afin de se dispenser d'un combat dont ils désespèrent. Cette méthode est aisée, mais elle est bien lâche; et n'oubliez pas qu'elle a été constamment suivie, non pas seulement par les déistes contre les Chrétiens, mais aussi par les athées contre les philosophes. Pas un n'a même essayé la plus légère attaque contre les arguments d'un Locke, d'un Clarke, d'un Jacquelot, et l'on peut affirmer que ce silence est bien ici la preuve complète de l'impuissance ; car nos sophistes, qui osent tout en s'abstenant de les combattre, n'oseraient pas et n'ont jamais osé les mépriser.

Ensuite il ne fallait pas dire: *Pour savoir ce que c'est que l'esprit, pris pour la faculté de penser*, etc.; car, en ce sens, personne ne prétend savoir *ce que c'est;* nous connaissons ses opérations, et non pas son essence : on en est convenu, et l'auteur ne l'oublie que pour se mettre à côté de la question. Y a-t-il ou n'y a-t-il pas en nous une substance spirituelle, nécessairement distincte de la matière, et douée de la faculté de penser, comme l'ont reconnu Locke, Clarke, Leibnitz, Fénélon, et tous les plus grands philosophes, à compter de Socrate jusqu'à Cicéron, et de Cicéron jusqu'à Condillac? Voilà sur quoi il fallait statuer explicitement dans un livre sur *l'esprit*; voilà la marche de la bonne foi : toute autre est déja suspecte par elle-même, et ne peut être, à l'examen, qu'infidèle ou insidieuse. Aussi s'aperçoit-on sur-le-champ que la manière dont l'auteur s'y prend pour expliquer les actes de cette puissance, qu'il s'abstient de nier formellement, ne tend à rien moins qu'à l'annihiler. Il ne nous accorde que *deux puissances passives*, et il fait bien d'ajouter *si j'ose le dire*; car c'est oser étrangement contre le sens commun, et des *puissances passives* en métaphysique sont à peu près comme des *carrés ronds* en mathématique (1). Passons à l'auteur de multiplier les êtres sans nécessité, et même

---

(1) Il n'est pas permis d'ignorer qu'en philosophie la *capacité de recevoir* est un attribut, une qualité, une modification, et n'est point *une puissance*, ni proprement *une faculté*, quoiqu'on le dise dans le langage usuel, qu'il faut toujours soigneusement distinguer du langage didactique; sans quoi, l'on confondrait tout, comme c'est ici l'intention d'Helvétius. Quand on dit usuellement *la faculté de recevoir*, personne ne prend alors ce mot pour équivalent à celui de *faculté pensante*, qui n'est autre chose que la puissance de penser, essentielle à la substance spirituelle, à l'ame. L'idée de *puissance* ne saurait se séparer de celle d'*action*; et ce n'est pas pour rien qu'Helvétius a glissé ce mot *puissance*, avec l'air d'en demander la permission. Voyez ce qu'il en fait tout de suite quelques lignes après. Ne passez jamais un mot inexact à un sophiste : lui seul sait jusqu'où il veut aller, et, sans l'abus de mots, il ne saurait faire un pas.

à contre-sens dans sa propre théorie, puisque assurément, comme je vous l'ai fait observer, la faculté de recevoir des impressions, et celle d'en conserver le souvenir, ne sont au fond qu'une seule et même chose. Mais ce qui est capital, c'est que, s'il n'y a dans nous que des *facultés passives*, nous n'avons plus ni action ni liberté; car ce qui est *passif* ne peut agir, et ce qui ne peut agir ne saurait non plus se déterminer. Cela est rigoureusement conséquent et irréfragable dans cette théorie de la *sensibilité physique*, qui est tout et fait tout dans l'homme; et cette conséquence serait dure à imaginer d'une espèce d'être qui a calculé le mouvement des planètes, qui a l'idée de l'infini, qui a vu Dieu dans ses ouvrages, et qui sent la vertu dans son cœur. Mais aussi l'absurdité des conséquences suffirait pour montrer toute celle du principe, si nous n'avions déjà vu combien il est en lui-même destitué de toute apparence de raison. Remarquons seulement que cette méprise grossière de faire de l'entendement humain une faculté *passive* a pu être prise de Mallebranche, que son système de la *vision en Dieu* mène jusque-là sans qu'il l'énonce positivement ou même qu'il s'en aperçoive. Il tombe dans cette conséquence repoussante, parce qu'il veut que nous voyions tout en Dieu; et Helvétius en fait un principe, parce qu'il veut que nous voyions tout par nos sens. C'est ainsi qu'une seule idée fausse, rapprochant les extrêmes les plus opposés, peut amener sur la même route deux hommes qui doivent être bien étonnés de s'y rencontrer, un Chrétien et un matérialiste.

Mais que dirons-nous de ce singulier énoncé sur *la faculté de recevoir les impressions des objets?* « *On la nomme sensibilité physique.* » *On la nomme!* Ah! cela vous plaît à dire. Dites au moins *je la nomme;* car ici le mot est à vous comme la chose. Pour que l'on ou l'autre fût vrai, il faudrait que la perception des objets fût dans les sens, et nous n'en sommes plus à prouver qu'elle n'est que dans l'ame. S'il fallait encore là-dessus quelques unes de ces preuves que tout le monde peut entendre, parce que ces preuves sont des faits, je vous rappellerais ce qui est connu, qu'un homme en qui aucun des cinq sens n'aura éprouvé d'altération, s'il tombe dans l'état d'imbécillité ou de folie, ira se heurter contre les corps durs, se brûler les doigts au feu, si l'on ne prend soin de l'en empêcher, et sera précisément comme Don Quichotte, qui, ayant les yeux bien ouverts et la vue très bonne, prenait les marionnettes de maître Pierre pour des héros et des princesses. Et que devient donc alors cette *sensibilité physique* dont Helvétius veut faire la dépositaire de nos idées et la *cause productrice* de nos jugements? Voilà une plaisante *puissance*, qui ne suffit seulement pas à m'avertir de ce qui peut me casser le cou; et voilà aussi (je le répète, et il est bien temps de le répéter) une plaisante *philosophie.*

Faut-il revenir au sérieux? Il est faux, absolument faux que *la sensibilité physique soit la cause productrice de nos idées;* elle n'en est que la cause *occasionelle.* Et quel est le philosophe qui confondrait des choses si différentes? « Nos sens, dit « Condillac, ne sont qu'occasionellement la cause « de nos connaissances. » En effet, pour quiconque est un peu versé dans les matières philosophiques, aucun corps n'a ni ne peut avoir la puissance de *produire* en nous des idées. Écoutez encore Condillac, que j'aime à citer; ce qui n'empêchera pas qu'on ne répète que celui qui oppose sans cesse les philosophes aux sophistes s'est déclaré l'ennemi de la philosophie, parce qu'il s'est moqué de ces sophistes sous ce même nom de *philosophes* qu'il leur a plu de s'attribuer, comme s'il ne m'était pas permis de les désigner sous le titre qu'ils ont pris, et comme s'il y en avait un qui pût les rendre plus reconnaissables que celui avec lequel ils ont fait tant de bruit, tant de fortune et tant de mal. Voici donc ce que dit Condillac : « Il ne peut y avoir que du mouvement « dans les organes; et une sensation produite à « l'occasion de ce mouvement n'est pas ce mou- « vement même. » Tout le monde en conclura que la sensation n'est pas dans les organes, et c'est aussi ce qui est reconnu. Les anciens, qui avaient aperçu cette relation des sens aux idées, qui fut pour eux un axiome stérile, l'énonçaient pourtant de manière à distinguer très bien ce qui est *occasion* de ce qui est *cause.*

« Il n'y a rien dans l'entendement, disaient-ils,

« qui n'ait été auparavant dans les sens (1). » Ils n'exprimaient donc qu'un rapport d'antériorité, ce qui est très différent d'une *cause productrice*. En dernier résultat, les objets extérieurs sont l'occasion de nos perceptions, nos sens en sont les organes, l'ame en est le siége, et c'est Dieu qui a mis en elle le pouvoir inexplicable pour nous de communiquer par les sens avec les objets extérieurs, et de former de ses sensations des idées et des jugements.

Locke a prouvé, autant qu'il est possible à l'homme, c'est-à-dire par les seuls principes d'analogie entre ce qui est et ce qui doit être, que l'ame est une substance simple et indivisible, et par conséquent immatérielle. Cependant il ajoute qu'il n'oserait affirmer que Dieu ne puisse douer la matière de pensée. Condillac est de son avis sur le premier article, et le combat sur le second. Je suis entièrement de l'avis de Condillac, et tous les bons métaphysiciens conviennent que c'est la seule inexactitude qu'on puisse relever dans l'ouvrage de Locke. Le motif en est sans doute très louable : c'est un profond respect pour la toute-puissance divine, et une crainte modeste d'affirmer rien qui ait l'air de borner cette puissance. Mais ce respect n'est pas ici bien entendu, ni cette modestie bien placée. Le plus modeste philosophe est obligé d'adopter la conséquence quand

---

(1) *Nihil est in intellectu quod non priùs fuerit in sensu.*

il a établi le principe : la connexion des idées est une force intellectuelle, indépendante de notre assentiment. Celui qui avait invinciblement démontré l'immatérialité essentielle de la substance pensante n'était plus le maître d'admettre, dans aucune hypothèse quelconque, la possibilité que cette même substance soit matérielle. Ce n'est pas là respecter la toute-puissance divine, c'est en méconnaître la nature ; et qui devait savoir mieux que Locke que Dieu ne peut pas faire qu'une chose soit et ne soit pas, parce qu'il ne peut rien vouloir de contradictoire en soi ? Or, il répugne qu'il donne à la matière une faculté incompatible avec elle ; et cette incompatibilité, c'est Locke lui-même qui l'a prouvée mieux que personne. Mais quand son extrême respect pour la Divinité l'a engagé dans cette inconséquence, il était bien loin de se douter que les matérialistes et les athées se feraient une arme contre Dieu même de cette réserve trop peu réfléchie dans un de ses plus sincères adorateurs. Quel bruit n'ont-ils pas fait de cette phrase échappée à Locke ! quel parti n'en ont-ils pas voulu tirer ! De cette seule supposition qu'il n'était pas impossible à Dieu de donner la pensée à la matière, ceux mêmes qui ne croyaient pas en Dieu ont bien vite conclu l'inutilité parfaite et la non-existence du principe pensant, de l'intelligence suprême, de la cause première, en un mot de tout ce que Locke avait si bien démontré dans son immortel ouvrage. Ils ont oublié l'ouvrage entier pour ne se souvenir que d'un seul passage;

ils ont mis de côté toutes les démonstrations pour ne s'arrêter qu'à une hypothèse. Ils n'ont pas plus parlé des unes que si elles n'existaient pas, et ce n'est que pour citer l'autre qu'ils ont quelquefois nommé Locke, sans se mettre d'ailleurs en peine d'opposer un seul mot à cette insurmontable série d'arguments, par lesquels le premier logicien du monde, le premier de tous les métaphysiciens (de l'aveu même de nos *philosophes* avant le règne de l'athéisme) avait établi l'existence nécessaire d'un premier Être, la spiritualité et l'immortalité de l'ame.

Quant aux relations qui existent entre la substance pensante et l'organisation du corps humain, vous vous souvenez avec quelle solidité de raisonnements, appuyés de l'expérience, Condillac a fait voir que l'immense supériorité de l'homme sur les animaux qui ont des idées, et même quelques liaisons d'idées, tient surtout à cet inappréciable organe de la parole. Comprenez-vous qu'Helvétius ait pu fermer les yeux à la justesse sensible de cette observation, et qu'il ait mieux aimé attribuer tous nos avantages à la conformation de nos mains? Le vice des arguments qu'il entasse à ce sujet vient particulièrement de faits mal observés, et ce vice est capital en philosophie. Il n'était pas possible qu'il ne prévît l'objection qui se présente d'elle-même, que les singes ont des pates pour le moins aussi adroites que nos mains, et d'une conformation à peu près semblable. L'objection est pressante : toutes les réponses qu'il oppose sont d'une futilité qui va jusqu'au ridicule, et ce n'est que sous ce point de vue qu'elles sont véritablement curieuses.

1° « L'homme est l'animal le plus multiplié sur la terre. » Oui, parce que l'homme est de tous les climats; mais la multiplication des singes dans trois parties du monde, l'Afrique, l'Asie et l'Amérique, n'est-elle pas assez grande pour les rendre susceptibles des progrès qui tiennent à la sociabilité, si d'ailleurs ils en avaient, comme nous, le principal instrument, la parole! En certaines contrées de l'Afrique leur nombre est si prodigieux, que les Nègres sont avec eux dans un état de guerre habituel pour défendre leurs champs, que les singes attaquent et ravagent en corps d'armée.

2° « Parmi les différentes espèces de singes, il « en est peu dont la force soit comparable à celle « de l'homme. » D'abord le jocko, le mandril, l'orang-outang, sont d'une telle force, qu'il y a peu d'hommes qui, sans armes, pussent se défendre contre eux; et puis, ou cette réponse n'a aucun sens, ou elle suppose que l'intelligence est naturellement en proportion de la force; ce qui est démenti par les faits. Qui est plus fort que le bœuf, et qui est plus stupide? Et s'il était question de force entre l'homme et les animaux, croit-on qu'il eût beau jeu contre le lion, le tigre, le rhinocéros et l'éléphant?

3° « Les singes sont frugivores, et les animaux « voraces ont en général plus d'esprit que les au-

« tres animaux. » Oui; de cet esprit qui leur sert à saisir la proie : c'est un instinct que leur a ménagé la nature pour assurer leur subsistance. Mais il n'est pas plus vrai qu'ils aient une supériorité d'esprit générale et réelle qu'il ne l'est que les méchants aient généralement plus d'esprit que les honnêtes gens, parce qu'ils sont plus habiles qu'eux à mal faire. Quant aux animaux, en connaît-on dont les travaux, les mœurs, les habitudes montrent plus d'industrie, plus de sagacité, plus d'invention que les castors et les fourmis? L'éléphant est frugivore, et c'est peut-être de tous les quadrupèdes celui dont l'intelligence semble le plus approcher de la nôtre; et l'éléphant et la fourmi, ces deux espèces placées aux deux extrémités du genre animal, font assez comprendre que la nature n'y a pas distribué l'esprit en raison de la masse et de la force.

4º « La vie des singes est plus courte. » Oui; mais il faut faire attention que cette différence, qui n'est pas d'ailleurs également prouvée dans tous les animaux, n'est point une raison d'infériorité; car s'ils vivent moins long-temps, ils atteignent beaucoup plus tôt l'âge où leurs organes sont entièrement développés; ce qui peut faire une compensation, surtout pour les animaux qui vivent trente ou quarante ans; et il y en a (l'éléphant par exemple) qui vivent communément davantage.

5º « Les singes ne forment qu'une société fu-
« gitive devant les hommes. » L'auteur applique

cette même réflexion à tous les animaux pour qui l'homme s'est rendu redoutable. Elle n'a rien de solide ni de concluant; et d'abord, c'est donner un effet pour une cause; car pourquoi les animaux seraient-ils si naturellement *fugitifs* devant l'homme, si l'homme n'avait pas sur eux une supériorité naturelle, quel qu'en soit le principe et le moyen? Ensuite les avantages que l'homme s'est acquis par l'invention des armes n'ont changé en rien le caractère et les mœurs des animaux. Ils sont à cet égard ce qu'ils sont entre eux et par eux-mêmes, c'est-à-dire dépendants des circonstances accidentelles : le plus faible fuit devant le plus fort. Ils ne sont pas tous constamment *fugitifs*; et surtout ceux que leur instinct porte à vivre en société y ont toujours vécu malgré les attaques et les embûches de l'homme et des espèces ennemies. Jamais les martres, les renards, les ours et les carcajoux, qui tourmentent continuellement la république des castors et brisent leurs loges, l'homme même, plus destructeur qu'eux tous, n'ont pu éloigner de leurs habitations ces industrieux amphibies; et les fourmis n'ont pas pris le parti de se séparer, quoiqu'on ait détruit mille fois les fourmilières, et que, dans plusieurs contrées des deux Indes et de l'Afrique, l'homme soit obligé de leur faire une guerre d'extermination, non pas seulement pour défendre les richesses du sol, mais pour défendre sa propre vie; tant ces insectes se sont rendus formidables par leur multitude, leur voracité et la prodigieuse rapidité de leurs invasions imprévues ! Les éléphants, les chevaux sauvages errent par troupeaux dans les plaines des Indes et du Pérou, où ils sont continuellement chassés par l'homme, sans que le soin de leur sûreté leur ait jamais appris à se séparer ; ce qui pourtant en rendrait la chasse infiniment plus difficile. Les bêtes féroces ne montrent à notre égard que cet instinct de défiance naturel aux différentes espèces : comme nous, elles attaquent à leur avantage quand elles le peuvent. Si le voyageur est armé de vigilance et d'un fusil, le tigre le laissera passer ; mais si le tigre croit pouvoir le surprendre, il s'élancera sur lui : le loup qui a faim se jette sur l'homme, s'il ne le voit pas en défense ; et quand la neige et la glace couvrent la terre, cet animal, naturellement solivague, ne trouvant plus de nourriture, se joint à ceux de son espèce, et tous ensemble courent les bois pour réunir leurs forces contre la proie qu'ils rencontreront. Il en est de même des ours du Nord et des tigres de l'Afrique : ils s'attroupent pendant la nuit, et assiégent les misérables huttes des Kamtschadales et des Nègres. Ainsi, suivant le besoin et les circonstances, les animaux attaquent ou fuient, se rassemblent ou se dispersent.

6° « La disposition organique de leur corps
« les tenant, comme les enfants, dans un mou-
« vement perpétuel, même après que leurs be-
« soins sont satisfaits, les singes ne sont pas sus-
« ceptibles de *l'ennui qu'on doit regarder comme*

« *un des principes de la perfectibilité de l'esprit*
« *humain.* »

On a bien quelque envie de rire de ces graves inepties, et du ton qui les accompagne. *Qu'on doit regarder !* Mais on ne nous permet pas de rire d'un *philosophe* ; c'est beaucoup si l'on nous permet de raisonner. Raisonnons. Toutes les suppositions de l'auteur sont gratuites : il n'est nullement certain ni que le mouvement prouve l'absence de l'ennui, ni que l'ennui soit une suite de l'immobilité, ni qu'aucune espèce d'animaux connaisse ce que nous appelons *ennui*. Si le mouvement en était le préservatif, on ne verrait pas tant de gens s'ennuyer, en allant sans cesse d'un lieu à un autre, comme font surtout les riches et les grands, qui sûrement ne sont pas de tous les hommes les moins ennuyés. Je croirais même que cette sorte de *mouvement perpétuel*, sans autre objet bien marqué que l'envie de se mouvoir, serait bien plutôt la preuve que le remède de l'ennui. Qui croit-on le plus ennuyé, de l'artisan immobile à son atelier, de l'homme de lettres immobile cinq ou six heures de suite à son pupitre, ou de l'homme du monde faisant son cours de visites pendant toute une soirée ? S'il fallait parier pour l'ennui, je parierais pour le dernier. La plupart des Sauvages, quand ils ont pourvu à leurs besoins, restent toute la journée étendus sur leurs nattes : bien loin de s'y ennuyer, ils regardent, ainsi que beaucoup de peuples, le repos et l'inaction comme un grand bien; ils sont toujours étonnés de l'inquiétude européenne, qui leur paraît inconcevable : ils feront cent lieues de suite en chassant plutôt qu'un quart de lieue en se promenant. La promenade, c'est-à-dire l'action d'aller pour aller (que Voltaire appelle quelque part *le premier des plaisirs insipides*, quoique ce fût un de ceux de l'Élysée des anciens); la promenade leur paraît la chose la plus bizarre et la plus folle qu'on puisse imaginer.

A l'égard des enfants, qu'Helvétius cite en exemple on ne sait pourquoi, la cause de cet amour qu'ils ont pour le mouvement est bien connue; c'est un instinct naturel et commun à tous les animaux du même âge, et absolument nécessaire, dans les vues générales de la nature, au développement des membres et à l'accroissement des forces : de là cette discipline universelle dans toutes les maisons d'étude, où l'on donne toujours aux jeunes élèves deux ou trois heures par jour, et souvent plus, soit dans la chambre, soit dans une cour, pour se livrer aux jeux de leur âge, qui tous sont des exercices, ou même des fatigues de corps telles, que, sans une habitude journalière, il serait impossible de les soutenir aussi long-temps. Faut-il donc être réduit à rappeler des notions si vulgaires? Je ne suis pas sûr que nos *philosophes* sachent beaucoup de choses que les autres hommes ne sachent pas; mais j'ose assurer que, dans leurs livres, ils ont à tout moment l'air d'ignorer ce que tout le monde sait.

Pour ce qui est de ce malaise qu'on nomme *ennui*, il est fort douteux que les bêtes l'éprouvent; et j'ai bien peur que ce ne soit une maladie particulière à notre espèce. Tout autre animal, quand ses besoins physiques sont satisfaits, paraît content : il se repose ou il dort; et si le Sauvage leur ressemble en ce point, c'est qu'il est beaucoup plus près que nous de la vie animale. L'ennui, qu'il faut bien distinguer de tout autre mécontentement qui a une cause déterminée, l'ennui n'est au fond qu'une comparaison de notre état actuel avec un état meilleur, qu'on suppose sans trop le connaître; c'est un desir vague et factice, né d'une imagination exercée par les besoins, les progrès, les abus de la société. La connaissance d'une foule d'impressions morales qui n'ont lieu que dans cette société modifiée à la fois en bien et en mal, donne l'habitude et le desir d'être ému de mille manières que le Sauvage ne connaît pas; et l'ennui peut être alors ou la satiété de ces émotions, qui fait qu'on en voudrait imaginer de nouvelles, ou l'indifférence pour les jouissances actuelles, qui en fait confusément désirer d'autres; et rien de tout cela ne peut exister dans des êtres bornés à peu près aux nécessités physiques, comme le sont tous les animaux.

Tous ceux qui ont un peu réfléchi sur l'homme

savent que les causes morales de la perfectibilité humaine sont l'amour-propre et la curiosité, d'où naît le desir infini et illimité de jouir et de connaître. Ce sont là des vérités reçues partout en bonne métaphysique. Joignez-y cette conséquence, que, l'énergie des facultés de l'homme étant par elle-même égale pour le bien comme pour le mal, ses progrès dans l'un sont naturellement accompagnés ou suivis d'un progrès dans l'autre; et vous concevrez le besoin qu'il a d'une autorité supérieure qui lui marque le terme où il doit s'arrêter dans les efforts de son esprit, et le but où il doit tendre dans les desirs de son cœur, sans quoi l'un et l'autre seront sujets à s'égarer; et vous trouverez dans ces idées premières déduites l'une de l'autre, les rapports essentiels de l'homme à Dieu, fondements de la religion.

Il est triste de descendre de ces notions importantes, et dignes de toute l'attention des hommes qui pensent, à ce ridicule paradoxe de l'*ennui* (1) *principe de perfectibilité*. Je n'en ai

---

(1) Il dut pourtant à sa singularité un moment de fortune, et fut le sujet d'une pièce de vers *sur les avantages de l'ennui*, envoyée à l'Académie il y a environ trente ans, et dont cette compagnie fit mention. On y remarqua ces deux vers :

> Et ce n'est pas, dans le siècle où nous sommes,
> Faute d'ennui qu'on manque de grands hommes.

Notez qu'alors l'ennui était le mal dont tout le monde se plaignait. On a connu depuis des maux un peu plus graves, qui semblent avoir fait oublier celui-là; et dans ce concert de

parlé, que pour indiquer ou éclaircir quelques vérités de détail, en les substituant aux nombreuses méprises d'Helvétius, d'ordinaire aussi fautif dans les faits que dans les raisonnements; et de plus, ces détails servent à tempérer et même quelquefois à égayer la sévérité des controverses philosophiques. A présent que nous avons vu ce que c'est que l'ennui, l'on me dispensera aisément de lui ôter la magnifique influence qu'il plaît à Helvétius de lui attribuer. Lui-même, quand il en vient à s'expliquer, ne nous donne plus l'*ennui*, mais *la haine de l'ennui, comme un ressort plus général et plus puissant qu'on ne l'imagine* ; et ici ses expressions rentrent absolument dans ce que j'ai dit ci-dessus de ce besoin d'être ému qui, lorsqu'il est trompé ou rassasié, peut produire l'ennui. J'ai prouvé que ce besoin, bien loin d'avoir pu contribuer à aucune espèce de perfectionnement, était un des effets abusifs de cette sociabilité dont le premier instrument a été sans contredit le don de la parole. Il s'ensuit qu'il ne fallait pas mettre *l'absence de l'ennui* au nombre des causes de l'infériorité des singes, non plus que *la haine de l'ennui* au nombre des causes de la supériorité des hommes, puisque les langueurs de l'ennui et l'activité sociale sont également des modes d'exis-

---

plaintes douloureuses qui depuis si long-temps n'a pas cessé, je n'en entends pas une contre l'ennui. Il est clair que nous ne sommes plus assez heureux pour nous ennuyer.

tence qui supposent déja un état de choses déterminé par des principes convenus. L'auteur est donc, pour la seconde fois, convaincu d'avoir pris l'effet pour la cause : ce n'est pas en philosophie une légère bévue; mais il a fallu procéder avec cette rigueur, pour qu'il fût notoire qu'un écrivain à qui l'on a voulu faire une réputation de *philosophe* n'est pas même un passable logicien. Mais aussi, quel est celui de ces *philosophes-là* qui compte la logique pour quelque chose ?

On voit encore que, dans tout cet article sur l'ennui, l'auteur a tourné autour d'une vieille observation morale, qui n'en est pas moins vraie pour être devenue fort commune, que l'occupation continuelle de l'homme, pour sortir de lui-même et se prendre à tout autour de lui, prouve qu'il n'est pas bien avec lui; et que l'espèce de satiété qu'il finit par trouver partout prouve aussi qu'il ne trouve jamais ce qu'il cherche, le bien réel. Tout ce qui en résulte, c'est cette induction qu'en ont tirée tous les sages, qu'apparemment ce bien, dont nous avons l'idée et le desir, existe dans un autre ordre de choses, puisqu'il ne se rencontre pas ici. C'est une de ces notions morales dont la Providence a mis le germe dans tous les hommes capables de réflexion, pour les conduire aux vérités religieuses qui en sont la conséquence. Mais on conçoit sans peine que ce n'est pas là ce qu'un *philosophe* tel qu'Helvétius pouvait apercevoir dans l'ennui.

Toujours obstiné à ne pas reconnaître la vraie

cause de l'infériorité des animaux, et à nous en découvrir d'imaginaires, il en donne une dernière raison, qui ne vaut pas mieux que les autres. « Ils « sont mieux armés, mieux vêtus que nous par « la nature...., et doivent par conséquent avoir « moins d'invention. »

Si l'amour-propre était obligé d'être raisonnable, on pourrait, du moins sous un certain point de vue, trouver fort injuste d'en accuser les *philosophes*, qui passent, non sans de bonnes raisons, pour en avoir plus qu'aucune autre espèce d'hommes; car qu'y a-t-il qui semble plus modeste et même plus humble que de se donner la torture, comme fait ici l'auteur, de concert avec tous les matérialistes, pour se bien persuader que notre prétendue supériorité sur les animaux ne tient au fond qu'à des défectuosités et des imperfections qu'ils n'ont pas? Tout à l'heure nous ne valions mieux qu'eux qu'à force de nous ennuyer : actuellement, si nous l'emportons sur eux en *invention*, c'est faute de griffes et de dents telles que celles du lion et du tigre, et faute d'une fourrure aussi chaude que celle de l'ours, aussi belle que celle du léopard? N'êtes-vous pas tentés de vous récrier avec M. Jourdain : *La belle chose que la philosophie !*

Nous sommes obligés ici de raisonner contre un auteur qui ne fait profession que de raisonner. Si nous ne faisions que plaisanter, ces mêmes hommes, qui le plus souvent ne font autre chose, quoique fort mal à propos, et quelquefois de fort mauvaise grace, crieraient de toute leur force que nous manquons de raisons. Il est vrai que, quand on leur en donne, ils ne disent plus rien ou ne disent que des injures; mais c'est toujours avoir gagné quelque chose, du moins auprès des gens raisonnables.

Dans le système d'Helvétius, qui ne met entre les animaux et nous d'autre différence que la conformation physique, ce qu'il vient de dire est encore une pétition de principe : car dès qu'il n'y avait plus à tromper la destination naturelle du seul animal raisonnable, qui donc empêchait que les hommes ne vécussent dispersés dans les bois, attachés à la vie purement animale, comme ces deux ou trois individus abandonnés qu'on y trouva de nos jours? Dans ce cas, n'est-il pas très probable que nous serions devenus, comme eux, fort semblables aux animaux; que notre peau se serait épaissie et couverte d'un poil hérissé; que nos ongles auraient acquis la dureté de la corne; que nos dents, accoutumées à déchirer la chair crue, seraient devenues comme celles des loups, et que, par le même instinct que les loups, nous aurions mordu et dévoré? Or, dans cet état, il y aurait eu fort peu d'animaux mieux armés et plus redoutables que l'homme, peu qui eussent eu plus de moyens et moins de besoins. Il aurait cédé au lion, au tigre, à l'éléphant, et aurait eu de l'avantage sur presque tous les autres. Qui ne sait ce que peut l'exercice continuel des facultés physiques, et combien il s'accroît lorsqu'il occupe seul l'individu? Les Sauvages atteignent à la course les animaux les plus légers : les habitants du Nord se battent corps à corps contre les ours : les Nègres nagent comme des poissons, et grimpent aux arbres comme des singes. Pourquoi donc l'homme a-t-il négligé ses forces physiques à mesure qu'il s'est plus civilisé? C'est qu'il a senti qu'il pouvait s'en passer par l'ascendant de ses forces intellectuelles ; il a écouté l'instinct de sa nature, qui lui indiquait tous les moyens de l'intelligence et tous ceux de la communication des pensées par la parole, tandis que l'instinct des autres animaux les bornait généralement à leurs moyens corporels. Ce n'est donc pas l'infériorité de ses organes qui l'a élevé à cet état social où il commande aux animaux, puisque, s'il eût vécu comme eux, l'usage de ces mêmes organes eût généralement égalé celui des leurs ; mais c'est au contraire la supériorité de son intelligence qui lui a fait dédaigner ces ressources purement animales. Et qu'en a-t-il besoin en effet? Pourquoi s'armerait-il de ses ongles et de ses dents, lorsqu'un enfant peut conduire avec un bâton des éléphants et des taureaux, et qu'à l'âge où il devient capable de manier une arme et de viser juste, il peut, au besoin, abattre d'un seul coup les plus terribles animaux ?

En vérité, quand on voit la philosophie telle qu'elle doit être, la noble contemplation de l'ouvrage du Créateur et de tout ce que lui-même nous a permis d'y apercevoir, comment ne pas s'affliger qu'on ait décoré de ce beau nom de philosophie les malheureux efforts de certains esprits, qui ont mis je ne sais quel inexplicable orgueil à humilier, s'ils l'avaient pu, leur propre nature, à méconnaître et défigurer l'homme, et à travestir en un vil animal celui que l'intelligence et la parole ont fait le roi de l'univers? Quel est en effet le but secret d'Helvétius? Celui qu'il n'osa pas avouer formellement, dans un temps où cette honteuse *philosophie* s'enveloppait encore dans les ténèbres dont elle avait besoin, avant de se produire à la lumière, pour l'obscurcir et la souiller. Son but était de détruire l'existence de l'ame : il voulait que le pur matérialisme fût pourtant la conséquence implicite de son livre sur *l'esprit*. Or, rien ne le gênait plus dans ce système que cette perfectibilité si sensible dans l'homme, et qu'il doit surtout au don de la parole, si visiblement destiné à enrichir en lui le don de la pensée. L'un semble en effet la conséquence et le complément de l'autre dans un être formé d'esprit et de matière. Il était selon l'ordre qu'il y eût entre sa raison et ses organes un rapport de vues et de moyens qui ne se retrouvât pas dans la grossière animalité réduite à l'instinct. A quoi lui aurait servi sa pensée, si riche et si féconde, si sa langue, indigente et captive, eût été réduite à l'accent inarticulé de la brute? Ce sublime attribut d'une perfectibilité indéfinie, cet attribut unique et bien évidemment unique dans notre espèce, puisque les opérations de l'instinct sont constamment uniformes dans toute autre espèce animale depuis le commencement du monde, ce beau présent de prédilection, que devenait-il sans la parole? Cette intelligence si agissante et qui a fait tant de belles choses, qu'aurait-elle fait, si la bouche eût été muette? Le plus simple bon sens, la moindre réflexion sur les analogies qui nous frappent de tous côtés dans la nature bien observée, et qui sont des lois en bonne philosophie; tout ne nous dit-il pas que la parole est l'instrument nécessaire de la pensée, et le moyen corrélatif à la fin? Et Dieu fait-il quelque chose en vain? Y a-t-il contradiction dans quelqu'un de ses ouvrages? S'il a voulu que la créature raisonnable fût seule formée pour le connaître, et par conséquent pour lui rendre hommage; s'il a voulu qu'elle fût un composé merveilleux des deux substances, de l'esprit et de la matière, a-t-il pu vouloir que l'une des deux fût impuissante pour communiquer avec lui et avec nos semblables, et que, tandis qu'une moitié de nous-mêmes pourrait sans cesse s'élever vers lui, l'autre fût sans cesse condamnée au silence des brutes, qui ne le connaissent pas? Non; Dieu, si magnifique envers nous, n'a pu être inconséquent ni avare dans les dons qu'il nous a faits. L'homme, créé pour lui, devait lui appartenir tout entier, et la parole est le noble privilège de notre argile animée, comme la raison celui de l'esprit que nous anime. L'une et l'autre sont des caractères distinctifs de la plus excellente des créatures; et tandis que toutes les autres ne rendent au Créateur qu'une obéissance tacite et passive, il convenait que l'homme, qui préside à toutes, et qui seul peut parler à Dieu dans cet universel silence, l'homme, qui ne saurait avoir trop de voix pour louer et bénir son auteur, fût en état de lui adresser à la fois et les mouvements de son ame, que Dieu seul peut voir, et les paroles de sa bouche, que tous peuvent entendre et répéter.

Cette imposante connexion des deux titres de supériorité, faits pour séparer l'être raisonnable de tous les autres animaux, devait sans doute importuner étrangement un matérialiste qui veut à toute force nous confondre avec eux. Pour lui, la parole nous en distinguait trop; et, pour expliquer cette supériorité qu'il ne pouvait nier, il lui fallait quelque chose qui pût paraître en quelque sorte plus matériel que la parole, plus indépendant de la pensée, et il a eu recours à la conformation de nos mains. Voilà la clef de tous ces sophismes vraiment pitoyables, vraiment puérils, que vous n'avez pu (j'en suis sûr) entendre sans étonnement. Cependant un peu de réflexion aurait pu l'arrêter dès le premier pas : il aurait vu, avec un peu de bonne foi, que, si la structure de nos mains est en effet un grand moyen pour la construction et la multiplication des instruments de tous les arts, ce moyen, comme tous les autres, n'est puissant qu'en proportion de l'intelligence qui le dirige, et que par conséquent il nous ramène encore à ce principe pensant que le matérialiste veut éviter, et qui le poursuit partout; à ce principe tellement prédominant sur tout le reste, qu'avec lui l'homme a non seulement porté beaucoup plus loin que tous les animaux l'usage des moyens physiques qui lui sont communs avec eux, mais encore a surabondamment suppléé ceux qu'il n'a pas, au point de triompher sans beaucoup de peine de tous les avantages corporels, éminents dans quelques espèces animales. C'est ainsi que, malgré la vitesse des pieds, l'agilité des ailes, la force tranchante des dents, la force déchirante des ongles, la force renversante des cornes; malgré l'énormité de la stature et de la masse, la dureté des écailles, l'énergie mortelle des poisons; malgré l'instinct de la défiance ou celui de la férocité; l'homme sait atteindre ce qu'il y a de plus léger, vaincre ce qu'il y a de plus terrible, abattre ce qu'il y a de plus robuste, dompter ou apprivoiser ce qu'il y a de plus craintif et de plus farouche; en sorte que tant d'espèces vivantes ne paraissent devant l'homme dominateur que comme des vaincus ou des esclaves, des compagnons ou des amis.

Helvétius a-t-il pu se déguiser tout-à-fait que, s'il suffisait pour tout cela d'avoir des mains, celles des singes, qui valent bien les nôtres, auraient dû depuis long-temps les mettre en concurrence avec nous? Non, ne le croyez pas : sa raison l'a senti malgré lui, mais elle n'a pas été plus loin : sa *philosophie* l'a arrêté tout court. Sa *philosophie*, chez lui bien autrement forte que sa raison, et bien déterminée à la contredire en tout; sa *philosophie* lui défendait de revenir à ce grand avantage de la parole, qui le ramenait à celui de l'intelligence. Il a mieux aimé s'épuiser en explications, toutes plus ineptes les unes que les autres, espérant peut-être que le nombre suppléerait à la valeur. D'ailleurs, elles étaient toutes pour lui suffisamment bonnes dès qu'elles rentraient dans son système : tel est l'esprit systématique, que vous ne sauriez trop bien connaître, parce qu'on ne peut trop s'en défier. Une fois infatué d'une chimère qu'il regarde comme une découverte, l'homme le plus spirituel d'ailleurs s'y attache dès lors comme à une acquisition de son talent, comme à une propriété de son amour-propre; il ne voit plus rien dans les objets que ce qu'il peut rapporter à son objet favori. Il en est de cette passion comme de l'amour : on ne voit plus ce qui est, on voit ce qu'on se plaît à voir : les défauts sont des beautés; les plus mauvaises excuses sont des raisons; les mensonges sont des vérités. Il y a cette différence, que, de ces deux sortes d'aveuglement, la plus douce et la plus excusable ne dure pas long-temps, au lieu que l'autre est d'ordinaire sans remède. On n'aime pas toujours le même objet, mais on s'aime toujours soi-même; et, s'il est très rare que les amants meurent dans leurs illusions, il est bien plus rare qu'un homme à système ne meure pas dans ses erreurs. Suivons celles d'Helvétius.

Il se demande *comment, jusqu'à ce jour, on*

a supposé en nous une faculté de juger distincte de celle de sentir. C'est lui seul qui *suppose* ici, et qui confond dans des expressions très inexactes, et dans l'abus du mot de *faculté*, deux attributs divers d'une même substance, le sentiment et la pensée. Jamais personne n'a dit qu'il y eût en nous deux *facultés*, deux *puissances*, deux *principes d'action* (car c'est ce dont il s'agit ici), dont l'une servît à *juger*, et l'autre à *sentir*. Tout l'artifice de la phrase d'Helvétius consiste à présenter ces mots du langage usuel, *faculté de juger*, *faculté de sentir*, comme s'ils signifiaient deux agents, deux substances, tandis qu'ils n'expriment, suivant Locke et tous les métaphysiciens qui se sont rangés autour de lui, que deux attributs d'une seule et même substance spirituelle, qui sent, qui pense, qui juge, qui se ressouvient, qui veut, etc., etc. L'usage permet de donner à tous ces attributs le nom de *facultés*, comme se réunissant tous dans la *faculté* spirituelle, à qui seule appartient la pensée et tout ce qui tient à la pensée; et cette extension du même mot, qui, suivant le génie d'une langue, peut exprimer également l'agent et l'action, la substance et l'attribut, n'a jamais autorisé aucun philosophe à confondre ce que tout le monde sait distinguer; mais sans l'abus des mots, comment bâtirait-on un système d'erreur?

La prétendue solution d'Helvétius sur la prétendue question qu'il imagine ne vaut pas mieux que la question même. « L'on ne doit cette sup-
« position qu'à l'*impossibilité* où l'on s'est cru jus-

« qu'à présent d'expliquer d'aucune autre manière
« certaines erreurs de l'esprit. » On ne se fait pas
à des assertions si étranges et si gratuites. Quelles
sont donc ces *erreurs de l'esprit* que *l'on a cru
impossible d'expliquer?* Ce qui serait *impossible*,
ce serait d'expliquer comment une intelligence
finie serait incapable d'erreur; mais toutes les erreurs quelconques, à commencer par celles de
l'auteur lui-même, qui sont au nombre des plus
étranges, sont parfaitement explicables, non pas
sans doute dans l'ordre de la raison, mais bien
dans celui de l'amour-propre et des passions.

Il vous annonce ensuite qu'il va lever cette difficulté; car déja ce qu'*on avait cru impossible* n'est
plus pour lui que *difficile.* Vous voyez assez qu'il
en est de *la difficulté* comme de *l'impossibilité*,
et que l'une et l'autre ne sont que dans l'imagination de l'auteur. Il nous apprend que *tous nos
faux jugements sont un effet ou de nos passions
ou de notre ignorance;* ajoutez, et souvent de
l'une et de l'autre; et si la découverte n'est pas
plus neuve que *difficile*, du moins la proposition
sera complète; elle sera vraie aussi, pourvu que
l'on entende par *ignorance* le défaut de lumières, de quelque cause qu'il provienne. Mais point
du tout; ce n'est pas là ce que l'auteur veut dire;
car il dirait la vérité, et ce n'est ni sa coutume ni
son goût. Il n'entend par *ignorance* que celle des
*faits de la comparaison desquels dépend la justesse
de nos décisions*, et dès lors son explication est
très insuffisante; car il arrive souvent que deux

hommes sans passion, partant des mêmes faits dont ils sont également instruits, décident tout différemment, et que l'un a tort et l'autre a raison : il y en a tant d'exemples! C'est qu'il y a aussi d'autres causes de nos erreurs que les passions et l'ignorance des faits; et ces causes sont les imperfections naturelles de notre intelligence (les passions même mises à part); et ces imperfections sont ou le défaut d'attention à la liaison des idées, ou le défaut de justesse dans la comparaison qu'on en fait; ce qui rentre dans cette *ignorance* prise en un sens absolu, comme attribut d'une intelligence imparfaite et faillible, et ce qui est différent de cette ignorance des faits particuliers dont parle ici Helvétius. Le défaut d'attention est d'un esprit léger ou préoccupé; le défaut de justesse est d'un esprit faux ou borné. Ce sont là des vérités pour tout le monde, mais non pas pour Helvétius; car il va poser en principe et il prétend démontrer que *chacun a essentiellement l'esprit juste*. Je vous répète ses propres termes, et je suis obligé de vous en prévenir : vous auriez quelque peine à imaginer qu'on puisse sérieusement soutenir un paradoxe si insoutenable. Aussi, de tous ceux qu'on a jamais avancés (et ils sont nombreux, surtout dans ce siècle), c'est peut-être le seul qui n'ait séduit personne. Mais du moins, après celui-là, nous ne serons plus étonnés de tous ceux qu'il accumule, et il est bon de vous y préparer : vous en verrez qui ne sont pas moins extraordinaires.

« Chacun voit bien ce qu'il voit ; mais personne
» ne se défiant assez de son ignorance, on croit
« trop facilement que ce que l'on voit dans un
« objet est tout ce que l'on y peut voir. » Oui,
rien n'est plus commun ; mais il ne l'est pas moins
de voir fort mal cela même qu'on croit voir fort
bien. Il en est de l'esprit comme de la vue ; et
puisque l'auteur adopte cette métaphore, rien
n'empêche de la suivre. Non seulement il y a tel
homme qui, dans un espace donné, verra dix fois
plus d'objets que moi, mais qui verra très distinctement ceux que je n'aperçois que d'une manière
très confuse, ou même que je crois tout autres
qu'ils ne sont ; et comme il y a des vues basses, des
vues courtes et des vues faibles et mauvaises, il y a
aussi des esprits obtus, des esprits bornés, des esprits obscurs et faux. Supposons qu'il s'agisse de
traduire une phrase d'une langue ancienne : il n'y a
qu'un mot qui puisse faire difficulté, parce qu'il offre en lui-même plusieurs sens, quoique certainement il n'y en ait qu'un (1) qui soit celui de la

---

(1) J'en citerai un exemple qui vient ici d'autant mieux, que la controverse eut lieu entre deux hommes qui ne peuvent être taxés d'ignorance, ni dans le sens absolu, ni dans le sens particulier. Il s'agissait de cet endroit de Tite-Live où il dit du consul Brutus, assistant au supplice de ses fils : *Eminente patrio animo inter publicæ pœnæ ministerium.* Patrio, en latin, signifie également *paternel* ou *patriotique.* Ici, lequel est-ce des deux ? Rollin avait traduit suivant la première acception ; Gibert l'attaqua, et soutint que la seconde était celle de l'auteur ; et tous deux savaient aussi bien le latin qu'il est possible

phrase. Je les connais tous, et je choisis celui qui fait un contre-sens. Dira-t-on que j'ai bien vu ce que j'ai vu ? Non : j'ai vu fort mal la seule chose qu'il y eût à voir, et que j'ai cru voir bien, le sens de la phrase. Pourquoi ? c'est que j'ai manqué ou d'attention ou de justesse d'esprit, et non pas de connaissance. Je me contente de cet exemple, qui détruit le sophisme de l'auteur dans ses propres termes. Il serait d'ailleurs inutile de s'arrêter plus long-temps à un paradoxe qui ne fera jamais fortune, par cette seule raison, que, si chacun se croit l'esprit juste, tout le monde aussi se plaint des esprits faux.

On ne croira pas davantage que *tous les hommes ont une égale aptitude à l'esprit ; que l'inégalité des esprits est un effet de l'éducation ; que le génie est le produit éloigné des événements, des circonstances et du hasard.* Toutes ces assertions,

---

de le savoir : tous deux avaient fait leurs preuves. Qui des deux avait raison ? Tite-Live seul pourrait nous le dire ; car ce qui rend la question difficile, c'est que les deux acceptions font un sens également beau ; ou, s'il y a quelque différence, elle est fort loin d'être décisive. Rollin entendait que *le père se montrait encore dans le consul, au milieu du ministère de la vengeance publique.* Je me range à son avis ; surtout à cause de l'opposition de termes et d'idées, *patrio* et *publicæ*, qui est bien dans le génie de la langue latine ; mais je ne saurais condamner Gibert, qui, insistant sur le mot *eminente*, soutient que jamais le patriotisme ne pouvait *éclater* plus que dans ce *ministère de la vengeance publique* rempli par un père. Ce sens est aussi très plausible : on peut préférer celui qu'on voudra, mais je ne vois aucune raison de décider.

visiblement contraires à l'expérience, ne sont au fond que des conséquences, mal déduites et follement exagérées, de quelques vérités triviales. Ainsi, on avait dit mille fois que l'éducation avait un grand pouvoir sur les hommes, et l'on avait raison : on a observé mille fois que telles ou telles circonstances avaient déterminé le goût de tel homme pour une science, pour un art, pour un état où il s'est distingué, et l'on avait raison. Mais personne, avant Helvétius, n'avait imaginé d'en conclure que l'éducation fait tout dans les arts et les sciences, et que ce sont les circonstances qui donnent les talents. Il s'est bien attendu qu'on lui objecterait la prodigieuse distance qui se trouve à cet égard entre tant de jeunes gens élevés sous le même toit, de la même manière, et par les mêmes maîtres; distance qui frappe tous les yeux dans les maisons d'éducation publique. Mais cette objection ne l'embarrasse point du tout : il répond qu'on ne saurait prouver que les *circonstances* soient exactement les mêmes, et qu'il y a toujours quelque diversité qui échappe. Cependant ces circonstances, si peu sensibles, que personne ne peut les remarquer, sont en même temps si puissantes, que parmi des milliers d'élèves du père Porée, qui sont morts plus ou moins inconnus, elles font naître un Voltaire, dont le nom a rempli le monde; et si tous les autres n'ont pas été des Voltaires, ou même en sont restés si loin, c'est que les *circonstances* leur ont manqué. Quelle logique! et comment, lorsqu'on fait des volumes pour révéler ces mystérieuses merveilles, ces arcanes de la *philosophie* moderne, ose-t-on se moquer de l'ancienne scolastique? Celle-ci du moins, toute renfermée dans des mots vides de sens, n'attaquait aucune vérité, si elle n'en établissait aucune. C'était tout simplement un langage convenu, un jargon barbare, dans lequel on pouvait disputer sur tout jusqu'à la fin du monde, sans jamais s'entendre sur rien. Cette scolastique a retardé la raison, et la nouvelle *philosophie* l'a pervertie : lequel vaut mieux ?

L'auteur se croit très fort en nous objectant que, si nous rejetons son opinion, nous sommes réduits à n'attribuer l'inégalité des esprits qu'à une cause qui nous est inconnue. « Une « cause connue, dit-il, rend-elle compte d'un « fait, pourquoi le rapporter à une cause incon-« nue, à une qualité occulte dont l'existence tou-« jours incertaine n'explique rien qu'on ne puisse « expliquer sans elle? » C'est que nous n'avons pas autant de confiance que vous : il faut en avoir un grand fonds pour affirmer que tous les hommes sont nés avec les mêmes dispositions à tous les progrès de l'esprit, et que l'énorme disproportion que l'on remarque entre les facultés de ceux qui ont eu les mêmes secours étrangers ne vient que de quelques accidents inobservés. C'est ainsi que vous rendez compte d'un fait, et que vous en assignez *une cause connue!* Si vous croyez faire entendre ce langage à des hommes instruits, ce n'est pas présumer peu. Pour nous, nous ne présumons rien : nous voyons une différence sensible dans les esprits, et nous avouons que nous en ignorons la cause, parce que nous ignorons la nature de l'esprit. Si nous voulions nous perdre en hypothèses sur l'organisation animale, comme vous sur le concours des accidents, nous pourrions nous en tirer avec le même succès, c'est-à-dire que nous réussirions aussi mal à expliquer ce qui est que vous à expliquer ce qui n'est pas. Mais nous aimons mieux confesser notre ignorance sur ce point, comme sur tant d'autres, que d'ériger l'erreur en système, et nous ne croirons jamais qu'il soit philosophique de nier un phénomène moral aussi constaté que l'inégalité des esprits, uniquement parce que nous ne saurions en donner l'explication. Nous laissons aux sophistes du siècle cette méthode qui n'appartient qu'à eux, de nier les faits qu'ils ne comprennent pas, et de n'admettre que ce qu'ils supposent.

Croirait-on qu'Helvétius, au lieu de garder pour lui sa découverte, que personne ne serait tenté de revendiquer, veut la retrouver dans Locke et dans Quintilien, et invoque leur témoignage en des termes qui sembleraient ne laisser aucun doute ? « Quintilien, Locke et moi, « disons : *L'inégalité des esprits est l'effet d'une* « *cause connue, et cette cause est la différence* « *de l'éducation.* » Il cite aussitôt un passage de chacun d'eux, et ni l'un ni l'autre, dans la tra-

duction même qu'il en donne, n'emportent les conséquences qu'il lui plaît d'en tirer. Mais il y a plus : en recourant aux originaux (et j'avertis, en passant, que c'est à quoi il ne faut jamais manquer quand ce sont nos *philosophes* qui citent ou qui traduisent), on voit que, des deux passages, l'un ne se rapporte point à la question, l'autre est tronqué et très infidèlement rendu. Voici d'abord ce dernier, celui de Quintilien, tel qu'il se trouve réellement au commencement de son livre, où il veut établir l'utilité et l'importance de l'éducation. « On se plaint, sans fonde-
« ment, que la nature n'ait accordé qu'à très
« peu d'hommes la faculté de concevoir ce qu'on
« leur apprend, et que la plupart, faute de dis-
« positions, perdent leur temps et leur travail.
« On doit remarquer, au contraire, que la plu-
« part ne manquent ni de facilité à imaginer, ni
« de promptitude à retenir. En effet, cela est na-
« turel à l'homme ; et comme l'oiseau est né pour
« voler, le cheval pour la course, et les bêtes fé-
« roces pour le carnage, de même l'exercice de
« l'esprit et les talents de la pensée appartien-
« nent à l'humanité, et c'est même ce qui a fait
« croire que l'ame a une origine céleste. Les hom-
« mes stupides et indisciplinables ne sont pas
« plus selon l'ordre de la nature que certaines
« monstruosités physiques, et sont en effet en
« très petit nombre. Ce qui le prouve, c'est que
« dans les enfants on aperçoit déjà le germe et
« l'espérance de beaucoup de qualités ; et quand

« ce germe vient ensuite à périr, c'est la culture
« qui a manqué, et non pas la nature. »

Y a-t-il rien là d'où l'on puisse conclure autre chose que ce dont tout le monde est convenu de tout temps, que beaucoup de dispositions se perdent faute d'être cultivées ; qu'il y a très peu d'hommes entièrement inhabiles à toute conception ; que ceux mêmes qui en ont le plus ont besoin de l'exercer, et par conséquent peuvent devoir beaucoup à l'éducation ? Est-ce de bonne foi qu'Helvétius a cru voir là son principe d'une *aptitude égale* dans tous les esprits ? Qu'on juge ce qu'il en faut penser par cette phrase qui suit immédiatement ce que je viens de citer, mais qu'Helvétius s'est bien gardé de traduire. « Sans
« doute, tel homme surpasse tel autre homme
« en génie ; je le sais bien : il s'ensuit seulement
« que l'un pourra plus que l'autre ; mais il n'y
« en a point à qui l'étude ne puisse apprendre
« quelque chose. » Cela est-il assez clair et assez positif ? Je ne saurais me refuser des réflexions qui sans doute se présentent d'elles-mêmes, mais sur lesquelles il importe de s'arrêter. Vous voyez, Messieurs, qu'il ne s'agit plus ici d'une préoccupation aveugle qui méconnaît des vérités de raisonnement ; il s'agit d'une fausseté réfléchie sur des vérités de fait : ce n'est plus erreur, c'est mensonge. Helvétius n'a pas pu se méprendre sur le passage entier, puisque, non content de l'altérer dans sa version que je n'ai point suivie, il en supprime totalement la dernière phrase, qui

le condamne trop manifestement pour laisser lieu ni au doute ni à la méprise. Une semblable suppression démontre l'intention de tromper. On dira que ce n'est pas en matière très grave. Je le sais, et j'avoue que l'absurde paradoxe de l'égalité des esprits ne peut pas avoir les mêmes conséquences que celui de l'*égalité révolutionnaire*. Vous ne verrez pas un *philosophe* qui ne soit pris, comme celui-ci, en flagrant délit, et il y en a un surtout qu'on peut y prendre à toutes les pages (1). Helvétius est loin de cet excès, et, parmi tant d'erreurs, c'est peut-être le seul mensonge ; mais il est si formel et si médité, qu'on est en droit de dire à l'auteur, comme à tous ceux de la même espèce : Quand vous vous permettez d'en imposer à ce point au public, vous vous déclarez vous-même indigne de toute confiance. Dès que la mauvaise foi est prouvée, il est sûr que vous n'écrivez pas pour éclairer les hommes, mais pour les égarer ; que pour vous l'intérêt de la vérité n'est rien, et que celui de votre amour-propre est tout. Mais aussi que s'ensuit-il en rigueur ? Que, de votre aveu, votre doctrine est fausse, puisque vous croyez avoir besoin du mensonge pour la soutenir, et jamais la vérité n'a pu se concilier avec le mensonge, pas plus que le jour avec la nuit : c'est un principe sans exception.

Souvenez-vous, Messieurs, de ce principe,

---

(1) Voltaire.

applicable à tous les sophistes qui vont passer sous vos yeux, et concluez que toute cette *philosophie* n'était qu'un pur charlatanisme, aussi méprisable dans l'intention que dans les moyens, et que ceux qui ont fait métier de débiter des paradoxes dans leurs livres n'étaient pas plus scrupuleux que ceux qui débitaient leurs drogues sur des tréteaux.

Et pourtant, me dira-t-on, Helvétius était un honnête homme. Oui, et la conséquence que j'en tire n'en est que plus terrible contre les adversaires que je combats. Qu'est-ce donc qu'une *philosophie* qui fait d'un honnête homme, dès qu'il la professe, ce qu'il ne serait jamais dans aucune autre occasion, un menteur? Qu'est-ce qu'une doctrine que des hommes honnêtes ne peuvent défendre que par des moyens qui ne le sont pas? Plus vous aurez prouvé pour l'homme, plus vous prouverez contre sa cause; et sans doute il faut qu'elle soit bien mauvaise, puisqu'elle le rend si différent de lui-même. C'est tout ce que je voulais conclure, et cette conclusion est grave, péremptoire, accablante, et je défie tous nos *philosophes* réunis ensemble de pouvoir y échapper.

Venons maintenant à Locke, qui n'est pas plus que Quintilien de l'avis d'Helvétius. Il s'exprime ainsi dans son *Traité sur l'éducation* : « Je crois
« pouvoir assurer que, de cent hommes, il y en
« a plus de quatre-vingt-dix qui sont ce qu'ils sont,
« *bons* ou *mauvais*, utiles ou nuisibles à la so-

« ciété par l'instruction qu'ils ont reçue. C'est de
« l'éducation que dépend la grande différence aper-
« çue entre eux. Les moindres et les plus insen-
« sibles impressions reçues dans notre enfance ont
» des conséquences très importantes et d'une longue
« durée. Il en est de ces premières impressions
« comme d'une rivière dont on peut sans peine
« détourner les eaux en divers canaux par des rou-
« tes tout-à-fait contraires; de sorte que, par la
« direction insensible que l'eau reçoit dès sa
« source, elle prend différents cours, et arrive
« enfin dans des lieux fort éloignés les uns des
» autres. C'est, je pense, avec la même facilité
« qu'on peut tourner les esprits des enfants du
« côté qu'on veut. »

Qui ne voit clairement qu'il s'agit ici des habitudes morales, du caractère, et non point de l'esprit et du génie? Et cependant Locke, même sous ce point de vue, n'attribue à l'éducation une influence décisive que sur le plus grand nombre, est non pas sur tous. Il savait qu'il y a des hommes d'un si mauvais naturel, que rien ne peut les réformer; d'autres si heureusement nés, que rien ne peut les corrompre. Titus et Domitien avaient reçu la même éducation; l'un fut un demi-dieu, l'autre fut un monstre.

C'est, en effet, sur les dispositions morales que l'éducation a le plus grand pouvoir. Une attention continuelle à graver dans une jeune tête des idées de justice, d'honnêteté, de bonté, de respect pour la vertu, de mépris pour le vice, à faire sentir la honte et le poids d'une faute, le mérite du repentir, le plaisir d'une bonne action, surtout l'idée habituelle de Dieu mis avant tout, comme témoin et juge de tout, peut, dans la plupart des hommes naturellement sensibles à la louange et au blâme, à l'espérance et à la crainte, tourner en habitude et en principe l'amour du bien et l'horreur du mal. C'est ainsi que l'éducation, si elle fait rarement des hommes de talent, peut souvent faire d'honnêtes gens et de bons citoyens. Mais quel rapport y a-t-il de ces vérités connues au paradoxe inouï d'Helvétius? Ici du moins lui-même a paru sentir que le passage du livre de *l'éducation* ne décidait rien pour sa thèse. « A la « vérité, dit-il, Locke n'affirme point expressé-« ment que tous les hommes communément bien « organisés aient une égale aptitude à l'esprit... » (il l'*affirme* si peu, qu'il n'en dit pas un mot, et qu'il n'y pense même pas); « mais il dit ce que « lui avait appris l'expérience journalière... » (Soit; mais cette expérience ne lui a rien appris qui ait trait à ce que vous dites.) « Ce philosophe n'avait « point réduit toutes les facultés de l'esprit à la « capacité de sentir, principe qui, seul, peut ré-« soudre cette question. » Vraiment, c'est que Locke était en effet un philosophe qui, n'établissant point de faux *principes*, n'était point nécessité à tirer de fausses conséquences, et qui, pour *résoudre une question*, ne se mettait point hors de la question.

Helvétius aime beaucoup les historiettes, les

anecdotes, et c'est un goût assez général dans le monde : c'était de plus, chez nos *philosophes*, un moyen convenu, une rubrique de secte, de faire circuler au besoin un conte de leur invention, de l'imprimer même quand on le pouvait. Vous en avez déja vu des exemples, et j'aurai occasion d'en rapporter d'autres. Ceci, du reste, n'est dit ici qu'en général, et ne regarde nullement Helvétius ni son livre. Les anecdotes du sien étaient toutes connues avant qu'il les insérât : elles peuvent y faire une sorte d'épisodes de pur agrément; mais si l'on veut les convertir en preuves d'un système métaphysique, c'est le cas d'appliquer fort à propos ce qu'un géomètre disait mal à propos de la tragédie de Phèdre : *Qu'est-ce que cela prouve ?* Cela peut du moins amuser ici comme dans une conversation; et voici quelques exemples cités comme des preuves que *nous devons souvent les hommes illustres au hasard des circonstances.* Ce sont les termes de l'auteur, qu'il est bon de ne pas oublier.

« Sa dévote mère (de M. de Vaucanson) avait
« un directeur : il habitait une cellule à laquelle
« la salle de l'horloge servait d'antichambre. La
« mère rendait de fréquentes visites à ce direc-
« teur. Son fils l'accompagnait jusque dans l'an-
« tichambre. C'est là que, seul et désœuvré, il
« pleurait d'ennui, tandis que sa mère pleurait
« de repentir. » Vous permettrez que je laisse à la narration la légèreté *philosophique*, qui est d'usage dès qu'il s'agit de religion. C'est le cachet

du parti, et ici du moins la raillerie ne va pas jusqu'à l'extrême indécence : on n'en était pas encore là. « Cependant, comme on pleure et qu'on « s'ennuie toujours le moins qu'on peut; comme « dans l'état de désœuvrement il n'est point de « sensations indifférentes, le jeune Vaucanson, « bientôt frappé du mouvement toujours égal d'un « balancier, veut en connaître la cause. Sa curio-« sité s'éveille. Pour la satisfaire, il s'approche des « planches où l'horloge est renfermée. Il voit à tra-« vers les fentes l'engrènement des roues, découvre « une partie de ce mécanisme, devine le reste, « projette une pareille machine, l'exécute avec « un couteau et du bois, et parvient enfin à faire « une horloge plus ou moins parfaite. Encouragé « par ce premier succès, son goût pour la méca-« nique se décide, ses talents se développent, et « le même génie qui lui avait fait exécuter une « horloge en bois lui laisse entrevoir, dans la per-« spective, la possibilité du flûteur automate. » Fort bien; mais ici je suis le géomètre, et je dis : *Qu'est-ce que cela prouve?* Que nous devons Vaucanson à la dévotion de sa mère? Oh! non? c'est s'arrêter en trop beau chemin, et il y a ici bien plus d'un hasard. Je soutiens, moi, que c'est à l'horloge; car la mère avait beau être *dévote*, si l'horloge n'eût pas été là, il n'y avait plus de Vaucanson. Ce n'est pas tout : il ne suffisait pas qu'elle fût là; il fallait encore que la cellule en fût voisine. Si le directeur eût été logé un étage plus bas, plus de Vaucanson. On sent jusqu'où je pourrais aller; et quoique ceci n'ait l'air que d'une plaisanterie, c'est pourtant au fond un raisonnement très solide; car il rentre dans cet axiome, qu'une proposition est nécessairement fausse quand ses conséquences sont absurdes et ridicules. Le sophisme d'Helvétius est dans ces expressions : *Nous devons le génie de Vaucanson à la dévotion de sa mère*, comme si la dévotion d'une femme eût été ou pouvait jamais être la cause *efficiente* du génie de son fils, tandis qu'il est évident que les visites au directeur, et la salle de l'horloge, le voisinage de la cellule, etc., n'ont été que les causes *occasionelles* du développement des dispositions particulières de Vaucanson pour la mécanique. Cent autres causes y pouvaient donner lieu, et pouvaient aussi ne pas avoir lieu. On sait bien que les occasions et les secours manquent quelquefois au talent. Voltaire a dit :

Peut-être qu'un Virgile, un Cicéron sauvage,
Est chantre de paroisse ou juge de village.

Mais ce qui démontre que ce n'est pas à ces secours et à ces occasions que *nous devons* le talent, c'est la quantité de gens qui ont eu en ce genre tout ce que l'on peut souhaiter, et qui sont restés au-dessous de la médiocrité. Ainsi le raisonnement et l'anecdote d'Helvétius ne prouvent rien, si ce n'est qu'il n'y a pas d'effet sans cause; ce qu'assurément personne ne lui niera. Mais que dire d'un *philosophe* qui en est à ne pas savoir distinguer une cause *occasionelle* d'une cause *ef-*

ficiente? Dans le cas dont il s'agit, l'effet n'est que le développement d'une aptitude nécessairement préexistante : la cause purement *occasionelle*, c'est le concours de circonstances quelconques sans lesquelles cette aptitude ne se développerait pas. Mais pour qu'elle soit avertie et qu'elle se développe, il faut qu'elle existe ; et n'est-il pas aussi par trop risible, n'est-ce pas passer tout ce que l'on peut permettre à un *philosophe* en fait de déraison, que de nous dire très sérieusement que *nous devons le génie* de la mécanique à l'inspection d'une horloge ? Si Vaucanson avait eu celui de la poésie, il eût fait peut-être une satire contre les dévotes et les directeurs, pour se venger de son ennui ; s'il eût eu celui de la peinture, il aurait pu s'amuser à dessiner en caricature le portrait de sa mère aux pieds du directeur. Et n'admirez-vous pas comme il faut peu de chose à Helvétius pour faire un poète, un peintre, un mécanicien, lorsque tant d'hommes ont fait, pour être peintres ou poètes, des efforts aussi vains que ceux qu'il fait pour être philosophe ?

Que dans une vie ou éloge de l'auteur du Cid on dise que *nous devons le grand Corneille à l'amour*, parce que les vers qu'il fit pour une jeune veuve qu'il célébrait sous le nom de Mélite éveillèrent sa verve poétique, ces figures ne blesseront personne, parce que tout le monde les réduit à leur valeur ; mais comment vient-on nous dire avec tout le sérieux de la dialectique : « Corneille « aime ; il fait des vers pour sa maîtresse, devient

« poëte, compose Mélite, puis Cinna, Rodogune,
« etc. Il est l'honneur de son pays, un objet d'é-
« mulation pour la postérité. Corneille sage fût
« resté avocat; il eût composé des factums, ou-
« bliés comme les causes qu'il eût défendues. »

Passons sur cette expression assez extraordinaire, Corneille *sage*, c'est-à-dire sans amour, comme s'il suffisait, pour être *sage*, de n'être pas amoureux, ou comme s'il n'y avait pas d'amour qui pût s'accorder avec la sagesse. Passons sur ce rigorisme de parole, quoique en vérité bien singulier dans un livre où l'on réduit tout, absolument tout, à la *sensibilité physique*, et particulièrement aux plaisirs de l'amour : ce n'est qu'une inconséquence de plus, et l'auteur n'est pas à cela près. Mais pourquoi donc Corneille *fût-il resté avocat*, s'il n'avait pas été amoureux de sa Mélite ? Est-ce qu'il n'y avait pas cent autres occasions qui auraient pu donner le premier mouvement à ce génie vigoureux ? N'y avait-il qu'une étincelle qui pût allumer ce feu qui ne demandait qu'à se répandre ? Combien, au contraire, il eût fallu d'obstacles pour l'étouffer ! Qui ne sait tout ce qu'on a inutilement tenté pour anéantir le génie dans son premier germe, depuis Ovide jusqu'à Voltaire ? Et si les circonstances décidaient, comment ces deux hommes et tant d'autres auraient-ils surmonté toutes celles qui s'opposaient à l'irrésistible impulsion de leur talent ?

Au reste, on a tant abusé de ce vieil argument des causes et des effets, qu'il n'est pas inutile, pendant que nous en sommes à la métaphysique, d'éclaircir un des lieux communs de cette science, qu'on a le plus embrouillé.

Cette même manière de raisonner ou de déraisonner dont se sert Helvétius au sujet des talents, on l'a souvent appliquée aux évènements politiques; et ce qui a servi le plus à la faire adopter, c'est une sorte de plaisir que l'on trouve à réduire de grands effets à de petites causes (1). On a, par exemple, répété cent fois qu'une jatte d'eau répandue par la duchesse de Marlborough sur la robe de madame Masham avait été le salut de la France, parce qu'il s'ensuivit une brouillerie entre la duchesse favorite et la reine Anne ; que cette brouillerie amena la disgrace de Marlborough et un nouveau ministère qui détacha les Anglais de la grande alliance. Il est bon, je le sais, que l'histoire remarque ces petites particularités qui se mêlent naturellement aux plus grandes affaires; mais si l'on veut y prendre garde, ce mélange en lui-même n'a rien de singulier; car la disproportion apparente entre ce qu'on nomme la cause et l'effet n'est ici que la suite nécessaire de la différence de rang et de pouvoir. Les personnes qui occupent les places les plus considérables sont susceptibles des mê-

---

(1) Nous avons eu même, il y a environ quarante ans, un ouvrage fait uniquement dans ce dessein, intitulé *les grands Événements par les petites Causes*. Ce n'était qu'un prétexte pour donner un extrait de toutes les histoires connues.

mes passions que les autres; et toutes les passions; c'est-à-dire les affections qui ne sont pas dans l'ordre de la raison, ou sont petites en elles-mêmes, comme l'avarice, l'amour, la jalousie, etc., ou très susceptibles de petitesses, comme l'orgueil, l'ambition, la haine, la vengeance. Elles occasionent donc les mêmes incidents chez ceux qui gouvernent et chez ceux qui sont gouvernés, avec cette différence que, dans les conditions inférieures, ces incidents n'ont qu'une influence obscure et bornée, et qu'ils en ont une très étendue et très sensible dans les personnes qui ont entre leurs mains les destinées publiques. Cet état de choses est en lui-même très naturel, à moins que ceux qui gouvernent, mettant de côté leurs passions et leurs intérêts, ne fussent toujours mus par des ressorts proportionnés à l'importance de la chose publique, et dans un rapport exact avec le devoir et avec le bien général. C'est là proprement la sagesse et la vertu, et par conséquent ce qui est hors de l'ordre commun. Qu'arrive-t-il d'ailleurs? Tout le monde est à portée de remarquer ces incidents dès qu'ils sont connus; mais peu d'hommes réfléchissent assez pour remonter plus haut et s'apercevoir que ces faits, qui paraissent décisifs, ne le sont réellement que par des causes beaucoup plus sérieuses et plus suivies, antérieures ou simultanées. Ainsi, pour me renfermer dans l'exemple que j'ai choisi, j'accorderai que la jatte d'eau renversée fût une insulte assez marquée pour blesser

la reine Anne, qui aimait assez lady Masham
pour que son crédit naissant balançât celui de la
duchesse. Mais j'observerai d'abord que cette petite querelle n'était point décisive, et n'entraînait point encore de conséquence certaine ; qu'il
ne tenait qu'à la duchesse de reprendre son ascendant sur la reine, pour peu qu'elle eût voulu
mettre moins de hauteur dans sa conduite et
d'aigreur dans ses manières. C'est elle qui avait
tort, et l'on sait qu'elle écrivit à sa souveraine,
qui ne demandait qu'à s'en rapprocher : *Faites-
moi justice, et ne me faites point de réponse.*
Ce fut cette lettre qui la perdit, et qui devait
la perdre. A force de faire sentir le joug, on
encourage à le secouer ; mais il y a plus : la
disgrâce de la duchesse, de son mari, de toute
sa famille, le changement de ministère, toutes
ces circonstances réunies ne suffisaient pas, à
beaucoup près, pour amener la paix de l'Angleterre avec la France. Tant que la nation anglaise
voulait la guerre, il était très difficile à la reine
et à son nouveau conseil de ne pas la continuer.
Un évènement de la plus grande importance
changea et dut changer les dispositions des Anglais : ce fut la mort de l'empereur Joseph Ier,
qui laissait à son frère Charles, outre l'Empire
et tous les états de la maison d'Autriche, cette
immense succession d'Espagne pour laquelle on
combattait. Il devenait alors infiniment plus dangereux pour la liberté de l'Europe de donner
tant d'états à la maison d'Autriche, susceptible,

par sa situation en Allemagne et en Italie, d'accroissements illimités, que de consentir à la réunion des couronnes de France et d'Espagne dans une même maison, mais sous la condition qu'elles ne seraient jamais sur la même tête. L'empereur Charles VI, au contraire, aurait tout réuni sur la sienne, si l'on se fût obstiné à conquérir pour lui l'Espagne. L'accroissement possible de la France était circonscrit dans des limites naturelles à peu près connues, et l'on savait assez qu'en aucun cas l'Espagne et la France n'obéiraient à un même roi. Il était donc beaucoup plus sage de laisser le trône d'Espagne à une des branches de la maison de Bourbon que de ressusciter ce colosse de puissance dont Charles-Quint avait une fois effrayé l'Europe. Ces considérations, vraiment politiques, déterminèrent seules la nation anglaise, qui d'ailleurs trouvait de grands avantages à finir une guerre qui lui coûtait des dépenses énormes. Elle soudoyait en grande partie les alliés : les conquêtes que l'on faisait sur la Meuse et l'Escaut ne pouvaient jamais être pour elle ; elle avait voulu l'abaissement de Louis XIV, et l'avait obtenu : on lui laissait Gibraltar et Minorque, démembrements de la monarchie espagnole ; on accordait à sa jalousie la démolition du port de Dunkerque, à son commerce dans les Deux-Mondes tous les moyens de supériorité, à son agrandissement la baie de Hudson, Terre-Neuve et l'Acadie. Que lui fallait-il de plus ? Ce fut donc réellement à la combinaison des intérêts politiques, suites de la mort de Joseph, aux sacrifices nécessaires de Louis XIV et de Philippe V, et surtout à la victoire de Denain et au génie de Villars, que la France dut son salut, et non pas aux petites querelles de deux femmes qui se disputaient la faveur de leur reine.

Tout est lié dans le monde par un concours de circonstances qui forment des causes et des effets : l'esprit de discernement consiste à démêler celles qui sont décisives, soit qu'elles paraissent fortuites, soit que le caractère des hommes les détermine ; l'esprit de singularité se plaît à choisir les plus indifférentes et les plus frivoles ; l'esprit sophistique va plus loin, et abuse des termes pour enfanter des systèmes incompréhensibles, tels que ceux de la *fatalité*, de la *nécessité*, mots qui, au fond, ne signifient rien, mais sur lesquels on a tant disputé, qu'il faut au moins exposer ici, en peu de mots, ce qu'on peut penser de raisonnable sur ces matières obscurcies, comme à plaisir, par des subtilités qui ne tendent qu'à détruire la liberté de l'homme. Helvétius l'a niée formellement ; et long-temps après lui, Voltaire, qui l'avait, pendant quarante ans, défendue en vers et en prose, finit par se ranger à l'avis d'Helvétius, et par être fataliste comme lui, si pourtant Voltaire a jamais été, en philosophie, autre chose que sceptique. Il a soutenu toutes les opinions tour à tour, parce qu'il n'y portait guère que son imagination, c'est-à-dire ce qu'il y a de plus mobile par soi-même, et ce qui l'était en lui au suprême degré. Je crois pouvoir, sans trop m'écarter, le rapprocher d'Helvétius dans une même réfutation, puisqu'il s'agit de la même thèse. Le passage suivant, tiré d'un dialogue où Voltaire fait converser un jésuite et un brachmane, montre en entier l'abus qu'on peut faire de la connexion des causes et des effets. Voici ce que dit l'Indien, qui soutient la *nécessité*:

« Je suis, tel que vous me voyez, une des causes
« principales de la mort déplorable de votre bon
« roi Henri IV, et vous m'en voyez encore affligé.

LE JÉSUITE.

« Votre révérence veut rire apparemment. Vous,
« la cause de l'assassinat de Henri IV !

LE BRACHMANE.

« Hélas ! oui ; c'était l'an 983,000 de la révolu-
« tion de Saturne, qui revient à l'an 1550 de votre
« ère. J'étais jeune et étourdi ; je m'avisai de com-
« mencer une petite promenade du pied gauche
« au lieu du pied droit, sur la côte de Malabar,
« et de là suivit évidemment la mort de Henri IV.

LE JÉSUITE.

« Comment cela ? je vous supplie ; car nous qu'on
« accusait de nous être tournés de tous les côtés
« dans cette affaire, nous n'y avons aucune part.

LE BRACHMANE.

« Voici comme la destinée arrangea la chose. En
« avançant le pied gauche, comme j'ai l'honneur

« de vous dire, je fis tomber malheureusement
« dans l'eau mon ami Eriban, marchand persan,
« qui se noya. Il avait une fort jolie femme qui
« convola avec un marchand arménien. Elle en
« eut une fille qui épousa un Grec; la fille de ce
« Grec s'établit en France, et épousa le père de
« Ravaillac. Si tout cela n'était pas arrivé, vous
« sentez que les affaires des maisons de France et
« d'Autriche auraient tourné différemment : le
« système de l'Europe aurait changé; les guerres
« entre l'Allemagne et la Turquie auraient eu
« d'autres suites; ces suites auraient influé sur la
« Perse, la Perse sur les Indes. Vous voyez que
« tout tenait à mon pied gauche, lequel était lié
« à tous les autres évènements de l'univers, passés,
« présents et futurs. »

Vous croirez peut-être que l'auteur de ce dialogue a voulu s'égayer aux dépens des fatalistes : point du tout. Il parle très-sérieusement; il a soutenu, en vingt autres endroits, le système de la *nécessité*, c'est-à-dire que tous les événements de ce monde sont éternellement asservis à un ordre constant et nécessaire qui les enchaîne les uns aux autres, les plus petits comme les plus grands, par des lois immuables. Je puis assurer que jamais je n'en ai cru un mot, et que ce système m'a toujours paru un jeu de l'imagination, une pure chimère qui ne saurait soutenir un examen sérieux. Je le prouve par un raisonnement bien simple. Si tout est *nécessaire*, il n'y a rien d'indifférent : tout doit être réciproquement cause et effet. Or, il serait ridicule de nier que, dans le cours ordinaire des choses, il n'y en ait une foule qui sont absolument indifférentes, c'est-à-dire qui peuvent être ou ne pas être sans qu'il en résulte rien. Qu'une araignée mange une mouche, ou que je tue l'araignée; que je me promène au nord ou au midi; que je mange à mon dîner du bœuf ou du mouton, et cent mille autres choses semblables, je voudrais bien qu'on me dît en quoi tous ces faits sont *nécessairement* liés à l'ordre de l'univers, et ce qui en résulte, soit qu'ils arrivent ou qu'ils n'arrivent pas. Je sais bien qu'on a souvent remarqué que des choses qui, par elles-mêmes, paraissent indifférentes, ont eu des suites qui ne l'étaient pas; mais il n'a jamais été permis de conclure du particulier au général, et parce qu'il sera arrivé une fois que je me serai cassé la jambe pour avoir été d'un côté de ma chambre plutôt que d'un autre, il n'est pas moins vrai que mille autres fois il n'ait été très indifférent que je m'y promenasse en long ou en large, et qu'il n'y ait jusqu'ici que le *malade imaginaire* qui ait cru y voir quelque différence. Donc, jusqu'à ce qu'on ait prouvé, par les faits, qu'il n'y a pas dans la nature un mouvement indifférent, et qu'un oiseau ne vole pas à droite ou à gauche sans qu'il doive en résulter quelque chose, *la nécessité* de tous les évènements sera contradictoire et impossible.

Le même sophisme que j'ai indiqué dans le raisonnement d'Helvétius sur Vaucanson se retrouve dans celui de Voltaire sur la mort de

Henri IV; et puisqu'il faut répondre sérieusement à des choses dont il ne faudrait que rire, si elles ne tenaient à des conséquences très sérieusement soutenues, il est faux que, dans l'hypothèse du brachmane, la promenade commencée du pied gauche soit la cause du meurtre de Henri IV; car il faudrait, pour que cette assertion fût vraie, que tous les évènements qu'on suppose depuis la mort du marchand de Perse en fussent une suite nécessaire. Or, qui osera dire que de la mort de ce Persan qui se noie il s'ensuive *nécessairement* que sa veuve se remarie avec un marchand arménien, qu'elle en ait une fille, que cette fille épouse un Grec, que la fille de ce Grec s'établisse en France, et épouse le père de Ravaillac? Certes, tous ces évènements sont ce qu'on appelle en philosophie des *futurs contingents*; et, pour les démontrer *nécessaires*, il faudrait nous faire voir ce qui peut en constituer la *nécessité;* et, bien loin d'en venir à bout, je ne crois pas même qu'on l'entreprenne; tant cela répugne au bon sens. C'est pourtant la marche qu'il faudrait tenir en bonne logique, et c'est aussi ce dont on se garde bien. On se contente de nous dire que, si l'on n'eût pas mis au monde Ravaillac, ce monstre n'aurait pas existé, et par conséquent n'aurait assassiné personne. Mais ce n'est pas la question; c'est un pur paralogisme. La question consiste à prouver que de l'existence de Ravaillac suit l'assassinat de Henri IV, comme l'effet suit de sa cause; et qu'on essaie de prouver cette absurdité. La méprise de nos raisonneurs fatalistes tient à une ignorance grossière. Ils ignorent que de ce qu'une chose doit en précéder une autre il ne s'ensuit point du tout que la première soit la *cause* de la seconde; voilà où est le faux de leur argumentation. Un homme sort de chez lui; il a une querelle; il est tué. Il est sûr que, s'il ne fût pas sorti, cela ne fût pas arrivé, et qu'avant d'être tué dans la rue, il fallait qu'il sortît de sa chambre : c'est là qu'il y a rapport nécessaire d'*antériorité*, mais nul rapport de cause et d'effet; car il est également sûr que de sa sortie il ne s'ensuivait pas une querelle, que de cette querelle il ne s'ensuivait pas sa mort, et que la querelle et la mort ont dû tenir à des causes absolument étrangères à sa sortie, et renfermées dans les circonstances quelconques de l'évènement. Si l'on admettait une fois cette manière de remonter d'un fait à ceux qui lui sont *nécessairement* antérieurs, la progression irait à l'infini, jusqu'à l'origine du monde, puisqu'on pourrait dire de chaque chose : *Elle ne serait pas, si telle autre n'eût été auparavant.* Et quoi de plus absurde que de dire que ce qui arrive aujourd'hui à tous les individus qui couvrent ce globe a pour *cause* la création du premier homme? Dans ce système, l'existence d'Adam serait la première *cause* de la révolution; et si elle peut remonter jusqu'au péché originel, ce n'est pas une raison; car l'existence d'Adam n'entraînait pas son péché, comme ce péché lui-même n'entraînait pas la révolution.

Encore une fois, les fatalistes sont tenus de

prouver que chaque fait, sans en excepter un seul, est une *dépendance nécessaire* d'un autre, de façon que l'un ne puisse pas ne pas produire le second, le second le troisième, et ainsi de suite. Et de quelles actions humaines pourra-t-on affirmer cette *dépendance nécessaire*? Qui ne sait à quel point elles varient sans cesse dans les conséquences dépendantes de la volonté incertaine et mobile de l'homme? C'est dans les lois physiques générales qu'on a pu observer jusqu'ici cette liaison de causes et d'effets qui tient aux propriétés essentielles des corps, et produit toujours les mêmes phénomènes depuis le commencement du monde. C'est là seulement qu'il y a *nécessité*. L'on conçoit qu'il le fallait pour entretenir l'harmonie et la permanence dans le monde matériel, et que par conséquent elle entrait dans la sagesse des vues du Créateur. Mais la *nécessité* des actions de l'homme, comment l'accorder avec le don de l'intelligence que lui a fait l'auteur de la nature, et qui suppose nécessairement ici-bas celui de la liberté? Avec le fatalisme, il n'y en a plus. Helvétius, qui ne parle pas expressément du fatalisme, quoiqu'il raisonne comme les fatalistes, a nié cette liberté. Il s'autorise d'abord d'un passage de Mallebranche pour affirmer *que la liberté de l'homme est un mystère*; et l'on sait que tout ce qui est *mystère* pour les Chrétiens n'existe pas pour nos *philosophes*. Mais il y a ici mauvaise foi et inconséquence. 1° Dans tout ce que Mallebranche a écrit sur cette matière (1), il a mêlé la théologie chrétienne à la philosophie; et dès qu'il s'agit de l'action de Dieu sur la créature intelligente, de ce que nous appelons grace et prédestination, il peut, il doit sans doute y avoir des *mystères*, c'est-à-dire des secrets que Dieu s'est réservés. Il suffit, pour nous Chrétiens, qu'il nous ait révélé dans les Écritures, et par l'organe de son Église, ce que nous pouvons savoir, et ce que nous devons croire; la raison d'ailleurs suffit pour nous faire comprendre qu'il peut, qu'il doit même y avoir dans les opérations d'une justice et d'une bonté également infinies des choses au-dessus de notre intelligence finie; et c'est là que Mallebranche *s'arrêtait tout court* et disait avec saint Paul : *O altitudo divitiarum Dei! O profondeur des trésors de Dieu!* Ce n'est donc pas de bonne foi qu'Helvétius applique à la liberté, philosophiquement considérée, ce qui ne regarde que la théologie. Il est de plus très inconséquent dans un livre où il n'est pas plus parlé de Dieu et de religion que s'il n'y en avait pas, dans un livre dont toute la doctrine tend à nier l'un et l'autre, de se servir, en passant, de ce qu'il peut y avoir de mystérieux dans l'action divine et dans la révélation, pour combattre la liberté de l'homme, que cette action et cette révélation ne détruisent nullement. Si dans cette matière le chrétien Locke n'a voulu être que métaphysicien, il me semble

---

(1) Dans le *Traité de la Nature et de la Grace*.

qu'à plus forte raison Helvétius ne devait pas être autre chose. Or, si nous voulons n'interroger que nous-mêmes et nous consulter de bonne foi, nous verrons que Locke a très bien connu ce que c'est que notre liberté ; et je ne vois pas pourquoi l'on croirait inexplicable ce que le plus circonspect et le plus modeste des philosophes a cru pouvoir expliquer, et ce qu'en effet il explique très clairement.

Avant lui la question avait été mal posée, et par conséquent mal résolue. On demandait *si la volonté est libre*. On ne s'apercevait pas que la liberté étant une puissance, une faculté, elle ne peut s'appliquer qu'à un agent, et non pas à une autre faculté. C'est pourtant cet abus de mots, cette espèce de battologie, qui a contribué le plus à tout embrouiller. Les partisans de la *nécessité* n'ont pas manqué de dire que la volonté est une détermination de l'entendement; qu'il n'y a point de détermination sans motif, sans quoi il y aurait des effets sans cause, ce qui est impossible, et que par conséquent la volonté n'est pas libre. Ce sophisme, fondé sur l'équivoque des termes abstraits, est facile à éclaircir. Sans doute la volonté en acte, la *volition*, comme l'appelle Locke pour la distinguer de la volonté en puissance, est toujours déterminée par un motif, et cette détermination est *nécessaire*, comme il l'est que tout effet quelconque ait une cause. Mais en conclure que l'homme qui veut n'est pas un agent libre, parce qu'il y a une raison qui le détermine à vouloir,

c'est la plus grande de toutes les absurdités. Vous avez soif : on vous présente d'un côté un breuvage empoisonné, de l'autre un breuvage sain et agréable; vous rejetez l'un et prenez l'autre. « Vo-
« tre volonté n'est pas libre, disent les sophistes;
« elle est *nécessairement* déterminée par la con-
« naissance que vous avez du danger de ce poi-
« son : vous n'êtes pas le maître de ne pas vou-
« loir; et il en est de même proportionnellement
« de toutes les actions de la vie. » Quelles puérilités! Certes, le choix que je fais est la suite *nécessaire* d'une double perception qui me montre d'un côté le danger de mourir, et de l'autre un besoin satisfait sans péril, et mon choix est lié *nécessairement* à la comparaison que je fais des deux objets, comme tout effet l'est à sa cause. Mais ce choix est une action; et moi, agent, je suis libre précisément en ce que je puis me déterminer suivant le jugement que je porte des objets. Allons plus loin, et supposons que, dévoré de soif, j'apprenne que le breuvage est empoisonné : ma raison compare le tourment de la soif et l'horreur de la mort : je préfère de souffrir l'un pour échapper à l'autre. Assurément je suis libre : car il y a ici tout ce qui peut caractériser la liberté; examen, suspension et préférence; et si l'on objecte encore que je ne suis pas libre, parce que ma préférence est motivée, c'est comme si l'on me disait que, pour être libre, il faut que je puisse avoir une détermination sans motif; et c'est demander ce qui n'existe pas, ce qui est hors

du possible; ce qui répugne dans les termes; c'est faire consister ma liberté dans le pouvoir d'agir sans aucune raison, tandis qu'elle consiste et doit consister dans le pouvoir d'agir suivant mon jugement, quel qu'il soit.

L'absurde est bien démontré dans le sophisme de nos adversaires; cependant, comme je suis sûr que la plupart ont été de bonne foi dans cette thèse, et Voltaire entre autres; comme je me rappelle avec quelle violence il protestait ne pas concevoir notre liberté, il faut qu'il y ait ici une cause qui rende la méprise facile et spécieuse, surtout pour les esprits vifs, trop sujets à confondre, dans ces matières toujours un peu épineuses, les choses qui s'avoisinent, et qui pourtant diffèrent beaucoup. Je crois avoir trouvé le point de l'erreur dans une transposition d'idées, qui peut échapper aisément faute d'une attention suffisante, et alors l'esprit une fois préoccupé ne voit plus les choses où elles sont. Il importe donc de les remettre si bien à leur place, qu'on ne puisse plus les confondre, et la question en vaut la peine; car si l'erreur métaphysique a été adoptée légèrement et sans mauvaise foi, les conséquences morales n'ont été ensuite que trop souvent saisies par un intérêt très pervers, celui de faire disparaître toute différence entre le *bien* et le *mal*; et je regarde comme un devoir, dans chacun des articles que je traite, d'ôter tout subterfuge aux sophistes, afin d'ôter tout prétexte à leurs disciples.

Voici donc en peu de mots l'équivoque dont

il faut se garder : elle est dans une fausse application de l'idée de *nécessité*. Cette nécessité a lieu dans les actes de la volonté, en cela seulement que celui qui veut a *nécessairement* une raison quelconque, bonne ou mauvaise, de vouloir ce qu'il veut. Cette *nécessité* est, comme on le voit clairement, dans la nature même des choses ; elle est essentielle à toute action de l'intelligence, comme la liaison de l'effet à la cause, et ne détruit nullement la liberté de l'agent. Mais que font ceux qui la nient, cette liberté, soit par méprise, soit par corruption? Ils transportent cette *nécessité* à l'agent qui se détermine, comme si sa détermination était en elle-même *nécessaire* parce qu'elle a *nécessairement* un motif quelconque ; et rien n'est plus faux, car la détermination est libre et n'est pas *nécessitée;* et l'agent qui se détermine est libre, et non pas *nécessité,* précisément en ce qu'il est seul juge et seul arbitre des motifs déterminants ; et cela s'applique à toutes les actions humaines, dans lesquelles il est clair que nous choisissons bien ou mal, mais toujours librement, ou selon notre raison, ou selon notre passion. Tout ce qu'il y a de *nécessaire* dans ce choix, c'est qu'il ait un motif. Qui en doute ? Cela est aussi sûr qu'il l'est que tout ce qui est mû a un mobile, et ce n'est pas plus une découverte qu'une difficulté. Mais ce qui est tout aussi sûr, c'est qu'ici le mobile moral, ma volonté, est libre en moi et comme moi, puisqu'elle n'est que le jugement, le choix des motifs qu'il me plaît de suivre ; et assurément tout cela dépend de moi, de mon intelligence, soit que je choisisse bien ou mal.

Locke a donc très bien défini la liberté : « La « puissance qu'a un agent de faire une action ou « de ne la pas faire, conformément à la détermi- « nation de son esprit, en vertu de laquelle il « préfère l'un à l'autre. » En voilà, de la philosophie; en voilà, de cette logique sûre, de cette métaphysique lumineuse, qui seules enseignent à bien définir. Pesez chaque mot de cette définition : toute vérité y est contenue, toute objection y est prévenue. C'est là manier les idées en philosophe, comme Racine savait manier les mots en poète : c'est ainsi qu'on tire la substance des uns et des autres. Mais aussi c'est Locke, et ce nom et celui de Racine sonnent de même à l'oreille des amateurs de la bonne philosophie et de la bonne poésie : tous deux rappellent la perfection, et vous voyez si je suis moins sensible au mérite de l'un (1) qu'à celui de l'autre. Concluons

---

(1) Je me rappelle que, dans le temps où, comme journaliste, j'étais quelquefois obligé de faire justice des mauvais vers, les rimeurs mécontents ne manquaient pas de dire que j'étais *ennemi de la poésie*. Hélas! je l'étais comme je le suis de la philosophie. Demandez aujourd'hui le nom de ces auteurs qui faisaient alors tant de vacarme; et leur nom seul, depuis long-temps apprécié, vous dira comme ils étaient poètes, et quel droit ils avaient de réclamer pour la poésie. Bientôt aussi le nom de ces sophistes, mis enfin à leur place, dira comme ils étaient philosophes, et quels étaient leurs titres pour entrer en lice au nom de la philosophie.

que la définition de Locke renferme toute la théorie de la liberté de l'homme, quoique Helvétius ne veuille pas même concevoir comment nous pourrions en avoir une quelconque, *tous les hommes tendant continuellement vers leur bonheur réel ou apparent, et toutes nos volontés n'étant que l'effet de cette tendance.* Cette objection aurait du sens, si, comme la *tendance* est la même dans tous, le but aussi était le même pour tous. Mais comme la notion du *bonheur* est tellement diverse selon les caractères et les lumières, que depuis le commencement du monde aucune des écoles de philosophie qui se sont occupées de cet objet n'a pu s'accorder avec les autres ni mettre les hommes d'accord, il en est de cette *tendance* générale comme du besoin d'aimer qui en fait partie : très heureusement pour nous, les effets de ce besoin varient comme les individus, et c'est, dans l'ordre de la Providence, un des moyens principaux de l'harmonie sociale. On ne veut être que pour être bien; c'est ce que personne ne peut nier à Helvétius; mais chacun veut être bien à sa manière, et lui-même aussi ne songe pas à le nier; mais il croit avoir répondu à cette liberté dans le choix des modes du bonheur, en disant que, dans ce cas, *l'on ne fait que confondre deux notions,* et qu'*alors* libre *n'est qu'un synonyme d'éclairé.* Il se trompe doublement. D'abord, c'est se contredire dans les termes que de reconnaître pour *éclairé* un être qui ne serait pas moralement *libre.* Comment et pourquoi serait-il l'un, s'il n'était pas l'autre ? On n'est *éclairé* que pour choisir, et à quoi bon l'être quand il n'y a pas de choix ? Comment concevoir des lumières dans un choix quand il y a *nécessité ?* C'est comme si vous disiez qu'une balle qui a touché le but a visé juste. De plus, si ceux qui choisissent bien sont en même temps *éclairés* et *nécessités*, ceux qui choisissent mal sont donc aussi *nécessités* dans leur aveuglement ? Cette disproportion n'est-elle pas fort consolante ? et ne sont-ce pas là de belles destinées pour l'homme ?

Ah ! loin de nous ce chaos d'inexplicables extravagances. Ces mots de *fatalité*, de *nécessité*, qui enchaînent également les volontés de l'homme et tous les évènements de ce monde, sont des mots vides de sens, comme celui de *hasard*. Nous nous en servions par ignorance, pour exprimer des effets dont les causes nous échappent ; et ces imperfections du langage, analogues à la faiblesse de l'esprit humain, doivent être bannies à jamais de la langue philosophique, obligée plus que toute autre au rapport exact et rigoureux des idées et des termes. Celui qui existe entre la métaphysique et la morale, et qui n'est ni moins étroit ni moins important, achève de réprouver un système aussi pernicieux que chimérique ; et après que la métaphysique l'a renversé, il est permis à la morale d'insulter à ses débris. A-t-on pu supposer que l'auteur de toutes choses eût créé des êtres intelligents pour que cette intelligence ne leur servît à rien ? Eh ! que nous font la pensée et la raison, si nous ne sommes que des machines dont tous les mouvements sont assujettis ? Comment concilier cette contrariété bizarre avec la suprême sagesse ? Quand nous n'aurions pas le sentiment intime de notre liberté, sentiment qui est tel, que Dieu même nous tromperait continuellement, si cette liberté n'était pas en nous, nous en serions suffisamment avertis par les principes d'analogie qui doivent se retrouver dans tout système conséquent, entre la nature des différents êtres et leurs propriétés, entre la substance et les attributs. Comme il convenait que les êtres inanimés fussent soumis aux lois éternelles du mouvement, sous peine de dissolution, il convenait aussi que les êtres doués de sentiment et de raison pussent se mouvoir à volonté, sous peine de contradiction dans le dessein. Les premiers ont évidemment besoin d'un guide; les autres ont évidemment reçu une faculté qui doit leur en tenir lieu. Plus la philosophie s'attache aux conséquences les plus prochaines des faits observés, plus elle est près de la vérité des principes. Il faut des efforts pour s'éloigner de cette théorie toute naturelle, et ce sont ceux de la vanité paradoxale qui nous jettent dans la nuit des systèmes de mensonge. Mais qu'on en juge par leurs résultats : il n'y en a point de plus funestes ni de plus humiliants pour l'humanité. Avec la liberté de l'homme, sapée par les sophistes, tombe toute la moralité de ses actions; la vertu est dépouillée de ses honneurs; le vice est relevé de son ignominie; rien dans le monde ne mérite plus ni punition ni récompense : tout est l'ouvrage d'une combinaison inévitable et incompréhensible, et l'œuvre entière de la création se réduit à un assemblage d'automates.

Combien il faut se défier des illusions de l'esprit systématique ! Helvétius avait des vertus, et son livre est la destruction de toute vertu. Il suffira de la défendre ici contre ses attaques principales.

« *L'intérêt personnel* est l'unique et universel
« appréciateur du mérite des actions des hommes;
« et ainsi la probité, par rapport à un particulier,
« n'est que l'habitude des actions *personnelle-*
« *ment utiles* à ce particulier. »

Si ce n'était qu'une de ces hyperboles morales où l'on se permet d'appliquer à tous ce qui n'appartient qu'à la corruption du grand nombre, il n'y aurait pas à y prendre garde; cela signifierait seulement ce qu'on a dit mille fois, que les hommes jugent d'ordinaire selon leur intérêt. Mais non : c'est ici, comme partout, une suite d'axiomes et de corollaires pris dans une généralité absolue; et la méthode constante de l'auteur est de composer sa métaphysique de lieux communs de morale, transformés en vérités rigoureuses. Ainsi, ne voulant admettre aucune idée d'ordre et de justice dans l'homme, qu'il réduit à la faculté de *sentir*, il soutient que tout se rapporte à l'intérêt personnel dans les particuliers comme dans les sociétés, et croit l'avoir prouvé en nous disant, par exemple, que la société d'un ministre juge de sa probité par le bien qu'il lui fait, sans s'embarrasser s'il fait du bien ou du mal à la nation. On ne sort pas d'étonnement que des aperçus si superficiels soient donnés pour des preuves philosophiques. On sait bien que, dans l'antichambre d'un ministre dissipateur, tous ceux qu'il enrichit aux dépens des peuples chanteront ses louanges; mais d'abord ces louanges sont-elles bien sincères? L'auteur a-t-il pu le croire? a-t-il pu se persuader que quiconque a reçu une grâce d'un ministre le regarde dès lors comme un honnête homme? Est-ce la flatterie intéressée qu'il faut consulter, ou le jugement de la conscience? Je vais plus loin. Est-il bien rare que ceux mêmes qui profitent des profusions et des injustices d'un homme en place soient les premiers à le condamner, non pas en public, mais dans l'intime confiance? Que chacun là-dessus se rappelle ce qu'il a vu ou entendu, il jugera s'il est vrai que *l'intérêt personnel soit l'unique appréciateur du mérite et de la probité.* Il faut dire plus : cette assertion si fausse est un outrage à la nature humaine, qu'elle a droit de repousser, et qui est démenti à tout moment par l'expérience. Je vais en donner une preuve sans réplique. Je suppose qu'un homme ait mérité la mort. Il est assez riche pour corrompre son juge. Celui-ci altère ou supprime les témoignages, et sauve le coupable. Certes, il n'y a pas de plus grand *intérêt* que celui de la vie, ni d'intérêt plus *personnel* : nous allons voir s'il décidera le jugement. J'aborde ce coupable sauvé : je suis son ami, je sais tout. Je le félicite d'avoir échappé au supplice, et je lui dis : « Regardez-« vous votre juge comme un homme de *probité*, « et lui confieriez-vous un dépôt? » Que pensez-vous qu'il répondît? Je suppose, non pas un homme, mais cent, mais mille, cent mille dans le même cas, et je suis prêt à parier ma vie qu'il n'y en a pas un qui ne me dise, d'une manière ou d'une autre, qu'on est quelquefois fort heureux d'avoir affaire à un fripon.

Et pourquoi des suppositions? Des faits sans nombre, dans tous les temps, dans tous les lieux, à chaque instant, attestent qu'il y a dans nous un sentiment au-dessus de *l'intérêt personnel;* et combien de fois n'arrive-t-il pas que ce sentiment, plus fort que tous les autres, nous fasse estimer dans un homme ce qui nous est le plus contraire, et mépriser ce qui nous est le plus favorable? Mais ici les sophistes se replient ; ils répondent que ce sentiment n'est encore que de *l'intérêt*, mais un *intérêt* mieux entendu, et qu'alors nous sentons que, tout considéré, l'ordre et la justice sont ce qu'il y a généralement de plus utile pour tous. Oui, pour cette fois, vous dites une vérité; mais c'en est une que vous n'avez pas le droit de dire ; et, dans votre bouche, ce n'est qu'une confusion d'idées et de mots, une contradiction, un cercle vicieux. Si vous convenez que l'intérêt de tous est que tous soient justes, comment pouvez-vous dire que *la probité n'est aux yeux de chacun que l'habitude des actions qui lui sont personnellement utiles ?* Il est clair que vous prenez les mots d'*intérêt* et d'*utilité* dans un double sens. Tantôt c'est l'intérêt d'un seul moment, d'un seul fait, d'un seul homme; tantôt c'est l'intérêt de tous. Accordez-vous et répondez nettement. Si, dans l'exemple proposé, il est, comme on n'en peut douter, *personnellement utile* à ce criminel qu'on lui sauve la vie, cet *intérêt*, dans votre système, doit dicter son jugement, et il doit trouver *la probité* dans le juge qui l'a sauvé. Cependant il ne le fait pas, et, dans ce premier sens, votre thèse est déjà ruinée par le fait. Si, pour expliquer le jugement qu'il porte et qui vous contredit, vous vous retournez et dites qu'il suit encore son *intérêt*, qui lui apprend qu'il est utile à tous que l'on soit juste, vous tombez dans la contradiction la plus étrange; car il se trouve, par vos propres paroles, qu'il est à la fois de son *intérêt* d'être pendu et de n'être pas pendu. Il faut pourtant que ce soit l'un ou l'autre, comme il faut qu'une porte soit ouverte ou fermée : choisissez.... Mais vous choisiriez en vain. En vain vous vous débattez contre la vérité qui vous presse; vous ne vous tirerez pas de ce défilé tant que vous n'aurez que *l'intérêt* pour en sortir. Il y a ici en opposition deux puissances qu'il faut absolument reconnaître malgré vous. Vous ne pouvez nier, sans être insensé, qu'il ne soit *personnellement utile* à cet homme d'échapper à la mort; et si, malgré cet *intérêt* si pressant, il avoue que celui qui l'a sauvé est un homme méprisable, il faut de toute nécessité qu'il y ait en nous une autre règle de nos jugements que notre propre *intérêt;* et cette règle, c'est le sentiment de la justice. Je sais et je vois que vous n'en voulez pas; mais, ou il n'y a plus de logique au monde, ou j'ai démontré contre vous qu'il existe.

Il est bien vrai que ce sentiment de la justice, s'il était toujours suivi, serait le seul qui fût conforme à l'*intérêt* bien entendu de tous les hommes. Mais dans cette supposition même, qui est celle d'une perfection au-dessus des choses d'ici-bas, s'ensuivrait-il, de ce que cette justice serait utile à tous, qu'elle ne fût plus la justice, et qu'elle ne fût que de l'intérêt? Ce serait encore un abus de mots; mais vous voyez du moins (et c'est tout ce dont il s'agit ici) que, lors même que nos passions, nos erreurs, nos fautes nous mettent en contradiction avec elle, elles ne sauraient étouffer sa voix ni anéantir son pouvoir.

Helvétius est d'un avis bien différent. Voici ce qu'il appelle les vrais principes de la morale, ce qu'il annonce comme des oracles infaillibles, comme des découvertes de la plus grande importance pour les nations et pour les souverains. « Il « faut leur apprendre.... » Quel ton! et comme l'esprit du mensonge est naturellement celui de l'orgueil! « Il faut leur apprendre que *la douleur et*

« *le plaisir* sont les seuls moteurs de l'univers moral, « et que le sentiment de *l'amour de soi* est la seule « base sur laquelle on puisse jeter les fondements « d'une morale utile. »

Voltaire a dit :

Un peu de vérité fait l'erreur du vulgaire.

Mais cela est tout aussi vrai de l'espèce de *philosophie*, malheureusement très vulgaire, que nous combattons ici. L'erreur, quand elle est du moins de bonne foi, vient souvent de la préoccupation d'une seule idée à laquelle on s'attache, et qui dérobe toutes les autres. Ainsi nous conviendrons tous et nous sommes déja convenus que *l'amour de soi* est effectivement et doit être le moteur de tous les hommes; car le contraire serait absurde et impossible. Mais il y a déja une erreur très grave à substituer comme synonyme de *l'amour de soi*, la crainte de la *douleur* et le penchant au *plaisir*. Ce n'est pas qu'ici l'auteur ne soit conséquent ; car il soutient ailleurs que toutes nos passions, de quelque espèce qu'elles soient, n'ont et ne peuvent avoir que les sens pour objet. Rien n'est plus faux, et je démontrerai tout à l'heure contre lui que cette assertion est démentie par la connaissance du cœur humain. Mais pour procéder avec méthode, je laisse de côté, pour le moment, cette partie de sa proposition, et je dis que *l'amour de soi* ne serait qu'une base très insuffisante pour la morale, si cette même morale n'y joignait des principes de justice et d'ordre nécessaires pour éclairer et diriger cet *amour de soi*, qui, sans guide et sans lumière, loin de pouvoir servir de fondement à la société, en serait la subversion. Le moraliste et le législateur auraient beau se réunir, selon le vœu d'Helvétius, l'un pour *apprendre aux hommes que l'intérêt personnel, le plaisir et la douleur sont leurs moteurs uniques*; l'autre pour établir l'économie sociale de manière que cet *intérêt personnel* se trouvât d'accord, le plus qu'il est possible, avec l'intérêt général; je dis que, l'ouvrage du dernier étant toujours nécessairement très imparfait, la doctrine de l'autre, bien loin de venir au secours des lois et de suppléer ce qui doit toujours leur manquer, pourrait les contredire fort souvent et en détruire tout le fruit. En effet, il est indubitable qu'il y a dans tout état de choses mille occasions où l'on peut et où l'on doit faire le bien sans espérer aucune récompense, ou le mal sans avoir à craindre aucune peine. Il n'y a point de législation assez parfaite pour prévenir ces deux cas, ou plutôt il n'y en a pas de possible où ces deux cas ne soient, sans comparaison, les plus nombreux, puisqu'il est reconnu que les relations sociales sur lesquelles les lois peuvent influer tiennent une très petite place dans notre vie, au point qu'un homme peut avoir été toute sa vie un méchant sans avoir jamais été un malfaiteur devant la loi. Or, dès que vous aurez posé pour seul principe l'*amour de soi*, je demande si tout homme qui sera conséquent ne sera pas très bien fondé à ne pas faire le bien dont il n'espère aucun profit, et à faire tout le mal où il trouvera son avantage. S'il n'agissait pas ainsi, assurément il serait un insensé. Vous allez vous récrier, vous qui m'écoutez : « Mais la con-« science, la satisfaction intérieure et le tourment « du remords? » Sans doute, je n'aurais rien à répondre si nos adversaires pouvaient faire entendre le cri que vous élevez; mais ils ne le peuvent pas; ils n'y songent pas même : ils seraient trop en contradiction avec leurs principes et leurs intentions. Ces mots de conscience, de remords, de notions du juste et de l'injuste, ne sont pas à leur usage; ils n'en veulent pas; c'est même ce qu'ils veulent faire passer pour pure chimère, et dont ils ne parlent jamais qu'avec le rire du mépris et de la pitié. S'il leur arrive de s'en servir, c'est, comme vous le verrez encore, pour en dénaturer le sens au point d'anéantir la chose. Oubliez-vous donc... (oui, vous l'oubliez peut-être, parce que vous répugnez à le concevoir) oubliez-vous que, selon leur doctrine, « il n'y a qu'un seul principe, « l'*amour de soi;* deux moteurs uniques, le *plaisir* « et la *douleur?* » On appelle, il est vrai, au secours de ce principe les peines et les récompenses, et même le mépris et l'estime (sauf à ne pas s'entendre); mais comme il y a encore des occasions sans nombre où rien de tout cela ne peut avoir lieu, où l'homme est seul avec lui-même, jugez alors s'il reste quelque ressource morale à ceux qui se renferment dans ces seuls moyens, et regardent tous les autres, non-seulement comme inutiles, mais encore comme dangereux.

Quand Fabricius entendit Cynéas, à la table de Pyrrhus, débiter la doctrine d'Épicure sur *le plaisir et la douleur*, qui était celle d'Helvétius avec quelque différence dans les termes, il s'écria : *Dieux immortels! puisse cette doctrine être toujours celle des ennemis de Rome!* et il savait bien ce qu'il demandait.

Non, ce n'est pas la vraie philosophie qui brisera jamais le frein de la conscience. Elle sait que trop souvent on peut se soustraire à celui des lois, même à celui de l'opinion; qu'on peut ou leur être inconnu, ou les tromper, mais qu'on porte toujours avec soi celui de sa conscience, et que ceux mêmes que ce frein n'a pu retenir le rongent en frémissant. Le sage législateur, le vrai philosophe, se garderont bien de l'arracher aux hommes ; et heureusement encore ceux qui l'ont tenté, ceux qui le tenteraient sont dans l'impuissance d'y parvenir entièrement. La révolution française en sera une preuve éternelle ; la nature est plus forte que tous les sophistes ; c'est elle qui crie à tous les humains : « Oui, Dieu vous a
« formés avec une tendance invincible à votre
« bien-être ; c'est un instinct sans lequel vous ne
« pourriez subsister. Mais il vous a donné la rai-
« son pour vous apprendre qu'ayant tous les mêmes
« droits naturels, il vous importe surtout de vous
« accorder entre vous sur leur mesure respective.
« Il a donc mis en vous un sentiment de justice

« qui se développe avec vos facultés, et qui n'est
« qu'un rapport de conformité entre l'idée de ce
« qui vous est dû et l'idée de ce que vous devez
« à vos semblables. C'est ainsi que tous vos droits
« sont en même temps vos devoirs : et vous sen-
« tez malgré vous qu'ils sont réciproquement la
« règle les uns des autres : c'est cette règle que
« l'on appelle ordre et justice. Si vous la violez,
« même dans le secret, même avec impunité,
« vous serez mal avec vous-même. Si vous échap-
« pez au mépris des autres, vous n'échapperez
« pas au vôtre. Si vos crimes ignorés ne vous at-
« tirent pas la haine d'autrui, vous-mêmes vous
« haïrez vos crimes, et vous tâcherez d'en détour-
« ner la vue. Si vous vous endurcissez jusqu'à
« étouffer le remords, vous ne surmonterez pas
« la crainte continuelle qui suit le malfaiteur, qui
« lui fait redouter tous les hommes comme des
« ennemis ou comme des juges; et cette crainte
« sera de la rage, et cette rage sera votre sup-
« plice. L'éternel auteur a fait plus ; il a élevé
« jusqu'à lui votre pensée et votre conscience. En
« regardant le monde, vous ne pouvez douter
« qu'un Dieu vous regarde. Vous êtes sous ses
« yeux : et quoique de la hauteur de ses perfec-
« tions infinies il aime sans doute à jeter des re-
« gards de pitié et d'indulgence sur des créatures
« si faibles et si imparfaites, vous sentez pour-
« tant qu'il est de son éternelle équité de mettre
« quelque différence entre ceux qui auront re-
« connu et respecté la dignité de leur nature et

« ceux qui l'auront souillée et démentie ; et si
« nul n'a droit de prévenir ses jugements, vous
« concevez du moins que tout le monde doit les
« craindre. »

Voilà les premiers fondements de toute morale et de toute législation; et vous voyez, Messieurs, que je ne les prends que dans la seule raison, dans la seule philosophie. Partout et en tout temps l'esprit humain a pu aller jusque-là, et je n'ai pas besoin d'appeler la religion au secours de ma cause pour ôter toute excuse et toute défense à mes adversaires. *Le plaisir et la douleur peuvent être les seuls moteurs de vils animaux;* Dieu, la conscience et des lois qui soient la conséquence de l'un et de l'autre, voilà ce qui doit régir les hommes.

Quoique, dans les obscurités naturelles ou affectées du système d'Helvétius, il soit impossible d'attacher aucun sens déterminé aux mots de *vertu* et de *probité*, il s'en sert pourtant comme un autre ; mais il en abuse tellement, qu'on s'aperçoit qu'il ne s'entend pas lui-même. Il définit *la vertu, indépendamment de la pratique, le désir du bonheur général.* D'abord, il est assez difficile de concevoir *la vertu indépendamment de la pratique;* et de plus, beaucoup d'hommes ne peuvent rien pour le bonheur général, et ne peuvent, quoi qu'ils fassent, avoir la *vertu pratique*, ou *la probité*, qu'il définit *l'habitude des actions utiles à sa nation.* Il s'ensuivrait que *la vertu* et *la probité* ne sont pas faites pour la plupart des

25.

hommes, et c'est aussi ce qu'il dit en propres termes : « La probité par rapport à un particulier ou une petite société n'est point la vraie probité. La probité considérée par rapport au public est la seule qui réellement en mérite et qui en obtienne généralement le nom. » Je vous ai promis des paradoxes, en voilà. Qui est-ce qui se serait douté qu'un homme qui remplit tous ses devoirs envers sa famille, ses amis et tous ceux qui sont en relation avec lui, n'a pourtant pas *la vraie probité*, si d'ailleurs la fortune ne le met à portée d'être *utile à sa nation* ? Eh ! peut-on ne pas comprendre que nos devoirs envers les particuliers et le public dérivent précisément de la même source, et que, si leur étendue diffère en raison de celle de nos moyens, leur mérite est le même en intention, et se rapporte au même but, puisque de l'observation des devoirs particuliers résulte évidemment le bien général ? Mais à quoi tiennent ces assertions si injurieuses au commun des hommes, qu'elles excluent si décidément de la *vertu* et de la *probité* ? A l'orgueil de nos *philosophes*, qui prétendaient en faire leur partage exclusif sans qu'il leur en coûtât beaucoup de peine. Eux seuls se réservaient ainsi *la vertu et la probité*, comme étant éminemment *utiles au public*, en qualité de ses maîtres en morale et en législation. Les devoirs particuliers étaient pour eux trop peu de chose. Le beau mérite d'être bon mari, bon père, bon fils, bon maître, bon ami, fidèle à ses engagements, loyal dans ses procédés, secourable envers ses voisins, etc. ! C'est ce que peut faire le plus obscur individu. Mais *jeter des vérités au peuple* (1), *apprendre aux nations et aux souverains que le plaisir et la douleur sont les moteurs uniques du monde moral*, voilà ce qui n'appartient qu'à des *philosophes*, et ce qui est exclusivement *la probité et la vertu*.

Mais voulez-vous savoir tout le mal que peuvent faire, par leurs conséquences, ces sophismes qui ne semblent d'abord que des erreurs de spéculation, et qu'à ce titre on a voulu disculper ? Rappelez-vous, Messieurs, que la foule des *révolutionnaires*, si facilement endoctrinée par quelques phrases que leur répétaient les *maîtres*, non-seulement justifiait, mais consacrait tous les attentats individuels contre la nature, l'humanité, la justice, la propriété, par ce grand mot d'*intérêt général*, qui, dans son application, n'était là qu'un grand contre-sens, mais un contre-sens fort à la portée de la plupart de ceux qui en avaient besoin, ou qui même y croyaient de bonne foi. Songez de quoi sont capables des hommes grossiers ou pervers à qui l'on a persuadé en principe que tous les devoirs de père, de fils, de frère, de mère, de fille, de sœur, d'époux, d'épouse, d'élève, de domestique, toutes les obligations sociales et commerciales, tous les liens de l'amitié, de la reconnaissance, de la

---

(1) Expression de Diderot.

bonne foi, ne sont point *la probité*, ne sont point *la vertu*; qu'il n'y a de *probité* et de *vertu* que dans le *civisme*, mot qui, dans leur langue, revient précisément à ce *bien public* dans lequel Helvétius renferme tout ce qui mérite seul le nom de *vertu* et de *vraie probité*.

Je ne devrais pas avoir besoin d'observer encore que sans doute le *philosophe* n'en tirait pas les mêmes conséquences que le *révolutionnaire*; mais je suis obligé de l'articuler encore expressément, de le répéter jusqu'à la satiété, puisque jusqu'ici j'ai eu affaire à des hommes qui, réduits à la honteuse impuissance de répondre jamais à ce qu'on a dit, ont toujours la honteuse impudence de supposer ce qu'on n'a pas dit. Il n'en demeure pas moins prouvé que, si les conséquences et les intentions n'étaient pas les mêmes dans les précepteurs et dans les disciples, c'était toujours la même erreur dans le principe, le même danger dans le sophisme, qui consistait tout simplement à oublier que la généralité se composait des individus, et qu'une doctrine qui autorisait dans chacun le mépris de tous les devoirs particuliers, sous prétexte d'un devoir *public*, qui comptait pour rien tous les maux particuliers, sous prétexte de *bien public*, était la contradiction la plus absurde et la plus monstrueuse; et ce sophisme abominable a été bien formellement en théorie *philosophique* avant d'être en pratique *révolutionnaire*. Tout s'y est rapporté dans la révolution; mais il en faut faire l'exposé tout entier, avec l'application exacte et continuelle de chaque genre d'erreurs à chaque genre de crimes, de chaque sophisme à chaque forfait, pour développer l'inévitable connexion de l'un et de l'autre, et l'énergie destructive que devaient avoir ces affreux systèmes, que notre siècle séduit avait osé nommer *philosophie*. Ce n'est pas ici que j'en puis faire le rapprochement complet avec notre histoire toute entière : je n'ai voulu que l'indiquer par occasion à ceux qui sont capables de réfléchir, et je reviens à Helvétius.

Il a dit, en parlant de la manière dont on juge de la probité, que, par rapport à une société particulière, la probité n'est que l'habitude des actions particulièrement utiles à cette société ; et nous avons vu qu'il prenait une complaisance fort équivoque pour un jugement raisonné. Il ajoute : « Ce n'est pas que certaines sociétés ver-
« tueuses ne paraissent souvent se dépouiller de
« leur propre intérêt pour porter sur les actions
« des hommes des jugements conformes à l'inté-
« rêt public ; mais elles ne font alors que satis-
« faire la passion qu'un orgueil éclairé leur donne
« pour la vertu, et par conséquent qu'obéir,
« comme toute autre société, à la loi de l'intérêt
« personnel. Quel autre motif pourrait détermi-
« ner un homme à des actions généreuses ? Il lui
« est aussi impossible d'aimer le bien pour le
« bien que d'aimer le mal pour le mal. »

C'est ici surtout que se manifeste ce frivole et misérable abus de mots qui consiste à séparer

du bien qu'on fait le plaisir inséparable que l'on goûte à le faire, afin de donner très mal à propos à ce plaisir le nom d'*intérêt personnel*, et d'en conclure que cet *intérêt* est l'unique moteur de toutes nos actions. C'est là-dessus qu'est fondé le livre entier, dont je puis vous offrir le résumé dans ce peu de mots : « Tout dans l'homme se ré-
« duit à sentir ; et il ne peut sentir que le plaisir
« et la douleur. L'amour de soi ou *l'intérêt per-*
« *sonnel* le nécessite à fuir la douleur et à recher-
« cher le plaisir. Tous nos jugements ne sont
« donc que les sensations comparées du plaisir
« et de la douleur ; et par conséquent toutes nos
« passions, même celles qui paraissent les plus
« morales, se rapportent, en dernier résultat,
« aux plaisirs des sens. »

Voilà tout le livre *de l'Esprit :* il ne nous en reste à examiner que ce qui regarde les passions, et j'y reviendrai tout de suite, quand j'aurai mis dans le plus grand jour la manière puérilement sophistique dont l'auteur joue sans cesse sur ces mots d'*amour de soi*, d'*amour-propre*, d'*intérêt personnel* ; et vous verrez qu'il ne faut qu'un souffle pour faire crouler les bases fragiles sur lesquelles tout ce malheureux édifice est bâti.

L'auteur vient de donner, comme vous l'avez vu, le nom d'*orgueil éclairé* à *la passion pour la vertu* ; mais si cet *orgueil éclairé* ne peut être autre chose que la satisfaction intérieure que l'on goûte à être juste et vertueux, vous l'avez fort mal nommée. Je vois bien là un sentiment qui rentre dans l'*amour de soi*; mais il est très faux que tout ce qui tient à *l'amour de soi* ne soit qu'*orgueil*, sans quoi tout serait *orgueil* en nous, et pourtant l'on distingue l'homme orgueilleux de l'homme modeste; et quoi qu'on en puisse dire, la modestie est autre chose qu'un *orgueil* caché. Je l'ai prouvé ailleurs (1); et il faut en convenir, ou réduire toutes les vertus humaines à un *orgueil éclairé*, c'est-à-dire prendre l'abus pour la chose, et appeler *orgueil* l'amour de soi, quoique ce dernier soit légitime et que l'autre soit vicieux. Votre définition n'est donc qu'une injure gratuite mal couverte par l'épithète. Ce plaisir secret que l'on trouve à faire du bien, il vous plaît de le nommer *orgueil*; mais je l'appelle *vertu* avec tous les bons moralistes, qui, en faisant l'analyse de l'homme, en ont fait autre chose que la satire. Vous ne les embarrassez nullement par cette interpellation, qui n'est qu'audacieuse : « Quel autre motif que l'*intérêt per-« sonnel* pourrait déterminer un homme à des « actions *généreuses ?* » Ils pourraient vous arrêter sur-le-champ, en appelant seulement votre attention sur vos propres termes, qui, se contredisant dans l'acception universellement reconnue, auraient dû vous avertir de la contradiction de vos idées, puisque tout ce qui est *généreux* est essentiellement le contraire de l'*intérêt personnel*.

---

(1) Dans l'article des *Maximes* de La Rochefoucauld, tome VII du *Lycée*.

Mais peut-être diriez-vous encore qu'en refaisant les idées vous avez aussi besoin de refaire les mots. Je le crois, et vous avez autant de droit à l'un qu'à l'autre. Eh bien! citons des faits; les faits éclaircissent tout, et peuvent prouver qu'il y a aussi une morale et une métaphysique expérimentales.

Je reçois en fidéicommis cent mille écus, qu'un de mes amis ne saurait laisser autrement à un de ses parents qu'il aime. Le secret, suivant l'usage en ces occasions, est entre lui et moi. Cent mille écus sont bons à garder : je les garde. Comment appelez-vous cela? Tout au moins *de l'intérêt personnel*, j'espère. Vous ne pouvez pas dire non. Passons. Je prends l'inverse : cent mille écus me mettraient fort à mon aise, il est vrai, et me procureraient bien des *plaisirs* sans aucun inconvénient; car le secret du dépôt est dans la tombe. Mais il y a un *plaisir* que je préfère, celui de faire mon devoir et une bonne action. Comment appelez-vous cela? — Encore *de l'intérêt personnel*, puisque vous convenez vous-même que vous avez du *plaisir* à faire cette action. — Soit : je vous fais grace du ridicule : il y en a bien un peu dans une qualification commune à deux actions, dont l'une est d'un coquin, et l'autre d'un honnête homme. Mais des *philosophes* de votre force ne sont pas à cela près, et votre langue *philosophique* est au-dessus du ridicule et de l'odieux. Je m'y prête pour un moment, et je vous réponds : Cet *intérêt*, ce *plaisir* que je goûte à satisfaire ma conscience, savez-vous ce que c'est? C'est la vertu. L'*intérêt*, le *plaisir* que j'aurais trouvé à garder ce qui ne m'appartenait pas, savez-vous ce que c'est? C'est le vice. Or, très certainement deux *intérêts*, deux *plaisirs* contradictoires dans leur objet et dans leur principe, ne peuvent pas être la même chose; et deux idées si opposées ne sauraient être dans un même mot. Vous avez donc abusé des termes, et vous ne faites que tendre un piége au lecteur inattentif, lorsque l'*amour de soi*, commun à tous les hommes, et que le juste et le méchant suivent et doivent suivre l'un comme l'autre, mais d'une manière toute différente, se confond sous votre plume avec *l'intérêt personnel*, par lequel tout le monde entend et entendra toujours cet égoïsme qui fait que nous cherchons notre avantage aux dépens des autres. Dans le premier cas, c'est bien cet égoïsme que je consultais, puisque je faisais le mal d'autrui pour faire mon bien; dans le second, je me satisfais aussi moi-même, il est vrai, mais comment? D'une façon toute contraire, et aussi louable que l'autre est criminelle; car mon *plaisir* est de faire le bien d'autrui, bien loin de léser personne; et ce *plaisir*, je le répète, c'est la vertu, comme l'autre était le vice.

Il est impossible, dites-vous, *d'aimer le bien pour le bien*.

1° Rien n'est plus faux. Il a toujours été reconnu en morale que la vertu est aimable par elle-même, au point d'être à elle-même sa récompense. Tous les anciens philosophes l'ont senti et enseigné, et les poètes l'ont répété après eux : *Ipsa quidem virtus pretium sibi* (1). Or, assurément il est conséquent d'aimer *pour elle-même* une chose qui porte sa récompense avec elle-même. Votre assertion tranchante n'est donc qu'une nouvelle insulte à la morale et à la raison, et l'insulte de l'ignorance. Si vous demandez à quoi *peut tenir* cet amour naturel pour la vertu, on vous renverra à Socrate et à Platon, qui vous diront qu'il vient de la conformité d'une action honnête avec le modèle du beau moral, empreint dans les notions que nous avons du juste et de l'injuste, et que notre ame tient originairement de Dieu, qui est l'ordre par excellence. La révélation nous en apprend beaucoup davantage en y joignant le grand mobile de l'amour de Dieu, dogme inconnu à tous les peuples, hors un seul, avant la naissance du christianisme. Mais je ne me sers ici que de la philosophie humaine : elle est ici suffisante et concluante avec tout autre qu'un athée, et vous

---

(1) C'est un des endroits de Claudien où il a été noble sans être enflé.

Ipsa quidem virtus pretium sibi, solaque latè
Fortunæ secura nitet, nec fastibus ullis
Erigitur, plausuve petit clarescere vulgi,
Nil opis externæ cupiens, nil indiga laudis,
Divitiis animosa suis.

Ce dernier vers est d'une très belle expression.

ne vous déclarez pas tel, au moins expressément, dans votre livre.

2° J'aime le bien pour le bien et pour moi, sans que l'un de ces amours nuise à l'autre; et votre erreur vient de ce que vous n'avez pas compris qu'il m'est aussi impossible de me séparer de moi, dans quelque action que ce soit, que de séparer du bien que je fais le plaisir de le faire. Si je n'y en prenais aucun, je ne serais pas bon, et c'est par ce plaisir que je le suis; car je vous défie de définir la bonté autrement que le plaisir qu'on goûte naturellement à faire du bien. Votre grande faute est donc de séparer dans les termes ce qui est identique dans les idées, comme si ce qui est *bien* en soi n'était plus que du *plaisir*, parce qu'on ne saurait faire le bien sans ce contentement intérieur que notre nature y attache quand elle n'est pas entièrement pervertie. Mais, dans la réalité métaphysique, le bien qu'on fait et le plaisir de le faire ne sont qu'une seule et même chose, la vertu; et si vous voulez savoir jusqu'où ce défaut de logique peut vous mener, concevez que dans votre langage, pour que la vertu fût autre chose que l'*intérêt personnel*, qui dans le langage usuel en est l'opposé, il faudrait que celui qui fait une bonne action où fût entièrement indifférent au plaisir de la faire, ou même souffrît de l'avoir faite. Or, dans la nature des choses, l'un et l'autre sont impossibles et contradictoires. C'est pourtant la conséquence immédiate et rigoureuse de votre proposition; elle vous réduit à l'absurde, et dès lors elle est jugée sans retour.

J'ai cru devoir une fois presser dans la dernière rigueur ce détestable sophisme, fondement de toute l'immoralité raisonnée du livre de l'*Esprit*, et qui depuis a été reporté dans d'autres livres; et le bon sens est révolté qu'avec une si futile équivoque de mots on s'imagine avoir fait un nouveau système de philosophie, tandis que l'on n'a fait qu'un long rêve, dont il eût fallu se garder de faire un livre.

Je viens maintenant à ce dernier paradoxe qui devait couronner tous les autres, que *toutes nos affections morales se rapportent en dernière analyse aux besoins et aux plaisirs des sens*. L'auteur suppose d'abord que l'orgueil, l'envie, l'avarice, l'ambition, sont *des passions factices qui ne nous sont pas données immédiatement par la nature*, quoiqu'il avoue que nous en avons en nous le germe caché. Il nous rappelle à ce qu'on nomme très improprement l'*état de nature*, dans lequel, dit-il, *l'homme ne connaît que les impressions du plaisir et de la douleur*: d'où il conclut que tout le reste doit son existence à celle des sociétés, et doit revenir à cette première source de tout, *la sensibilité physique*. Je ne puis que répéter le même jugement. Autant de mots, autant d'erreurs, et d'erreurs tellement démontrables et démontrées, que, si l'on vient à bout d'en justifier une, je consens à me rendre sur toutes; mais il n'y a pas de danger.

1° Toutes nos passions *nous sont données immédiatement par la nature*, ou, pour parler avec l'exactitude *philosophique*, sont de notre nature, quoiqu'elles soient susceptibles d'un excès que la corruption des grandes sociétés peut seule occasioner. Leur développement doit suivre, en bien et en mal le progrès de la sociabilité ; et pour que l'homme ne connût ni l'orgueil, ni l'ambition, ni l'envie, ni l'avarice, il faudrait qu'il fût seul. Or, nul homme ne vit seul ; ce n'est pas là sa destination ; et puisqu'il a reçu les deux grands instruments de la sociabilité, l'intelligence et la parole, la société est dans l'ordre naturel. Vous avez donc très grand tort d'appeler *factice* ce qui tient à un ordre naturel et nécessaire ; et l'aveu que vous faites, que nous en avons en nous *le germe caché*, est une véritable contradiction dans les termes ; car ce qui a un *germe* ne peut être *factice*. 2° Ce *germe* n'est point *la sensibilité physique* ; c'est l'amour-propre, par lequel chacun de nous tend à se préférer aux autres ; et l'orgueil, l'envie, l'ambition, l'avarice, ne sont que des modes vicieux de cet amour-propre, qui ne peut être tempéré que par la raison ou le sentiment réfléchi de ce que nous devons aux autres, afin qu'ils nous rendent ce qui nous est dû. Nos passions morales ne sont donc autre chose que l'amour-propre exalté sous différents noms ; et je ne crois point du tout que les plaisirs des sens en soient le seul objet. Comment les retrouver, par exemple, dans l'orgueil et dans l'envie et l'ambition, qui ne sont encore que deux espèces d'orgueil, l'une qui souffre d'être humiliée, l'autre qui veut humilier autrui ? Écoutons Helvétius. « L'orgueil n'est dans nous que le sentiment « vrai ou faux de notre excellence; sentiment qui, « dépendant de la comparaison avantageuse qu'on « fait de soi aux autres, suppose par conséquent « l'existence des hommes, et même l'établisse- « ment des sociétés. Le sentiment de l'orgueil « n'est donc point inné comme celui du plaisir « et de la douleur. » Cette phrase, *l'orgueil suppose l'existence des hommes*, est vraiment singulière; elle tient à une supposition qui ne l'est pas moins, que l'homme doive être considéré comme seul, pour l'être dans son état naturel. Étrange méprise (1) d'un raisonneur qui établit que l'homme, étant un animal raisonnable et sociable, ne saurait être considéré indépendamment de sa sociabilité, sans l'être indépendamment de sa nature; ce qui est contraire à tout principe de philosophie, puisqu'elle considère surtout les êtres dans leurs propriétés essentielles. Vous

---

(1) Nous verrons que cette méprise, si impardonnable dans tout homme instruit, se retrouve partout dans les écrits de Rousseau, et fait même le fond de sa *philosophie*. Était-elle de bonne foi ? C'est ce dont il est très permis de douter. Quand des gens d'esprit ont besoin d'une première sottise comme d'une donnée, pour faire ensuite de longs raisonnements qui puissent paraître spécieux, on peut croire qu'ils se la permettent sans scrupule. Ils comptent sur l'ignorance ou l'inattention, et ils n'ont pas tout-à-fait tort.

voyez que j'ai dû relever d'abord cette première erreur, car c'est de là que l'auteur est parti pour conclure que *le sentiment de l'orgueil n'est point inné en nous comme celui du plaisir et de la douleur.* La conséquence est aussi fausse que la majeure. Ce sentiment de l'orgueil se manifeste dès l'enfance avec les premières lueurs de la raison ; et si, de ce que ces impressions physiques se montrent auparavant, l'on conclut qu'il ne nous est pas aussi naturel, c'est comme si l'on disait que la faculté d'articuler et de raisonner ne nous est pas aussi naturelle que le sentiment de la douleur, parce que les enfants crient long-temps avant de savoir parler. Qui ne sait que tout se développe et ne peut se développer en nous que successivement et avec nos organes; mais que rien ne peut se développer sans un germe ? Qui ne sait que l'être animal ne peut être analysé sous le rapport de ses facultés essentielles que lorsqu'il a atteint le complément de son organisation ? Ce sont là les rudiments de la philosophie, qui sont loin, je l'avoue, du génie de nos sophistes ; mais ce n'est pas notre faute s'il faut à tout moment renvoyer à l'école ces *précepteurs du genre humain.*

« L'orgueil n'est donc qu'une passion factice, « qui suppose la connaissance du beau et de « l'excellent. » Point du tout : c'est toujours vous qui *supposez.* J'ai déja prouvé qu'il n'y avait rien de *factice* dans la nature de nos passions, quoiqu'il puisse y avoir quelque chose de *factice* dans leurs effets et dans leurs modes extérieurs; et surtout rien n'est moins *factice* en nous que l'orgueil. Il y a de quoi rire d'une pareille ineptie, et l'on rirait aussi de moi, si je la combattais sérieusement. Il n'est pas plus vrai que l'orgueil *suppose la connaissance du beau et de l'excellent.* Si cela était, nous aurions tous de belles *connaissances;* car apparemment nos *philosophes* ne nieront pas que nous n'ayons tous plus ou moins d'orgueil : leur modestie si connue n'ira pas jusque-là. L'orgueil ne suppose autre chose que l'idée d'une supériorité quelconque, réelle ou frivole. La sagesse humaine peut aller jusqu'à éclairer et diriger ce sentiment insurmontable dans l'homme. La religion seule nous apprend à le combattre toujours, comme un vice réel dans un être imparfait, et comme une ingratitude dans une créature dépendante qui n'a rien qu'elle n'ait reçu. Mais ce sublime religieux, qui est celui de l'humilité, est trop étranger à nos adversaires pour leur en parler. Nous pourrions nous faire entendre sans peine des Socrate et des Platon, qui, comme vous l'avez vu, ont été là-dessus aussi près de la vérité qu'il était possible avant la révélation. C'est là leur gloire, et c'est la honte de nos adversaires d'en être aujourd'hui à une si prodigieuse distance. Ils s'enorgueillissent de leurs sophismes, comme les Sauvages de leurs parures de verre et de la bigarrure des couleurs imprimées sur la peau; et parmi nous, le brave militaire s'honore d'un ruban qui atteste ses services, comme les anciens Romains des feuilles de chêne qui étaient la couronne civique; et c'est ainsi que l'orgueil, quel qu'il soit, tient, non pas à *la connaissance du beau et de l'excellent*, mais à une prétention de supériorité bien ou mal entendue, selon le degré de lumières ou d'ignorance.

« L'orgueil *ne peut jamais être* qu'un desir se-
« cret et déguisé de l'estime publique. » Cela même est encore plein d'inexactitude et de faussetés; il n'est pas besoin ici de *public*. Celui qui ne vivrait qu'avec deux ou trois hommes voudrait en être estimé, et serait blessé de ne pas l'être. *Le desir de l'estime publique* est en lui-même un sentiment très louable, et qui conséquemment n'a nul motif de se *déguiser*. L'orgueil n'est point ce *desir*; mais ce *desir* peut être une suite de l'orgueil, en ce sens seulement qu'on voudrait voir confirmer par autrui la bonne opinion qu'on a de soi. Ce sentiment, s'il se borne là, ne mérite point d'être qualifié de *desir de l'estime publique*. On ne donne ce nom qu'à ce beau sentiment d'une ame élevée, qui ne veut d'autre récompense de ses travaux que le témoignage des autres hommes, joint à celui de sa conscience. Quand on appelle ce *desir* orgueil, on a soin d'ajouter que c'est un noble et sublime orgueil, celui qui fait les grands hommes; et ces modifications du langage, les mêmes dans toutes les langues connues, prouvent que l'on a senti partout que l'orgueil n'était en lui-même que vi-

cieux. Le mot d'*orgueil* tout seul offre partout une idée odieuse ; et un des plus exécrables tyrans que Rome ait eus fut appelé *le Superbe.* Certes, ce n'est pas là *le desir secret et déguisé de l'estime publique.* Que de bévues multipliées en deux lignes ! quelle irréflexion ! quelle ignorance des hommes et des choses ! A peine pardonnerait-on à des écoliers de quinze ans ce que ne rougissent pas d'écrire des hommes graves qui se qualifient de *philosophes.*

Voltaire a dit et parfaitement bien dit, parcequ'alors il ne faisait qu'appliquer le talent de l'expression à des vérités générales : « Ce qui fait « et fera toujours de ce monde une vallée de « larmes, c'est l'*indomptable orgueil* et l'insatiable « cupidité, depuis Thamas Koulikan, qui ne sa-« vait pas lire, jusqu'à un commis de la douane, « qui ne sait que chiffrer. » (Lettre à J. J. Rousseau, à la suite de *l'Orphelin de la Chine.*) Ainsi, suivant la définition d'Helvétius, ce serait *le desir de l'estime publique* qui ferait les malheurs du monde. Sans doute ce *desir d'estime*, en se méprenant sur les moyens, peut avoir des effets funestes ; mais l'abus d'une chose n'est pas la chose même, sans quoi il n'y a pas une vertu dont on ne fît un principe de mal. Alexandre a pu dire : *O Athéniens ! qu'il m'en coûte pour être loué de vous !* Mais sans l'ambition, qui est proprement le desir de commander, le desir d'être loué l'aurait-il conduit jusqu'au Gange ? Il n'était donc ici qu'accessoire ; et si Alexandre n'eût voulu qu'être *estimé*, que de fautes il se serait épargnées !

Il faut voir à présent dans quelles subtilités s'égare l'auteur pour en venir à prouver que l'orgueil n'a pour objet que les plaisirs physiques. « On ne desire l'estime des hommes que pour « jouir des plaisirs attachés à cette estime : l'a- « mour de l'estime n'est donc que l'amour dé- « guisé du plaisir. Or, il n'est que deux sortes de « plaisirs ; les uns sont les plaisirs des sens, et les « autres sont les moyens d'acquérir ces mêmes « plaisirs, parce que l'espoir d'un plaisir est un « commencement de plaisir ; plaisir cependant « qui n'existe que lorsque cet espoir peut se réa- « liser. La *sensibilité physique* est donc le germe « productif de l'orgueil. »

Je suis sûr de ne rien exagérer en substituant à cette conclusion celle de Sganarelle : *C'est ce qui fait que votre fille est muette.* Assurément Sganarelle, raisonnant de médecine malgré lui, n'est pas plus ridicule qu'Helvétius raisonnant ainsi de philosophie en dépit du bon sens. Mais pour prouver notre droit de rire, il faut prouver la déraison de l'auteur. Voyons. Remarquez d'abord avec moi combien il importe de surveiller de près les définitions. Pour peu qu'on en laisse passer une qui soit seulement inexacte, un sophiste vous mène bientôt d'inductions en inductions jusqu'aux résultats les plus éloignés de toute vérité. Mais j'ai eu soin d'observer avant tout qu'il n'était pas vrai que l'orgueil *ne fût ja-*

mais que le desir de l'estime; quoique en effet ce desir bien ou mal conçu en soit une suite assez ordinaire. Souvent l'orgueil ne tend qu'aux respects, aux honneurs, à la considération extérieure; et parmi ceux que leur condition met à portée de ces avantages, il est d'autant plus commun de s'embarrasser fort peu de l'estime, que l'on est plus sûr d'obtenir les déférences qui en tiennent lieu, et dont l'amour-propre se contente fort bien. La conduite des gens de cet ordre, comparée avec l'opinion publique, qu'ils ne peuvent pas ignorer, n'a que trop souvent fait voir combien ils mettaient de prix à leur orgueil, et combien peu à l'estime publique. Philippe d'Orléans disait tout haut, et long-temps avant la révolution : *Je ne donnerais pas un petit écu de l'estime publique*; et il n'y avait rien qui n'y parût. Mais il était sûr de ne rien perdre de ce qui était dû à son rang : car alors, je le répète, la révolution était loin, et même lorsqu'il y a tant contribué, il ne soupçonnait, ni lui, ni personne, ce qu'elle pouvait devenir.

Helvétius a donc tort, 1º de confondre deux choses très différentes ; 2º de conclure que l'orgueil n'est que le desir des plaisirs attachés à l'estime publique ; 3º (et ce tort est le plus grand de tous) d'affirmer que ces plaisirs ne peuvent être que ceux des sens, ou *les moyens d'obtenir ces plaisirs, lesquels sont eux-mêmes un commencement de plaisir*, etc. C'est s'envelopper dans un verbiage obscur et vague, pour échapper à la conviction qui se montre d'elle-même dès que les expressions sont claires. Il faut s'énoncer nettement, et nous dire que tout ce que les grands hommes en tout genre ont entrepris par amour de la patrie, de la gloire, de l'estime et des louanges, n'avait pour objet, ou prochain ou éloigné, que les jouissances des sens. Or, cet énoncé est si révoltant, si évidemment démenti par des faits sans nombre, que l'auteur a craint de le risquer tout crûment, et a mieux aimé se retrancher dans des généralités sophistiques. Il est arrivé mille fois que l'amour des plaisirs s'est joint à celui de la gloire : on le sait ; mais il est si faux que ces deux sentiments soient la même chose, que le plus souvent l'un des deux n'est que le sacrifice de l'autre. Comment croire ou soutenir de bonne foi que les vertus romaines et spartiates, les plus orgueilleuses de toutes, mais en même temps les plus austères, au fond, ne se rapportassent qu'aux plaisirs des sens ? De quel front aurait-on dit à Sully, quand son travail lui dérobait le sommeil de chaque jour, et lui laissait à peine l'heure des repas, que tout ce qu'il en faisait n'était pas amour de son roi et de sa patrie, desir de l'honneur et de la gloire, mais qu'il ne prenait tant de peine que pour donner, à Rosny, de bons soupers à de jolies femmes, lui qui avait tout au plus le loisir de s'occuper un peu de la sienne, quoiqu'il l'aimât beaucoup ? Je crois que les Curius, les Régulus et les Caton auraient été bien étonnés si on leur eût *appris* que tout leur héroïsme tendait indirectement et de loin à l'amour des femmes et de la table, au luxe et à la mollesse : car, en un mot, ce sont là les plaisirs sensuels ; il n'y en a pas d'autres. C'est aussi pour cela, sans doute, que Newton méditait ses calculs immenses ; que tant de savants ont blanchi dans la poussière des bibliothèques; que tant d'artistes ont vieilli à la lueur des lampes qui éclairaient leurs veilles laborieuses; que j'ai vu notre célèbre Villoison, avec toute la fraîcheur de sa jeunesse et de sa figure, travailler au grec quinze heures par jour (1) comme un vieux savant à cheveux blancs, sans songer seulement qu'il y eût un autre usage à faire de son jeune âge et de ses journées ! Quel système, aussi abject qu'extravagant, que celui qui méconnaît ce sentiment si puissant sur l'homme, celui de son excellence, aussi fort en lui que l'amour de sa conservation, et souvent même plus fort, puisqu'il l'expose ou la sacrifie à tout moment, uniquement pour être loué ou pour n'être pas méprisé ! Je sais que, dans les soldats de tous les pays, braver la mort n'est, si

---

(1) C'est ainsi qu'il est parvenu à être avant trente ans le plus savant helléniste de l'Europe. Je lui demandai un jour quels étaient donc ses délassements, puisque enfin il en faut un peu. Il me dit que, quand il se sentait la tête lasse, il se mettait quelque temps à la fenêtre; et il demeurait dans la rue Saint-Jean-de-Beauvais. On peut juger de ses *plaisirs sensuels* et de ses *commencements de plaisir*. Il s'est marié depuis, et a toujours vécu de même.

l'on veut, qu'un métier pour soutenir sa vie ; mais le peut-on dire de ceux qui s'arrachent à toutes les voluptés de leur âge et de leur rang pour se précipiter dans tous les périls et souffrir toutes les fatigues? Je sais encore que la gloire est un titre auprès d'un sexe dont elle semble honorer ou excuser les faiblesses ; mais si l'on n'envisageait que la jouissance de ses charmes, pourquoi serait-elle si souvent sacrifiée elle-même au desir de mériter son suffrage, à la crainte de rougir devant lui? Il y a donc, même dans le plus attrayant et le plus irrésistible de tous les penchants physiques, encore un autre empire que celui des sens.

Croirons-nous, avec Helvétius, que l'ambition ne soit que le desir d'avoir plus de droits aux faveurs de la beauté ? Mais sans parler des calculs qu'ont souvent faits les ambitieux en lui préférant la laideur en crédit, que dirons-nous d'un prince tel que le grand Condé, d'un roi tel que Louis XIV ? En fait de plaisirs de toute espèce, ils ne pouvaient avoir d'autre embarras que celui du choix et de la satiété : ils n'avaient, pour jouir de toute manière, aucun besoin de la gloire. Pourquoi donc l'un voulait-il toujours vaincre et l'autre toujours dominer? Est-ce à un philosophe d'oublier ou de compter pour rien la force du caractère, ces déterminations si marquées qui distinguent un homme d'un homme, *homo homini quid præstet* (comme disait un ancien)? ces goûts si particuliers et si dominants qui font pour tel ou tel une volonté de ce qui serait insupportable à presque tous les autres, qui ne laissent pas de profiter de ce qu'aucun d'eux ne voudrait faire, tant cela est éloigné de cet attrait des sens dont Helvétius veut nous faire un mobile unique et universel?

Je n'ignore pas non plus que, dans la plupart des écrivains et des artistes, l'intérêt de la fortune, ou du moins d'une sorte d'aisance, peut se joindre à celui de la gloire, parce que celle-ci est un moyen pour obtenir l'autre. Mais d'abord, qui peut nier que ce ne soit, dans les hommes d'un vrai talent, l'impérieux attrait de ce talent même qui détermine uniquement leur premier choix, puisqu'ils ne sauraient se dissimuler qu'en appliquant à d'autres professions plus sûrement lucratives ce qu'ils ont d'esprit et de facultés, ils peuvent en espérer plus d'avantages et d'émoluments avec beaucoup moins d'inconvénients et d'obstacles? Et puis, demandez-leur, demandez à leur conscience ce qu'ils préfèrent, des richesses ou de la gloire. Demandez à Corneille s'il aurait donné *le Cid* pour tous les trésors de Mazarin, pour toute la puissance de Richelieu. Demandez-lui encore, à ce bon Corneille, qui ne sortait pas de son cabinet, si c'était pour plaire aux jolies femmes qu'il faisait *Horace* et *Cinna*. Demandez enfin à celui qui a fait un bel ouvrage pour quelle somme, pour quelle place, pour quelle beauté à son choix il donnerait son chef-d'œuvre. Qu'il me soit permis, pour l'honneur des lettres, de citer un trait qui ne concerne pas même l'amour de cette gloire pour laquelle peu d'hommes sont faits; mais seulement l'amour de cette noble liberté qui appartient à tous les hommes qui pensent. Il y a environ soixante ans qu'on proposa des jetons d'or et des pensions (1) à l'Académie française, à condition qu'elle retournerait à l'égalité purement académique, et que, toute entière renfermée dans la confraternité littéraire qui était le principe de son institution, elle renoncerait à ses priviléges honorifiques, qui étaient ceux des cours souveraines; à l'indépendance dont elle seule jouissait, et qu'en un mot elle serait, comme les autres académies, sous l'autorité du ministère. Heureusement les plus pauvres faisaient le plus grand nombre. Les jetons d'or les auraient enrichis : tous préférèrent leur honorable liberté. Il serait curieux de chercher dans ce choix quelque chose d'applicable aux sens.

Et l'ambition, comment serait-elle l'amour des

---

(1) C'était l'abbé Bignon qui avait conçu ce projet, et que son crédit avait mis à portée de le faire agréer au Gouvernement. Il était à la tête de la Bibliothèque royale, et membre de trois académies. Il aimait sincèrement les lettres, et leur rendit des services; mais il avait un peu l'ambition de dominer et d'étendre sur l'Académie française l'influence qu'il avait sur les deux autres. Le ministère, qui n'en avait aucune sur la nôtre, goûtait fort un plan qui l'aurait mise, comme elles, dans sa dépendance. Les jetons d'or auraient pu valoir 10 ou 12,000 liv. de rente; le projet fut rejeté par tous les gens de lettres.

plaisirs, puisqu'elle est si souvent la passion des hommes qui ne peuvent plus en avoir d'autre, puisqu'elle respire et vit toute entière, plus dominante que jamais, quand tous les sens sont morts pour la volupté? Enfin, s'il n'y avait pas dans nous un sentiment invincible qui nous élève à nos propres yeux, et qui ne peut souffrir qu'on le blesse, d'où vient que les hommes ne peuvent supporter le mépris, je ne dis pas seulement les injures capables de compromettre l'honneur, qui est l'existence sociale partout où il y en a une (1), mais même tout ce qui peut offenser l'amour-propre? Pourquoi les flots de la colère sont-ils si prompts à s'élever dans le cœur au moindre signe de dédain? Pourquoi les atteintes à l'amour-propre sont-elles les plus impardonnables? Au temps de Louis XII et de François Ier, quand les Allemands et les Français se partageaient l'Italie, les Allemands, alors moins civilisés que nous, traitaient les naturels du pays avec une dureté brutale : les Français, plus humains, mais toujours étourdis et vains, les traitaient avec beaucoup plus de douceur, mais aussi avec cette légèreté qui ne dissimule pas le mépris. Partout les Italiens préféraient la domination des Allemands à

---

(1) On sent bien que ces mots ne sont pas liés sans raison. Ils feront souvenir qu'au moment où l'auteur parlait, toute espèce de considération personnelle, toute existence dans l'opinion était absolument nulle. C'était l'esprit nécessaire du Directoire à cette époque.

celle des Français. On leur en demandait la raison. *Les Allemands nous maltraitent*, répondaient-ils, *mais ils ne nous méprisent pas.* Ce mot est l'histoire de l'homme. Ce serait en vain que, pour attribuer à l'éducation et aux habitudes sociales cette horreur du mépris, on objecterait l'avilissement de quelques nations courbées sous un despotisme stupide, et le langage de ces insulaires de la mer des Indes chez qui le sujet, adressant la parole au monarque, s'appelle lui-même *le membre d'un chien*, *le fils d'un chien*; il ne faut pas considérer l'homme relativement à ceux que la superstition ou le préjugé lui fait regarder comme étant d'une nature supérieure à la sienne: Il faut voir l'homme avec ses égaux. Partout il en a; et partout aussi, même dans la classe dégradée des nègres de l'Amérique et des parias de l'Inde, nul ne peut supporter le mépris de son égal, même en secret et sans témoin; nul ne le pardonne (1), et c'est de toutes les offenses la plus sensible, au point que nous pardonnerions plutôt à celui qui nous a ravi nos biens qu'à celui qui nous a outragés. C'est là surtout ce qui fait étinceler le regard de la colère et précipite le bras de la vengeance. La vengeance! la haine! serait-il possible encore d'attribuer quelque rapport avec les affections sensuelles à ces passions si tristes, si pénibles, si cruelles? Combien leur

---

(1) Il faut en excepter le Chrétien; mais aussi le Chrétien est au-dessus de l'homme.

histoire offre de privations souffertes, de tourments supportés pour parvenir à ce malheureux triomphe de l'amour-propre qui s'élève sur un ennemi écrasé ou seulement humilié! Ah! ces passions terribles n'ont rien de commun avec les plaisirs : ceux-ci même, j'en conviens, traînent souvent après eux l'indifférence et le dégoût ; mais la vengeance satisfaite laisse après elle le repentir et l'horreur, en raison de l'excès où elle s'est portée. Pourquoi? C'est qu'elle n'est en effet qu'un usage perverti, une méprise passagère d'un sentiment légitime et nécessaire, l'estime de nous-mêmes, sans laquelle nous ne ferions rien de louable, rien de beau, rien de grand. Et d'où naît, au contraire, cette satisfaction indicible, cette exaltation intérieure, quand nous ne nous sommes vengés qu'en usant du pouvoir de pardonner? C'est qu'alors nous avons, dans toute sa plénitude, le sentiment le plus doux de notre être, la certitude de notre supériorité.

Quelle autre raison fait de l'envie la passion la plus douloureuse, la plus dévorante, et en même temps la plus honteuse et la plus morne, celle qu'on ne peut jamais cacher et qu'on n'avoue jamais? L'envie entre-t-elle aussi dans les plaisirs des sens; et ces deux mots, l'envie et le plaisir, peuvent-ils aller ensemble? Toutes les autres passions ont du moins le leur à leur manière : la vengeance, la haine, en ont au moment où elles s'assouvissent; mais l'envie, jamais. A l'instant où elle triomphe, elle souffre encore, parce que rien ne peut l'empêcher de rougir d'elle-même. Dira-t-on que l'on n'envie que les jouissances corporelles? Non : sûrement celui qui est envieux l'est de tout, et tout ce qu'il n'a pas le tourmente. Mais l'envie est particulièrement attachée à la concurrence, à tout ce qui intéresse de plus près l'amour-propre, à l'élévation, au pouvoir, au talent, à la célébrité. Le pauvre désire et envie l'aisance ; mais si la grande disproportion des fortunes ne produisait pas trop souvent d'un côté l'insolence, et de l'autre l'humiliation, ceux qui ont le nécessaire désireraient pour eux le superflu plus qu'ils ne l'envieraient dans autrui. Ce qui est certain, d'après l'expérience, c'est que quiconque est affable et modeste avec ses inférieurs en est généralement aimé ; et la raison en est évidente, c'est qu'il efface et fait disparaître en lui la jouissance de ce qui nous blesse le plus, celle de la supériorité, et dès lors tout le reste est pardonné.

Il ne nous reste plus à considérer que l'avarice, et cette passion se refuse encore plus que toutes les autres à l'opinion d'Helvétius. Il n'y a pas moyen de rapporter aux plaisirs des sens une passion qui consiste toute entière dans les privations. Aussi Helvétius prétend-il qu'on ne peut expliquer le délire de l'avare qu'en supposant qu'il regarde au moins l'argent comme la représentation de tous les plaisirs qu'il peut acheter. Cette idée, il est vrai, n'est point paradoxale ; elle est même très commune ; et jusqu'ici l'on n'a point donné d'autre explication de ce penchant, le plus singulier de tous, en ce qu'il n'a point, comme les autres, d'objet et de jouissance réelle. L'argent par lui-même n'en est pas une, a-t-on dit; il faut donc que l'avare y supplée au moins par l'idée des jouissances possibles. Cette opinion paraît plausible; cependant je ne la crois pas fondée. J'en appelle à l'observation réfléchie. Qu'on examine de près un avare, et l'on verra que, bien loin de jouir en idée de toutes les commodités, de tous les avantages qu'il peut se procurer, il n'en peut même souffrir la pensée. Rien ne le révolte plus que la préférence qu'on donne sur l'argent à toutes les choses dont il est le prix et l'échange. Il hait toute dépense, non-seulement pour son compte, mais pour celui des autres : tout lui paraît profusion, dissipation; et quand tout le monde le croit fou, on peut être sûr qu'il nous le rend bien, et qu'il nous regarde tous comme des insensés. Ce n'est point ici une exagération comique ou satirique; c'est le fait, que chacun est à portée de vérifier dans l'occasion. Parlez à un avare de telle dépense que vous voudrez au-delà de ce nécessaire étroit et honteux sans lequel on mourrait de faim et de froid, et vous verrez s'il ne calcule pas sur-le-champ, à livres, sous et deniers, ce que cette somme épargnée peut valoir au bout de l'année, et s'il ne regarde pas en pitié ceux qui ne font pas le même calcul. Suivez-le de près, et vous verrez qu'il souffre véritablement quand il voit dépenser de l'argent, et qu'excepté celui qu'on voudrait bien lui donner, il desirerait d'ailleurs que personne n'en dépensât plus que lui. Mais qu'est-ce donc que l'avarice? C'est, si je ne me trompe, un égarement de l'imagination, né de la défiance et de la cupidité, et fortifié par l'habitude. La cupidité est naturelle à l'homme; mais l'avarice me semble être ce que l'invention des métaux monnayés et les accidents de l'état social ont mis de *factice* dans la cupidité. Nos connaissances historiques, infiniment moins anciennes que le temps où les richesses réelles ont commencé à être représentées par des valeurs idéales, ne nous permettent pas de nous appuyer ici sur des faits; mais il est très vraisemblable que, toutes les productions de la terre étant plus ou moins aisément corruptibles, la fantaisie d'accumuler n'a guère pu naître qu'à l'époque où des métaux, à peu près incorruptibles, sont devenus le signe et l'équivalent de toutes les possessions. Je conçois bien qu'en tous les temps l'homme cupide a voulu avoir plus de terres, plus de troupeaux, plus d'esclaves que les autres; mais il fallait absolument consommer à peu près ce que produisaient le sol et le travail, ou se résoudre à le voir périr, et dès lors il n'y avait pas lieu à l'avarice, qui accumule sans jouir et sans dépenser. Il y a une autre différence entre les richesses naturelles et les richesses factices; les premières ne peuvent pas se perdre aussi facilement, à beaucoup près, que les secondes : ainsi, d'un côté la facilité d'entasser beaucoup d'or, et de l'autre la crainte de se le voir enlever par tous les accidents qui tiennent à la corruption de l'état social, ont pu produire l'avarice. La crainte habituelle de l'avare est de manquer, ou du moins d'éprouver quelqu'une de ces pertes dont personne n'est à l'abri, surtout quand les moyens de faire valoir l'argent sont, comme il arrive toujours, inséparables du danger, ou tout au moins de la possibilité de le perdre; et en ce genre la possibilité seule fait frémir l'avare. On aura donc commencé par s'attacher à son trésor comme un garant de sa subsistance, et puis on se sera de plus en plus accoutumé au plaisir de le voir grossir et s'augmenter, aux dépens même de cette subsistance, au moins en tout ce qui n'y était pas strictement nécessaire. C'est un travers d'esprit comme tant d'autres dont l'homme est susceptible : il lui faut une passion dominante, et l'avarice est ordinairement la seule des avares. Ils se sont fait peu à peu un besoin d'ajouter sans cesse à leur trésor; ce soin occupe toutes leurs pensées, toute leur activité, tout leur amour-propre; et là-dessus le détail des faits étonne l'imagination. Je voudrais qu'on en eût fait un recueil qui rassemblât tout ce qu'on en sait : ce serait une des parties les plus singulières de l'histoire des folies et des bassesses de l'humanité (1).

---

(1) On pourrait y joindre un exemple épouvantable de la punition que ce vice odieux et antisocial peut quelquefois

Il se peut encore que la faculté d'acquérir beaucoup de choses se présente quelquefois à l'esprit d'un avare, mais à coup sûr c'est comme une idée purement abstraite. La pensée de réaliser cette faculté le ferait frissonner. En un mot, à voir la manière dont vivent les avares, je ne conçois pas que les plaisirs sensuels puissent entrer

---

éprouver, même dès ce monde : c'est la mort affreuse du financier Thoynard, arrivée par un accident aussi extraordinaire que son avarice. C'était un des hommes les plus riches de la ferme générale, dans un temps où elle rapportait des sommes immenses, réduites depuis des trois quarts au moins, lorsque le secret de cette administration fut communiqué au Gouvernement par l'Allemand de Bey. Thoynard avait pratiqué dans l'endroit le plus reculé de son jardin un caveau secret et de la plus forte clôture, où il enfermait son argent; ce qui était pour lui une occasion fréquente de visites nocturnes à son trésor. Il arriva qu'en y entrant, la porte, poussée par le vent, se referma sur lui; et comme elle était à secret, et que la clef qui seule pouvait l'ouvrir était restée en dehors, il fut impossible à ce malheureux, ni de trouver aucun moyen de sortir, ni de se faire entendre au dehors pour se procurer du secours; l'éloignement ne permettant pas que sa voix perçât l'épaisseur des murs. On ne pouvait non plus imaginer où il était, personne que lui ne connaissant ce caveau. Ce ne fut qu'au bout de quelques jours, qu'à force de recherches on parvint jusqu'au tombeau qu'il s'était creusé. Il y était mort, et l'on peut imaginer de quelle mort. On le trouva étendu sur des sacs, les bras à demi rongés : il avait eu tout le temps de maudire l'or qu'il avait tant aimé. Mais celui-là ne serait pas moins insensé, qui ne verrait là qu'un coup du hasard, et non pas de cette Providence qui donne quelquefois de si terribles exemples de la manière dont elle sait trouver le châtiment du vice dans le vice même.

pour quelque chose dans cette passion, à moins que la vue de l'or ne soit une sorte de plaisir physique pour leurs yeux, comme la vue d'une rose ou d'une belle femme en est un pour les nôtres; et cela n'est pas impossible d'après les relations étroites qui existent entre les sens et l'imagination. Mais, dans tous les cas, je ne puis voir dans cette étrange passion qu'une des bizarreries honteuses de l'esprit humain, et il y en a de toutes les espèces.

En continuant d'examiner celles d'Helvétius, je le vois sans cesse calomnier les hommes, à qui pourtant il aimait à faire du bien. Il semblait que la bonté de son cœur voulût les dédommager des injustices que leur faisait son esprit. Était-ce donc d'après lui-même qu'il pouvait parler, lorsqu'il a dit : « L'homme humain est celui pour qui la vue
« du malheur d'autrui est une vue insupportable,
« et qui, pour s'arracher à ce spectacle, est, pour
« ainsi dire, forcé de secourir le malheureux.
« L'homme inhumain, au contraire, est celui pour
« qui le spectacle de la misère d'autrui est un spec-
« tacle agréable. C'est pour prolonger ses plaisirs
« qu'il refuse tout secours aux malheureux. Or, ces
« deux hommes si différents tendent cependant
« tous deux à leur plaisir, et sont mus par le
« même ressort. »

J'ai déja fait évanouir cette prétendue identité de ressort; mais d'ailleurs, ce qu'on dit ici de l'homme humain et de l'inhumain me semble également faux. S'il était vrai que l'on ne secourût les malheureux que pour s'épargner le spectacle de leur misère, on ne ferait du bien qu'à ceux que l'on voit; et il est de fait que l'on procure tous les jours des soulagements à ceux qu'on ne voit pas, et qu'on ne verra peut-être jamais. Il y a donc dans la bienfaisance un autre motif que la répugnance que l'on éprouve à l'aspect de leur infortune. Je crois encore bien moins que l'inhumanité trop commune qui refuse des secours aux indigents aille jusqu'à se faire *un plaisir prolongé* du spectacle de leurs souffrances. Est-il possible que l'on suppose si froidement cet excès de cruauté? S'il existe, il est au moins très rare, et l'on n'argumente pas d'une exception. Il est d'autant plus extraordinaire que l'auteur ait adopté cette idée révoltante, qu'il n'en avait nul besoin, même dans son système, pour expliquer la sorte d'inhumanité qui rend insensible au malheur d'autrui. Il pouvait l'attribuer très raisonnablement à cette indifférence qui naît de la préoccupation de nos intérêts et de nos plaisirs, ou à la crainte de diminuer quelque chose de nos jouissances en prenant sur nos biens pour aider le pauvre. Ces vérités se présentent d'elles-mêmes; mais l'auteur, toujours occupé à faire tout rentrer dans ses principes d'erreurs, semble tellement déterminé à fuir toute vérité, qu'il s'éloigne avec une espèce d'effroi de celle même qui ne lui serait pas contraire.

Il se fait ici une objection qui amène de sa part une réponse aussi fausse dans le principe que dans les conséquences. « Mais, dira-t-on, si l'on

« fait tout pour soi, l'on ne doit donc point de
« reconnaissance à ses bienfaiteurs? Du moins, ré-
« pondrai-je, le bienfaiteur n'est-il pas en droit
« d'en exiger; autrement, ce serait un contrat, et
« non un don qu'il aurait fait... C'est en faveur
« des malheureux, et pour multiplier le nombre
« des bienfaiteurs, que *le public* impose, avec
« raison, aux obligés le devoir de la reconnais-
« sance. » Il est vrai que le bienfaiteur ne doit
exiger aucun retour; mais pourquoi? Ce n'est
pas qu'il n'ait droit d'en attendre en conséquence
de l'équité naturelle, qui ordonne de rendre le
bien pour le bien, et d'aimer celui qui nous en
fait. Tout bon moraliste, qui aurait craint d'autoriser l'ingratitude, se serait bien gardé d'oublier
les devoirs de l'obligé en rappelant ceux du
bienfaiteur. Sans doute celui-ci est suffisamment
payé par le plaisir de faire du bien, qui est le
premier de tous; mais tant pis pour l'obligé s'il
se prive du plaisir de la reconnaissance, qui en
est un aussi doux que le devoir est sacré. Ce n'est
pas seulement à cause du bienfaiteur qu'il faut
être reconnaissant, c'est pour soi-même, c'est pour
s'acquitter d'une obligation; et celui qui dirait à
son bienfaiteur : Je ne vous dois rien; vous êtes
assez heureux de m'avoir fait du bien, répéterait
la leçon de l'ingratitude, telle que l'orgueil l'a
répétée mille fois, après l'avoir apprise de nos
philosophes. Il n'y avait qu'eux qui fussent capables de dire que *c'est le public qui impose le
devoir de la reconnaissance*. Ce n'est point *le pu-*

blic, c'est la morale universelle, que l'auteur ne veut écarter ici, comme partout, que parce qu'il l'a bannie de son système, si odieusement chimérique. Quand même personne ne saurait que vous avez reçu un bienfait, la morale et la conscience ne vous crieraient pas moins haut que vous êtes tenu à la reconnaissance. *Le public* n'est que l'écho de cette voix, quand il veut qu'on remplisse ce devoir; et ce n'est pas lui qui *impose* ce devoir, c'est la nature, la nature même sauvage, qui n'en connaît point de plus sacré. *Le public* fait des lois de convention et d'usage, et non pas des lois de conscience; et j'ai prouvé, ce qui n'aurait pas dû avoir besoin de preuve, qu'il y avait une conscience; je l'ai démontré en rigueur, et pour y être obligé, il fallait avoir affaire à nos *philosophes*. C'est à eux seuls qu'il pouvait tomber dans l'esprit de faire d'un sentiment aussi naturel que celui de la reconnaissance une affaire de bienséance et de calcul, et de l'ingratitude un manque de convenance. Cela est digne du reste.

Il y aurait bien d'autres erreurs à combattre dans les ouvrages d'Helvétius; mais je me borne ici aux plus importantes, et dans le grand nombre je m'attache aux plus dangereuses. En voici deux qu'il n'est pas permis de passer sous silence: elles offensent trop directement la nature humaine, qui n'eut jamais de plus mortels ennemis que ces soi-disant *philosophes*, qui n'ont entrepris de l'expliquer qu'à force de la méconnaître,

et ne l'attestent que pour l'outrager. « Le remords
« n'est que la prévoyance des peines physiques
« auxquelles le crime nous expose. Le remords est
« par conséquent en nous l'*effet de la sensibilité
« physique...* Un homme est-il sans crainte, est-il
« au-dessus des lois, c'est sans repentir qu'il com-
« met l'action malhonnête qui lui est utile... *L'expé-
« rience nous apprend* que toute action qui ne nous
« expose ni aux peines légales, ni à celle du dés-
« honneur, est en général une action toujours exé-
« cutée sans remords. »

Je réponds affirmativement que l'audace de
cette assertion ne fait qu'en rendre la fausseté
plus révoltante. Il faut avoir perdu la tête ou
perdu toute pudeur pour invoquer *l'expérience*
quand celle de tous les pays et de tous les siècles est si connue, qu'il n'y a point d'homme,
pour peu qu'il sache lire, qui ne soit en droit
de vous répondre que vous avez menti. L'histoire
qui dépose partout de la puissance du remords,
même dans ceux qui ne pouvaient craindre aucune autre peine, l'histoire est tellement remplie
de semblables témoignages, que, si je m'amusais
à les citer, on me reprocherait avec raison de
perdre le temps à détailler ce que personne n'i-
gnore, ce que tout le monde peut se rappeler,
quand ce ne serait que depuis Tibère jusqu'à
Louis XI. Mais je dois ajouter que, laissant même
à part les grands crimes, chacun n'a qu'à se consulter soi-même, et se demander s'il ne s'est pas
senti mécontent de lui quand il a été injuste,

même sans avoir à craindre aucune peine. Je ne dis pas que le remords suive toujours l'injustice : la passion ou le préjugé qui nous l'a fait commettre peut aussi nous la faire méconnaître; mais dès que la passion ou le préjugé se tait, le remords parle. Quelles preuves l'auteur allègue-t-il du contraire? L'exemple des tyrans d'Asie, qui accablent leurs sujets d'impôts, et des inquisiteurs, qui font brûler les hérétiques : *Les uns et les autres*, dit-il, *sont sans remords*. Je le crois; mais qui ne voit que ces deux cas rentrent précisément dans l'exception que j'ai faite, et nullement dans la thèse de l'auteur? Ce n'est pas la puissance et l'impunité qui étouffent ici le repentir; mais la conscience est muette, parce que l'esprit est aveuglé, et c'est là le plus grand danger de l'ignorance et de l'erreur; c'est le grand mal que font des doctrines telles que celles des coupables sophistes que je combats. Le despote d'Asie se croit maître de la vie et des biens de ses sujets; il se joue de l'un et de l'autre; il est conséquent. De même un disciple de nos *philosophes* ne connaît de mobile que *l'intérêt personnel*; il y sacrifie tout; il reconnaît pour *moteurs uniques le plaisir et la douleur*, et ne se croit tenu qu'à chercher l'un et à fuir l'autre; il est conséquent tout comme le despote, et s'il fait moins de mal, c'est qu'il a moins de pouvoir. L'inquisiteur s'imagine servir le ciel et la religion en exterminant ceux qui n'ont pas la même croyance que lui; et l'on sait la réponse de ce furieux ligueur à son confesseur, qui s'étonnait qu'il ne lui parlât pas de la Saint-Barthélemy, où il avait été du nombre des assassins : *Je regarde, au contraire, cette journée comme une expiation de mes péchés.* Mais que prouvent la persuasion de l'inquisiteur et la réponse du ligueur, si ce n'est que l'un et l'autre sont conséquents dans l'atrocité, comme nos sophistes dans l'absurdité, et que les préjugés du fanatisme religieux, comme ceux du despotisme asiatique, peuvent corrompre jusqu'à la conscience? Mais aussi que prouve l'étonnement du ministre de la religion, si ce n'est que la religion n'est rien moins que le fanatisme?

Nous ne pouvons juger que par le rapport de nos idées avec les objets, et quand une religion pervertie, ou une mauvaise éducation, ou une doctrine erronée a faussé nos idées, nos jugements ne sauraient être droits; et la conscience n'est que le jugement que nous portons sur nous-mêmes. Remarquez pourtant que le despote et l'inquisiteur, tout en se trompant, reconnaissent néanmoins une justice, et que leur erreur n'est qu'une idée fausse de cette justice. Aucun d'eux ne vous dira : Je sais que je suis injuste, et je veux l'être; mais l'un dira de celui qu'il fait périr : N'est-il pas hérétique? l'autre dira de celui qu'il opprime : N'est-il pas mon esclave? Ils ne sont donc pas sourds à tout raisonnement, et il n'est pas impossible de redresser en eux les idées du juste et de l'injuste, puisqu'ils les ont conservées tout en les appliquant fort mal. Il n'y a que nos adversaires, il n'y a que les athées avec qui l'on soit sans ressource ; car que peut-on remontrer ou apprendre à ceux qui se croient exclusivement appelés à instruire les autres, et à leur enseigner tout le contraire de ce qui est reçu depuis le commencement du monde? Ils vous répondront : « Que me parlez-vous de *juste* et « *d'injuste?* » Je ne comprends que mon *intérêt;* il « est ma loi : » et si cet *intérêt* est que *vous soyez pilé dans un mortier*, et si le raisonneur est despote ou *révolutionnaire, vous serez pilé* très *philosophiquement.* Ici, Messieurs, faites bien attention que ce n'est plus moi qui parle, c'est Voltaire dont je vous répète les propres paroles contre les athées ; et l'on sait qu'il a eu contre eux de bons moments, qu'ils ont eu bien de la peine à lui pardonner.

Le second passage d'Helvétius fait encore plus de peine à citer. « L'homme hait la dépendance : « de là peut-être *sa haine pour ses père et mère*, « et ce proverbe fondé sur une observation com- « mune et constante : L'amour des parents des- « cend et ne remonte pas. »

Sa haine pour ses père et mère!.. Oui, ce sont les termes de l'auteur. Je ne sais si l'on a jamais insulté la nature et la raison avec un sang-froid plus intrépide, du moins jusqu'à la révolution française. A la tournure affirmative et générale de cette phrase, qui n'est ni précédée, ni accompagnée, ni suivie d'aucune espèce de restriction, ne dirait-on pas que *la haine des enfants pour leurs père et mère* est un fait universel et reconnu, une sorte de donnée en morale, dont il ne s'agit plus que de trouver l'explication ? *C'est peut-être,* dit l'auteur, *que l'homme hait la dépendance.* L'homme ne hait pas tant la dépendance que l'oppression. Il s'en faut même de beaucoup que cette haine de toute dépendance soit un sentiment général et prédominant. Nous verrons ailleurs (1) combien il est restreint par le besoin de l'ordre et de la sécurité. Mais surtout cette dépendance, nécessairement attachée à l'enfance par sa faiblesse seule, et qu'il ne tient qu'aux parents de rendre si douce, serait bien insuffisante pour rendre raison d'un phénomène aussi contraire à la nature que *la haine des enfants pour leurs père et mère*, s'il était vrai, s'il pouvait être vrai que ce sentiment fût commun. Heureusement rien n'est plus faux. Cette *haine*, s'il est possible de répéter cet horrible mot, peut avoir lieu tout au plus dans l'un de ces deux cas, ou d'une extrême injustice de la part des parents, ou d'une extrême perversité dans les enfants ; et l'on m'avouera que les extrêmes, rares par eux-mêmes, le sont surtout en ce genre. Le proverbe que cite l'auteur est pris dans un sens affreusement exagéré. Il ne signifie autre chose, si ce n'est que l'amour des père et mère pour leurs enfants surpasse ordinairement celui des enfants pour leurs père et mère, ce qui est vrai ; et cette

---

(1) A l'article de *Rousseau.*

disproportion est dans la nature. Il fallait, pour enchaîner les père et mère à tous les soins dont dépend la conservation des enfants, que le sentiment paternel et maternel fût de la plus grande énergie possible : aussi n'en connaît-on point de plus fort et de plus puissant, non-seulement dans l'homme, mais dans les animaux ; c'est une prévoyance de la nature, qui veillait à l'unique moyen de la conservation des espèces. Dans l'homme, ce sentiment plus durable, parce que l'enfance en a plus souvent besoin, est encore fortifié par beaucoup d'autres sentiments particuliers à notre espèce, par l'habitude prolongée d'une foule de soins et de secours différents, par la douceur des caresses réciproques, par le charme du premier âge, par l'intérêt attaché aux développements successifs des organes de la vie et des facultés de la raison, par le progrès et le succès de l'éducation, par l'attrait de l'espérance, enfin par le plaisir de revivre dans un autre soi-même, et par l'amour-propre qui se mêle à toutes nos jouissances. Rien de tout cela dans les enfants : il faut même que leur raison soit assez avancée, pour leur apprendre tout ce qu'ils doivent de reconnaissance à leurs parents : au moment où ils en reçoivent les plus grands bienfaits, ils ne peuvent pas en sentir le prix. Il est donc naturel que leur amour pour leurs parents soit inférieur à celui que leurs parents ont pour eux ; et pour dire, en passant, ce qui sera plus expliqué ailleurs, c'est par la même raison que, mettant même l'infini à part, nous ne pouvons jamais aimer Dieu autant que nous en sommes aimés. Mais de cette disproportion dans l'amour, il y a encore bien loin jusqu'à la *haine*. L'une est dans la nature, et l'autre est dénaturée. Il y a sans doute de mauvais enfants, mais il y a aussi de mauvais parents, et la dureté et la tyrannie peuvent affaiblir les sentiments les plus chers. Il est pourtant très rare (et je le répète sans crainte d'être démenti par quiconque aura bien observé) que l'altération de ces sentiments aille jusqu'à la haine ; et les prodiges d'amour filial sont aussi fréquents dans l'histoire que ceux de l'amour paternel et maternel.

Mais le plus funeste effet de ces calomnieux paradoxes, c'est qu'en les lisant, l'ingrat et le fils dénaturé pourront se dire qu'ils sont comme les autres hommes. Je vous laisse à penser, Messieurs, si ceux-là méritent le titre de philosophe, qui n'ont écrit que pour la justification des monstres.

Il y a dans leurs principes des conséquences beaucoup moins sérieuses; mais quand elles ne sont pas des crimes, ce sont encore des erreurs, et je crois devoir en relever du moins quelques unes, soit pour vous faire voir que, si tout n'est pas chez eux également condamnable, tout est à peu près également faux ; soit pour vous soulager un moment, ainsi que moi, du poids de cette triste immoralité, qui fait mal même à réfuter. Ainsi, qu'Helvétius ait dit que l'on ne pèse aussi les talents qu'au poids de l'intérêt, cela est d'une bien moindre importance, et n'est pas si éloigné de la vérité; et pourtant la proposition est encore très inexacte dans sa généralité. Il est naturel et raisonnable que les hommes estiment les talents à cause de leur utilité; mais qu'ils n'aient jamais d'autre mesure de leur estime, c'est ce que l'observation des faits ne permet pas d'avouer. Si ce calcul de proportion était exactement suivi, quels éloges n'aurait-on pas donnés aux auteurs de tant d'inventions d'une utilité générale et durable, à ceux qui ont imaginé les caractères de l'alphabet, les signes des nombres, les moulins à vent, les moulins à eau, la navette, le métier à bas, en un mot tous ces procédés si ingénieux, qui des arts mécaniques, objets de première nécessité, ont fait des prodiges d'industrie! Les noms de ces bienfaiteurs du monde nous sont inconnus, et nous ne saurions pas même quel est celui qui le premier a su manufacturer le fer et l'airain (Tubalcaïn), si l'Esprit-Saint n'avait pas cru devoir nous l'apprendre dans les livres qu'il a dictés, et qui sont les plus anciens que le monde connaisse. Il faut dire plus : la difficulté, la rareté d'un genre de talent utile en lui-même, entrent et doivent entrer pour beaucoup dans l'appréciation qu'on en fait. Helvétius le nie formellement; mais, selon sa coutume, il nie sans preuves à l'appui de la négation. Il oublie que les hommes sont naturellement disposés à admirer ce dont peu d'hommes sont capables, et qu'ils n'ont pas tort de distinguer dans leur estime ce qui est en effet au-dessus des facultés communes (1). Tous les hommes sensés estiment l'agriculture comme un travail nécessaire et honnête, qui doit mener à sa suite l'amour des plaisirs naturels et l'innocence des mœurs ; mais ils sentent en même temps que tout homme peut être laboureur ou artisan, et qu'il n'est pas donné à tout le monde d'être un bon administrateur, un bon général d'armée, un bon magistrat, un grand orateur, un grand poète, un grand artiste. Un juste respect pour ce qui fait honneur à la nature humaine se mêle donc et doit se mêler à la considération des avantages qu'on en retire. C'est cela précisément qu'Helvétius voulait écarter de son système, qui le condamne à réprouver tout ce qui tient à la noblesse de l'homme moral ; et c'est tout ce que j'ai voulu faire remarquer en cet endroit, sur lequel je ne m'étendrai pas davantage.

Je ne m'arrêterai pas non plus sur l'ouvrage posthume intitulé *de l'Homme*, dont le résultat général est le même que celui de *l'Esprit*. Le second n'était que le commentaire du premier, et devait par conséquent offrir autant d'erreurs, avec

---

(1) Nous parlerons ailleurs (à l'article de *Rousseau*) de cette vénération factice et insensée que, dans ces derniers temps et d'après lui, nos sophistes *révolutionnaires* ont affectée pour les arts de la main, qu'ils ont voulu mettre au premier rang dans l'ordre social.

un développement d'autant plus libre et plus hardi, que l'auteur ne voulait pas publier ce dernier livre de son vivant. Ce qu'il y a de vrai dans ce qu'il dit, que le premier objet de tout gouvernement est de lier chaque citoyen à l'intérêt public par son intérêt particulier, est connu et senti depuis qu'il y a des gouvernements, quoique l'application en ait été plus ou moins imparfaite, comme elle le sera toujours plus ou moins, malgré les prétentions aussi nouvelles que folles de la *philosophie* moderne, qui abuse du principe de la perfectibilité jusqu'à oublier que les bornes en sont renfermées dans celles de notre nature, toujours fort étroites, et que le principe lui-même est subordonné à un autre non moins reconnu de tout le monde, excepté de nos *philosophes*, et qui nous apprend que le progrès des facultés de l'homme ne peut séparer l'usage de l'abus, et se montre toujours à peu près le même sous les deux rapports. Mais loin de croire, comme Helvétius, que le ressort le plus puissant de cet *intérêt* qu'il recommande soit le *plaisir physique*, je pense que celui-ci doit dominer sur tous les vices d'un gouvernement arbitraire, qui ne laisse guère d'autre ressource, comme Montesquieu et tous les bons politiques l'ont observé chez les Orientaux ; mais que, dans tout gouvernement légal, dans une république, dans une monarchie tempérée, dans tout état qui tend à tirer de chaque citoyen tout le parti possible, en lui assurant tous ses droits naturels et civils, il faut surtout décréditer le luxe et la mollesse, qui garderont toujours par eux-mêmes assez d'empire pour le maintien des arts et du commerce, et élever l'honneur et le sentiment moral et religieux, toujours trop combattus par toutes les passions sensuelles. C'est ce que ne pouvait voir Helvétius, qui rejetait absolument le moral de l'homme, au point de fermer l'oreille à la voix de tous les siècles, et les yeux à des exemples sans nombre et de tous les jours, qui attestent qu'il y a tel degré de sociabilité où le moral est mille fois plus puissant dans l'homme que le physique, grace à cet amour-propre dont cet écrivain paraît avoir totalement ignoré l'énergie, en bien comme en mal.

Il ne voit rien de plus merveilleux en législation que de faire de la plus belle femme la récompense du plus brave guerrier et du meilleur citoyen. Ces idées romanesques et poétiques sont dignes de nos charlatans du dix-huitième siècle, et font pitié au bon sens. Quelques traditions, tout au moins incertaines, attribuent cette coutume à quelques petites républiques d'une antiquité très-obscure; mais il n'en est pas moins indigne d'un philosophe et d'un politique de mettre en théorie ce qui (sans parler même de notre religion, que nos petits docteurs comptent toujours pour rien) est d'une exécution moralement impossible chez toutes les nations policées, et ce qui même est inconséquent dans la nature des choses; car ce n'est pas la plus belle femme qui est une récompense, c'est la femme qu'on aime.

Et qui jamais a pu faire entrer dans une disposition légale les libres sentiments du cœur? Helvétius mettait donc de côté, non-seulement l'inclination réciproque, sans laquelle il n'y a rien de bon, mais encore les convenances impérieuses, et qui font la loi partout, celles de la naissance et du rang. Cela était un peu précoce avant la révolution ; et quoique Helvétius fût très-loin d'y penser, comme on le verra tout à l'heure, je ne suis pas surpris qu'on l'ait rangé parmi les écrivains révolutionnaires. Jamais au moins les Grecs, ni les Romains, ni les Perses, ni aucun des sages de l'Orient, n'ont pensé à faire d'une belle femme le prix de la vertu ; jamais ils ne lui en ont donné d'autre qu'elle-même, et le témoignage de l'estime publique. Ils savaient d'ailleurs que la beauté, qui ne manquera jamais d'adorateurs, ne doit entrer pour rien dans aucun ordre légal, et surtout ne doit pas être placée au premier rang chez les peuples libres, qui doivent mettre avant tout la patrie, le devoir et l'honneur.

La préface du livre *de l'Homme* présente un passage très-digne d'attention, « Ma patrie a reçu
« enfin le joug du despotisme ; elle ne produira
« donc plus d'écrivains célèbres. Le propre du
« despotisme est d'étouffer la pensée dans les es-
« prits et la vertu dans les ames. Ce n'est plus
« sous le nom de Français, que ce peuple pourra
« de nouveau se rendre célèbre. Cette nation avi-
« lie est aujourd'hui le mépris de l'Europe ; nulle
« crise salutaire ne lui rendra la liberté ; c'est par

« la consomption qu'elle périra : la conquête est
« le seul remède à ses malheurs. »

Je ne dis rien de l'outrageante amertume de ces expressions; ce ton hyperboliquement satirique était celui de tous ces insolents sophistes qui se disaient *citoyens*, et c'est ce qui les a justement rangés parmi les premiers apôtres de cette révolution qui a fait tant de *citoyens* de ce qui n'était plus Français. Mais remarquez d'abord, Messieurs, que ces mots, *ma patrie a reçu enfin le joug du despotisme*, tombent évidemment sur la dissolution des corps de magistrature en 1771, évènement qui précéda d'un an la mort d'Helvétius : d'où il suit qu'il ne datait le *despotisme* en France que de cette révolution dans l'ordre judiciaire, puisqu'il ne pouvait pas croire, sans contredire ses propres paroles, que tant de grands écrivains, depuis Corneille jusqu'à Voltaire, et depuis Bossuet jusqu'à Montesquieu, fussent nés sous le *despotisme*. Il n'était donc nullement de l'avis de nos publicistes actuels, qui nous ordonnent, sous peine de la vie, de regarder comme des mots synonymes *la royauté*, *le despotisme*, *la tyrannie*, et qui, par cette seule raison, auraient à coup sûr massacré Helvétius, sous peine d'être inconséquents; et c'est là la seule manière dont ils ne l'aient jamais été. Ils ont, il est vrai, marqué de son nom la rue où il est mort, honneur dont il aurait été, je crois, fort peu flatté, en voyant les nouveaux noms de tant d'autres de nos rues : mais s'il eût vécu jusqu'à ces derniers temps, il avait bien plus d'un titre pour ne pas échapper à la proscription *républicaine*, si digne de ceux qui ont fait son apothéose; et tout le matérialisme de son livre n'aurait pu balancer seulement le double crime de sa fortune et de sa réputation; mais il avait quelques vertus bienfaisantes, et la Providence semble l'en avoir récompensé en proportion de ce qu'il pouvait mériter. Il a été enlevé, avant le temps, par une mort imprévue et presque subite : mais il n'a pas vu la révolution.

Il se trompait d'ailleurs en regardant le *despotisme* comme *enfin* établi en France par la violence très-passagère exercée envers les parlements. C'était sans doute un acte arbitraire, aussi contraire à la saine politique qu'à toutes les lois; car alors nous en avions : et nous avons vu que des abus d'autorité à peu près semblables, et des systèmes opposés à notre constitution monarchique, avaient été, en 1788, une des causes prochaines de la révolution. Mais dès le temps où l'auteur écrivait sa préface, il n'était pas difficile de prévoir le retour des parlements, dont personne alors n'a jamais douté, pas même ceux qui les avaient détruits : il pouvait être plus ou moins éloigné, mais il était infaillible (1). L'on

---

(1) Ce fut en ce temps, et à l'instant où Louis XV venait de dire : «Je ne changerai jamais», que le duc de Nivernais fit à madame Dubarry cette réponse si spirituelle, et qui, en flattant si délicatement la favorite, donnait un démenti si formel

sait que, si Louis XV eût vécu plus long-temps, il les aurait rappelés, quoique avec des conditions (ce qu'on ne fit pas après lui, et ce fut un grand tort de Maurepas), et nous avons vu encore que ce retour, négocié sans précaution, augmenta leur pouvoir et leur influence. En général, dans la situation des choses et des esprits, il y avait certainement plus de tendance à la diminution qu'à l'accroissement du pouvoir royal, déjà moins absolu que sous Louis XIV, et qui avait reçu plus d'une atteinte dans les mains de son successeur. Cette opinion était celle de tous les hommes éclairés, et sera celle de l'histoire : d'où l'on peut conclure qu'Helvétius n'avait pas des vues plus justes en politique qu'en philosophie.

Ce qu'il dit de la nation française, à cette même époque de 1771, qu'elle était *le mépris de l'Europe*, est malheureusement trop vrai, quoiqu'il eût mieux valu le laisser dire aux historiens. La guerre de sept ans et la paix qui la suivit, également humiliantes et désastreuses; les luttes continuelles du ministère contre la magistrature, où l'autorité, toujours compromise, avait toujours contre elle l'opinion publique; le désordre des finances; l'arrogance du cabinet de

---

au monarque. Cette beauté trop célèbre et trop infortunée, toute fière alors de son triomphe, répétait au duc les paroles de Louis XV. « Ah! madame, répondit le duc, plus galant
« que courtisan, quand le roi a dit qu'il ne changerait jamais,
« il vous regardait. »

Saint-James, qui parlait à celui de Versailles comme le sénat de Rome aux rois d'Asie ; enfin, les dernières années du monarque, flétries de toutes les manières, n'autorisaient que trop ce jugement de l'auteur et de l'Europe. Mais l'histoire aussi attestera ce qu'il n'a pu voir, qu'une pareille dégradation ne pouvait être que momentanée dans un grand peuple qui a autant de ressources que les Français ; que, sous le règne suivant et à peu d'années de distance, la France, après la guerre de l'Amérique, quoiqu'elle n'eût pas été fort heureuse ni fort bien conduite, avait pourtant déja repris toute sa consistance politique par une paix honorable qui assurait l'indépendance des Américains, et qu'elle se trouvait encore à portée de tenir, comme auparavant, la balance de l'Europe, jusqu'au moment où elle abandonna la Hollande à l'invasion des Prussiens (1). Ce fut le premier acte de faiblesse du dernier règne, qui ait manifesté aux étrangers cette pénurie du trésor avouée incurable, quoiqu'elle ne le fût point du tout, ce défaut de

---

(1) Le comte de Montmorin, alors ministre des affaires étrangères, lut au conseil un mémoire très bien motivé, et qui démontrait la nécessité et en même temps la facilité de prévenir cette invasion. L'on convint que ses raisons étaient fort bonnes ; mais on lui en opposa une à laquelle ce n'était pas à lui de répliquer, le défaut d'argent pour faire la guerre dans le cas assez probable où l'Angleterre interviendrait dans la querelle. C'est un fait que je tiens de la bouche de ce ministre.

moyens pécuniaires porté au point d'arrêter les entreprises les plus nécessaires ; et il n'en faut pas davantage pour relâcher tous les ressorts d'un gouvernement. Toutes les autres fautes commises depuis (et elles sont sans nombre), bien loin d'être celles du *despotisme*, ont été celles d'une autre espèce de faiblesse bien plus dangereuse encore, et tellement hors de nature, hors de tout exemple, qu'elle ne pourra jamais être expliquée que comme un miracle. C'est ce que l'histoire seule pourra mettre dans tout son jour, mais ce qui est, dès ce moment, à la connaissance de tous ceux qui ont réfléchi.

Helvétius assure que *nulle crise salutaire ne rendra la liberté à la France*: il ne dit pas *ne donnera*, il dit *ne rendra*. Nous avons eu une *crise* horrible : sera-t-elle *salutaire ?* Je le crois fermement ; mais comme je ne me mêle pas d'être prophète à la façon d'Helvétius, j'attends avec tous ceux qui savent attendre (1), et j'espère tout sans affirmer rien.

C'est par la consomption que la France périra. Cela était possible, et même probable, sans la révolution : aujourd'hui rien n'est moins vraisemblable. Quand on a appliqué le fer et le feu à un corps malade, comme ils ont été appliqués à la France, ou il meurt bientôt de ses plaies, ou bientôt il redevient sain et fort. La France n'est pas morte, graces au ciel, et pourtant il y

---

(1) *Exspecta Dominum.* Ps.

avait de quoi; et graces au ciel encore, nous pouvons espérer donc qu'elle guérira. C'est là le côté favorable et consolant de la révolution; et vous voyez que je ne la considère pas toujours uniquement par le mal qu'elle a fait. Mais il faut en sentir tout le mal pour en tirer tout le bien possible; et c'est ce qu'on ne sait pas assez. Quiconque la justifie ou l'excuse, est incapable d'en profiter.

La conquête est le seul remède à ses malheurs. J'avoue que je ne vois aucun sens dans cette phrase, au moment où elle fut écrite : je ne sais pas à quoi *la conquête* pouvait alors *remédier*. Toute conquête amène d'ordinaire un gouvernement plus absolu que celui qu'elle renverse; voyez la Pologne; mais surtout dans un état aussi grand que la France, qui ne peut guère être contenu que par une grande force, et toute force étrangère est naturellement plus ou moins oppressive. Quel souhait dans un *philosophe citoyen*, que d'appeler les armes ennemies dans son pays, parce que le Gouvernement a commis des fautes, comme si les conquérants, quels qu'ils fussent, eussent été incapables d'en commettre, et même de plus grandes ! Quoi de plus odieux et de plus insensé ? Au reste, la France a été *conquise* en effet, mais de la seule manière à laquelle Helvétius ne pensait pas, ni lui ni personne : elle l'a été par les *révolutionnaires*, et le monde a vu une autre espèce de *conquête*. Il a vu le rebut de toutes les classes de la société, et surtout de la dernière, s'échappant des galetas, des tavernes, des cachots, des bagnes et des gibets, désarmer, dépouiller, égorger, au nom de la *philosophie* et de l'*humanité*, tous les ordres de citoyens, qui les ont laissé faire sans la moindre résistance, et dont les uns n'y comprennent encore rien, et les autres trouvent la chose toute simple. Mais de quelque manière qu'on explique cette *conquête* inouïe, jusqu'ici je ne vois pas (humainement parlant et dans le sens d'Helvétius) à quels *malheurs* elle a *remédié*. Ce n'est pas qu'elle ne doive être par la suite un remède aussi puissant qu'il a été terrible, mais c'en est un assurément dont Helvétius ne se doutait pas.

Il est plus aisé de faire comprendre l'espèce de fortune qu'a pu faire un aussi mauvais ouvrage que le sien, et la réputation qu'il lui a value : c'est par où je dois finir. Premièrement l'auteur avait beaucoup de titres à l'indulgence, et même à la faveur : c'était un homme du monde; ce qui signifiait beaucoup alors, et le séparait de la classe des gens de lettres, pour qui seuls la sévérité était plus ou moins de règle et d'usage. Son nom, son état et ses entours lui assuraient beaucoup de lecteurs, particulièrement de ceux qui se connaissaient le moins aux matières qu'il avait traitées (1). Ensuite la partie purement phi-

---

(1) C'était en 1758 : j'étais alors en philosophie, et pourtant déjà un peu répandu dans le monde, où j'avais toute liberté d'aller tous les jours. Je me rappelle mon étonnement

losophique, celle qui tient le moins de place dans son livre, avait là fort peu de juges, quoique le monde en parlât; et généralement fort peu de lecteurs se souciaient qu'il eût tort ou raison dans sa métaphysique, ou s'occupaient beaucoup de la comprendre. Ce qui était attrayant pour tout le monde, c'était la nouveauté des paradoxes, genre de séduction très puissant sur les esprits français; et comme il appliquait ces paradoxes à tous les objets d'une morale usuelle et d'une pratique de tous les jours, la plupart des lecteurs, sans s'embarrasser des principes, intelligibles ou non, étaient frappés des conséquences, qui n'étaient que trop claires, et d'autant plus avidement saisies, qu'elles flattaient toutes les passions, dépréciaient toutes les vertus, et fournissaient des excuses à tous les vices. Aussi puis-je affirmer, dès ce moment, ce que l'examen de tous les *philosophes* de la même espèce mettra dans le plus grand jour, qu'à dater d'Helvétius, le pre-

---

de ce gros *in-quarto* broché en bleu, que je crois voir encore au milieu de la poudre des toilettes, sous la main de jeunes femmes qui en étaient d'autant plus enchantées, qu'il n'y avait peut-être pas un seul mot dans tout ce fatras métaphysique qu'elles fussent à portée d'entendre, excepté celui de *sensibilité physique*, qui faisait passer tout le reste. On ne parlait pas d'autre chose, car c'était la chose du jour; et comme ce n'était pas trop celle de mon âge ni de mon goût, je ne me faisais pas à retrouver dans ce monde-là précisément les matières que nous traitions en classe, et encore moins à la manière dont ce monde-là les traitait.

mier moyen et le plus puissant qu'ils aient employé pour avoir beaucoup de lecteurs et faire beaucoup de prosélytes, a été de mettre toutes les passions de l'homme dans les intérêts de leur doctrine. Telle est la base de tous leurs systèmes, l'esprit général de leur secte, et le principe de leurs succès. Il n'est pas fort honorable, mais, avec un peu d'art, il est à peu près infaillible, au moins pour un temps, et rien n'est plus facile que de consacrer en théorie une corruption déjà passée en mode.

D'autres circonstances augmentèrent la vogue du livre de *l'Esprit*, et empêchèrent même qu'on ne la traversât. La magistrature et l'Église prirent l'alarme : l'auteur fut dénoncé juridiquement, censuré par toutes les autorités civiles et ecclésiastiques ; et, pour le sauver des poursuites, qui devenaient sérieuses, les amis de l'auteur obtinrent, par le crédit du ministère, que l'on se contenterait d'une rétractation solennelle : l'auteur la donna. J'oserais blâmer également et les magistrats qui l'exigèrent, et l'auteur qui s'y soumit. Je n'examine pas ici quelle espèce d'animadversion le gouvernement, quel qu'il soit, peut et doit exercer contre les auteurs dont les écrits attaquent les fondements de l'ordre social, et propagent des doctrines perverses (1). Mais, si le châtiment est nécessaire pour l'exemple, une rétractation qui en exempte le coupable est de nulle

---

(1) Voyez sur ce point l'*Apologie*, livre III.

valeur, précisément parce qu'elle est nécessitée, et qu'aucun pouvoir temporel ne peut agir sur l'opinion intérieure. On sent bien que je ne raisonne ici qu'en politique humaine ; et la rétractation ordonnée par la puissance apostolique, et si édifiante dans un Fénélon qui s'y soumet, n'a rien de commun avec celle que le parlement de Paris imposait à Helvétius. L'Église, pour tout Chrétien, parle au nom de Dieu qui l'a fondée et qui l'inspire, et sa juridiction toute spirituelle ne s'exerce que sur le dogme et la discipline ; elle ne s'adresse qu'à ceux qui la reconnaissent ; elle peut donc défendre à ses ministres, à ses enfants, de professer une autre doctrine que la sienne, sous peine d'être rejetés de son sein ; rien n'est plus légitime ni plus conséquent. Mais aucun tribunal séculier ne peut rien gagner à dire à un écrivain : Avouez que votre philosophie ne vaut rien ; et rétractez-la, si vous ne voulez pas être puni. Il est trop clair qu'un pareil désaveu n'est rien, s'il n'est pas pleinement volontaire : ce doit être celui de la raison convaincue et de la concience éclairée. Tout au contraire, on ne vit dans celui d'Helvétius que la contrainte et la violence, et les *philosophes* ne manquèrent pas, dans leur langage accoutumé, d'appeler *persécution* ce qui n'était réellement qu'une condescendance fort mal entendue. Dès-lors, on fut porté à le justifier, et l'on se fit un scrupule de le combattre. Rousseau, entre autres, refusa d'écrire contre lui ; et ce refus, délicat dans ses motifs, lui fait d'autant plus d'honneur (1), qu'il laisse voir assez dans ses ouvrages son aversion pour ce qu'il appelle ces *désolantes doctrines*, qui en effet ne pouvaient que *désoler* l'homme de bien, plein de la dignité de sa nature et de ses devoirs, et qui, bientôt devenues le catéchisme de l'ignorance armée, ont fini par *désoler* la terre.

Le matérialisme et l'athéisme n'entraient nullement dans les erreurs de Rousseau : les siennes ont été d'un autre genre, et non pas moins pernicieuses. Il semble que la *philosophie* moderne ait pris à tâche de réunir toutes les extravagances dont l'esprit humain était capable : aussi, par une conséquence nécessaire, la révolution qu'elle a opérée de nos jours a réuni tous les crimes et tous les maux dont la nature humaine était susceptible.

Rousseau, dans ses Lettres, parle d'ailleurs avec de grands éloges du style d'Helvétius ; il lui trouve *une plume d'or*. C'est beaucoup, et de semblables exagérations ne prouvent pas le goût de Rousseau. Celui de Voltaire était beaucoup plus éclairé et plus sévère, mais quelquefois trop, et il n'estimait pas plus dans Helvétius l'écrivain que le phi-

---

(1) Observez que je n'approuve ici la conduite de Rousseau que comme de *philosophe* à *philosophe* : s'il eût été Chrétien, je dis vraiment Chrétien en réalité, et non pas seulement de nom, c'eût été pour lui un devoir de combattre l'erreur, sans attaquer l'homme ; car la défense de la vérité n'a rien de contraire à la charité.

losophe : il y a pourtant quelque différence. Cette opinion de Voltaire perce même dans ses écrits, malgré les ménagements qu'il accordait à ses anciennes liaisons avec l'auteur de *l'Esprit*. Il se gênait beaucoup moins dans la société; et j'ai vu sur les marges du livre la censure exprimée souvent avec le ton du plus grand mépris. Il dut sentir mieux que personne les défauts de l'écrivain; mais il entrait aussi dans son jugement un peu de cette humeur qui ferme les yeux sur le mérite. Il était blessé qu'Helvétius l'eût mis sur la même ligne avec Crébillon : juger ainsi montrait trop peu de tact dans Helvétius; et s'en souvenir ainsi, trop de petitesse dans Voltaire. On a vu, dans le commencement de cet article, que l'auteur de *l'Esprit* ne me paraissait point méprisable comme écrivain; mais je ne suis pas moins éloigné de ceux qui ont voulu en faire un écrivain supérieur. Un esprit généralement superficiel et faux ne peut être supérieur en aucun genre; et si le sophiste Helvétius ne peut avoir aucun rang dans la classe des vrais philosophes, il n'a rien non plus qui lui en donne un particulier parmi les écrivains de la seconde classe, qui sera toujours la sienne.

Son livre ne laissa pas de trouver, dans sa nouveauté, des contradicteurs qui réfutèrent sa métaphysique erronée et sa morale illusoire; mais leurs écrits ne furent que des brochures éphémères, que le seul mérite d'avoir raison dans des matières abstraites ne pouvait pas soutenir, comme le livre se soutenait par l'agrément des détails et le piquant des paradoxes. Les censures passèrent, et il resta comme ouvrage agréable, bien plus que comme ouvrage philosophique, et plus lu en France qu'estimé des étrangers, qui ont toujours fait plus de cas du bon sens que les Français. A la mort de l'auteur, la secte des athées, qui se renforçait tous les jours, affecta de lui prodiguer tous les honneurs d'usage, et d'en faire un des saints de la *philosophie*. Mais ce fut à l'époque où la révolution légalisa l'impiété que l'on se servit avec plus d'éclat du nom d'Helvétius, qui devint alors *un sage révolutionnaire*, au même moment où tous les grands hommes de la France furent déclarés *fanatiques*. Nous avons eu tous nos illusions, plus ou moins, dans le vertige épidémique, et je n'ai pas dissimulé les miennes : celle-là n'a jamais été du nombre. Vous m'êtes témoins, Messieurs, que je n'ai pas cessé un moment de révérer les vieilles statues, quand on les a renversées : je voyais sur leurs bases la trace des siècles, et je n'ai jamais douté qu'elles ne résistassent à l'injure passagère du nôtre, comme je n'ai pas douté que quelques hommes si tristement fameux ne finissent bientôt par l'exhumation, comme ils avaient commencé par l'apothéose ; et c'est ainsi que, même dans l'ordre naturel, le dernier terme du mal est le premier du bien.

Lorsqu'en 1788 je repoussais ici les sophismes d'Helvétius par les mêmes arguments, cette démonstration, quoiqu'elle parût sensible, ne produisit pas cependant la même impression qu'aujourd'hui (1). C'est qu'on n'y voyait encore que des erreurs de spéculation, que l'on croyait assez indifférentes ; mais depuis que ce qui semblait un jeu d'esprit est devenu, suivant l'expression heureuse d'un orateur étranger (2), *une doctrine armée*, on a senti toute la perfide subtilité de cette espèce de poison, après les déchirements et les convulsions qui en ont été les effets. C'est par la grandeur du mal que vous avez jugé de la nécessité des remèdes, et l'expression de vos suffrages n'a été que le sentiment de nos maux.

---

(1) Ceci se rapporte aux séances de 1797, *sur la philosophie moderne*, où l'auteur, après des proscriptions réitérées, n'en parla qu'avec plus de force et de véhémence contre l'irréligion et la tyrannie, en présence des satellites de l'une et de l'autre, qui n'empêchaient pas qu'il ne fût applaudi plus vivement qu'il ne l'avait jamais été.

(2) M. Burke.

FIN DU PREMIER VOLUME.

TABLE

DES MATIÈRES.

DE LA PHILOSOPHIE DU XVIIIe SIÈCLE.

Introduction.	Page 1
LIVRE PREMIER.	17
Chapitre premier. Des Philosophes de la première classe.	Ibid.
Section première. Fontenelle.	Ibid.
Sect. II. Montesquieu.	37
Sect. III. de Buffon.	64
Sect. IV. De l'Encyclopédie et de d'Alembert.	75
Sect. V. Condillac.	122
Chap. II. Moralistes et Économistes.	194
Section première. Vauvenargues.	Ibid.
Avertissement sur l'Appendice suivant.	234
Appendice de la Section précédente.	236
Sect. II. Duclos.	239
Sect. III. Fragment sur les Économistes.	250
LIVRE SECOND. des sophistes.	259
Chapitre premier. Toussaint.	Ibid.
Chap. II. Helvétius.	297

FIN DE LA TABLE.

www.ingramcontent.com/pod-product-compliance
Lightning Source LLC
Chambersburg PA
CBHW060931230426
43665CB00015B/1906